金融服务实体经济丛书

现代金融产业集群演化研究

——兼论滨海新区金融产业发展策略

孟　昊　郭　红　著

南開大學出版社

天　津

图书在版编目(CIP)数据

现代金融产业集群演化研究 ：兼论滨海新区金融产业发展策略 / 孟昊，郭红著. —天津：南开大学出版社，2018.3
（金融服务实体经济丛书）
ISBN 978-7-310-05514-2

Ⅰ. ①现… Ⅱ. ①孟… ②郭… Ⅲ. ①金融业－产业发展－研究－滨海新区 Ⅳ. ①F832.721.3

中国版本图书馆 CIP 数据核字(2017)第 300722 号

南开大学出版社出版发行
出版人：刘运峰
地址：天津市南开区卫津路 94 号　邮政编码：300071
营销部电话：(022)23508339　23500755
营销部传真：(022)23508542　邮购部电话：(022)60266518
*
北京建宏印刷有限公司印刷
全国各地新华书店经销
*
2018 年 3 月第 1 版　2018 年 3 月第 1 次印刷
240×170 毫米　16 开本　14 印张　2 插页　233 千字
定价：45.00 元

如遇图书印装质量问题，请与本社营销部联系调换，电话：(022)23507125

金融服务实体经济丛书序

近年来，在深受由美国次贷危机引致的全球性金融危机以及经济衰退的冲击后，各国痛定思痛、正本清源。其中，最为重要的当属对金融与经济的关系、虚拟经济与实体经济的关系所做的深度思考。

随着经济与金融发展阶段的变化，金融与实体经济的关系也在不断地发生演变。早期的实体经济交易需求产生了金融，那时金融的功能仅仅是支付与汇兑中介，并不能发挥助推实体经济发展的作用；随着实体经济规模的不断扩张，金融与实体经济开始走向融合。金融通过聚集实体经济的资本积累而发展成了信用的中介，并通过对这些资本的优化配置来促进实体经济发展。现代金融的各种功能创新和结构转变，以及实体经济内部的科学技术、组织形式、管理模式等领域的变革，使金融与实体经济互为对方的外部环境，也将二者发展成为相互控制与相互制约的关系。需要指出的是，金融与实体经济的关系是金融与经济关系的一个分支，与其相对应的是金融与虚拟经济的关系。虚拟经济中有很多不稳定的因素，其与金融的关系一旦过度发展，便极有可能引发金融系统内部的不稳定性和高风险性。因此，虚拟经济不能作为金融存在的基础，金融也不应为其配置过多的资源；实体经济是金融发展的物质基础，金融必须也只有依托实体经济，并推动实体经济走向“生产—积累—扩大再生产”的良性循环，才能使金融与实体经济呈现良性循环。也就是说，金融发展和创新必须服务于实体经济的需求，并以此为基础增强金融的稳定性，实体经济是金融稳定之锚。

在面对本次比过去影响范围更大、持续时间更长、形式更加复杂、程度更加激烈的全球性金融风暴的局面时，我国的金融业之所以还能够表现稳定、应对有效，关键也在于我国实体经济的基础尚好。但是，近一两年来，由于对金融与实体经济的关系出现了认识上的偏差，以及金融脱媒趋势的日益发展，导致国内某些地区出现了金融非理性发展的倾向，给宏观经济的整体运行带来了一定的潜在风险。因此，在互联网金融等新兴模式不断发展的今天，我们更加需要重新审视金融与实体经济之间的关系，正确认识金融在经济发展中的地位与作用，探讨协调我国金融与实体经济关系的路径选择。

毋庸置疑，中国经济改革开放三十多年来，金融业获得了快速的发展；各种金融创新及衍生产品的出现，对宏观经济的高速发展起到了关键性作用。同时，为了提升金融产业对实体经济的服务能力，新一届中央政府已表现出巨大的决心来推动金融改革。最近一个时期，金融改革已呈现出明显加速的迹象。从全面放开金融机构贷款利率管制，到存款保险制度日益浮出水面，再到大额可转让存单方案的探讨，利率市场化正在取得实质性突破；上海自贸区正式挂牌，将成为人民币可兑换的试验田；资产证券化和银行真实出表业务的推动，正在加速金融脱媒的进程；从资本市场到整个金融市场都在加快多层次市场体系建设，并在积极探索改变目前各类市场割裂发展的现状；金融机构业务合作与创新也在不断深化，业务边界日渐消解。可以说，利率市场化、金融体系层次化、金融创新规范化、金融与科技融合化，正在成为我国金融发展和改革的基本取向。这不仅是金融本身进一步发展和改革的需要，更是我国正处于经济结构战略性调整关键时期的必然选择。原因在于：经济平衡、协调、可持续发展，需要资金的优化配置，必须加快推进利率市场化改革，更好地发挥利率的价格信号作用；我国金融市场起步较晚、体系还不健全，许多领域还处于探索创建阶段，必须加快发展金融市场，完善多层次资本市场体系，让更多的企业进入金融市场；金融创新是推动金融改革发展的重要动力，是提高金融资源配置效率的有力杠杆，必须通过制度创新、组织创新和业务创新，将金融资源及时高效地投放到实体经济最需要、综合效益最优的领域中去，更好地促进实体经济与金融业良性互动；随着计算机、互联网、物联网、大数据、云计算等技术的进步，以互联网金融为代表的新兴金融体系将会以超过人们预料的速度颠覆传统金融服务的理念和模式，也会以超过人们预料的速度侵占传统金融服务的市场份额。

那么，我们应该如何顺应这种趋势并探索出金融进一步改革的方向和思路呢？我们又应该运用什么样的金融策略、通过什么样的路径来促进实体经济健康发展呢？这些都是需要我们深入研究和探讨的重要课题。这套“金融服务实体经济丛书”，希望能就上述问题做些探讨，并能抛砖引玉；如能对为此探索和实践的人们给予一些启示和启发，我们将深感荣幸和欣慰！

2017 年 2 月 29 日

前　言

金融产业是现代经济的核心，是国民经济发展的重要助推器。金融产业是金融组织体系和运行机制的总称，是通过对金融产品和相关服务的经营，将资金的需求方和供给方联系起来并将市场和资源在时间和空间重新分配，通过各类经济实体在金融市场上的交易行为，实现社会资源的再分配的经济活动。

后危机时代，全球经济增长模式悄然发生变化，实体经济重归正位，各国都在积极创造新的经济增长点，与之相伴的是金融发展方向的转变，在以协调、稳定为主旨的监管体系的支持下，现代金融产业依然是推动实体经济发展的支柱力量。据此，党的十八大和十八届三中全会明确提出了“完善金融市场体系”的总体战略，习近平总书记也着力指出：“对于像金融体制等牵一发而动全身的战略重点领域的改革，要加强改革的试点工作。”在中国经济逐步进入“新常态”和深入推进“供给侧”改革的新背景下，经济结构的调整不仅要求金融产业顺应其变，更要求率先转变。特别是产业结构的调整，更需要通过缩短企业融资链条来配合，金融产业整合势在必行。金融产业集群是金融产业整合的重要方向。

（一）问题的提出

在技术进步和组织变革的趋势下，以合作网络形式存在的，介于市场和企业之间的组织形式——产业集群正以其独特的竞争优势，成为各国发展区域经济的一种有效模式。

金融产业集群是经济全球化和国际资本流动必然导致的经济和地理现象。当今世界，科技的不断进步使得经济全球化的进程不断加速，经济要素在各国间越来越自由的流动。然而，这种经济要素在全球范围内的自由流动并没有使经济活动在地域上趋于均衡，反之，却出现了越来越明显的集群现象。大量金融产业的企业和机构根据纵向专业化分工和横向竞争和合作，在某一特定区域形成具有聚集经济性的产业组织，形成了金融产业集群。从 20 世纪 70 年代开始，金融机构引入企业间组织协调方式进行经营交易，从最初的金融机构地理集中，到成立金融控股公司，再到今天各类金融资源的空间集群和业务外包，金融产业集群已经成为现代金融业的重要组织形式，集群犹如“平滑空间上的粘滞点”吸引聚集了稠密的经济能量，通过集群效应、规模效应、信息外溢效应、创新效应等，极大地促进了所在地区经济的发展，成为现代区域经济竞争力提高的骨干和中坚力量。而金融中心的出现则充分反映出金融产业集群的发展水平。

就全球范围来看，纽约、伦敦和东京是全球极为重要的国际金融集群区，全球重要的金融机构都进驻了这些区域并开展业务。一些新兴市场也产生了重要的金融产业聚集区，形成具有国际影响力的金融中心。20 世纪 90 年代，新加坡在政府支持引导下，通过税收优惠政策、高标准的金融监管、离岸市场发展等措施，不断发展成为国际金融中心。香港特别行政区利用自身联系汇率制、自由开放的政策、自由港和低税收的优势，在 20 世纪 70 年代以后逐步形成具有国际影响力的金融集群区，是全球第三大银行中心、第四大外汇交易中心和亚太地区最大的保险市场。由此可见，发展高质量、有竞争力的金融产业集群对于一国或一个地区的经济发展至关重要。

目前，我国已形成了珠江三角洲、长江三角洲和环渤海三大重要的经济圈，经济圈中金融集群水平存在较大差异，各地的经济发展水平、政府政策、居民金融意识等都影响着不同地区的金融业发展。相对于欧美较发达的金融集群区，我国的金融产业集群仍处于初级阶段、发展初期，集群功能发挥仍不充分。因此，有效地推动金融产业集群发展成为区域经济发展中亟待解决的重要问题之一。

（二）本书的主要内容

本书是天津市教委社会科学重大项目“滨海新区构建富有竞争力的现代金融产业集群研究”（项目编号 2014ZD08），以及天津市经济社会发展重大应急课题“天津金融创新运营示范区建设研究”（项目编号 TJZD16-039）的研究成果之一。

本书是 2014 年度天津市教委社会科学重大项目“滨海新区构建富有竞争力的现代金融产业集群研究”（课题批准号 2014ZD08）的研究成果之一。

本书涵盖了金融产业集群理论研究与滨海新区金融产业发展实践两部分内

容。理论研究部分，在全面梳理金融产业集群相关理论的基础上，重点对金融产业集群的驱动因素、集群的演化机理以及集群竞争力的评价体系进行了探讨；滨海新区金融产业发展部分，重点对滨海新区金融产业集群的现状、集群驱动要素及动因、于家堡金融区建设、私募基金发展以及自贸区试点、京津冀一体化条件下的金融创新运营中心建设等问题进行了分析并提出相应的对策。

本书主要章节内容如下：第一章主要是对产业集群和金融产业集群的内涵、特征等加以界定，并重点对产业集群理论、金融地理学、区位理论、增长极理论等内容予以说明；第二章借鉴了典型金融产业集群区形成经验，结合中国金融产业集群的现实，提出了影响中国金融产业集聚的主要因素，并采用空间计量经济学方法，运用 1998 年到 2013 年的 31 个省域数据，对各因素的影响力度进行了实证分析，最后提出了促进金融产业集群形成的政策建议；第三章将生态学研究方法引入金融产业集群的演化研究，构建了金融产业集群演化的 Logistic 模型，分别针对初始性集群、成长性集群及成熟性集群等三个不同阶段分析了金额产业集群演化的动因、运行机制以及稳态分析。进而基于 PAEI 分析法，构建了金融产业集群支持政策模型，着重阐述了不同阶段政府主管部门不同的政策作用点。本章最后还以金融产业集群程度较高的北京市为例，对集群演化进行了实证检验，并就北京市金融产业集群的进一步发展提出了一些建设性的政策建议。第四章阐述了金融产业集群竞争力的相关理论，在剖析了影响集群竞争力因素的基础上，构建了金融产业集群竞争力评价指标体系，并运用主成分分析方法对金融产业集群程度较高的主要城市的竞争力状况进行了实证检验和排序，有助于更好地定位相关区域和城市的金融产业发展，更有效地制定发展策略。第五章重点是结合滨海新区的区位、政策优势，运用区位熵理论和最小二乘法对滨海新区金融产业集群的动因进行了实证检验，对新区金融产业集群建设的未来发展提出了建议。第六章主要是以滨海新区的于家堡金融区为特定研究对象，深入探究金融区充分发挥政策优势和产业优势，不断健全和完善产业金融服务体系，努力建设股权基金中心、融资租赁中心、要素市场中心、商业保理中心、结算中心，带动实体经济和金融产业协调发展的策略。第七章主要是在自由贸易区试点等外部有利条件下，探究与滨海新区开发开放相适应的现代金融服务体系建设的总体思路、路径选择和对策建议。

（三）本书各章作者分工

本书各章作者分工如下：第一章孟昊、张薷匀；第二章邱识、邢尧；第三章张萌、郭红；第四章邹韵竹、郭红；第五章安韫超、孟昊；第六章岳圣元、林文浩；第七章岳圣元、郭红。全书由孟昊总纂、定稿。

本书在编著过程中，参考并引用了有关作者的资料和观点，借本书出版之际，谨向他们致以衷心的谢意。由于时间仓促，加之作者的资料来源和研究水平有限，书中难免存在缺点与不足，恳请广大读者批评指正。

孟昊　郭红

2017 年 3 月于天津财经大学

目　录

第一章　金融产业集群理论基础

金融产业集群的形成意味着金融资源和金融功能的聚集，金融资源的集群整合提升了金融功能的发挥。本章首先对金融产业集群的内涵及特性进行介绍，进而总结归纳了金融产业集群的相关理论基础。

第一节　金融产业集群的含义

金融产业集群研究以产业集群为基础，多见于对金融中心形成的研究中。理论界关于产业集群的研究最早见于马歇尔（Marshall）的《经济学原理》（1890），他将产业内众多企业集中的空间地理位置称为“产业区”，并且认为吸引企业在产业区内集中并获利的根本原因是集群的规模经济。在此之后，众多理论学者在马歇尔（Marshall）的研究基础上继续探究产业集群的内涵，产业集群的理论研究获得很大发展。直到 1990 年波特（Porter）在其《国际竞争优势》一书中明确定义了产业集群的概念，并进一步将产业集群划分为水平型产业集群和垂直型产业集群。

一、金融产业集群含义的多维范畴

金融产业集群已是当前金融产业组织的重要形式，是产业集群应用于金融业的表现。相对于其他产业集群而言，金融产业集群复杂而又有其自身特点，其内涵更为深刻，既包含金融系统和金融资源与集群区其他产业及社会文化相关融合、影响，又涉及金融产业集群自身动态演变，最终形成金融中心这一形态。鉴于其内涵的复杂性，理论界对其界定尚无统一的定论。

国内外学者基于不同的角度，对金融产业集群的含义做了不同的归纳和总结。如金德尔伯格（Kindleberger）（1974）首先提出了金融产业集群的概念，即金融机构倾向于在一个特定区域内集中交易，继而发展成为具有外部规模效应的金融产业集群。纳雷什（Naresh）等（2001）指出，金融中心是金融机构高度集中的结果，其初始形态表现为金融企业的集群。建辉、孙焕民、钟惠波（2005）认为，金融产业集群具有的金融创新、风险缓冲和经营管理效率方面的优势，是集群内企业租金以及区域经济增长的动力来源，由此产业集群成为当今金融活动的基本组织形式，是金融中心形成的微观基础。

归纳总结以上观点，我们可以看出，金融产业集群既包括金融中介、金融监管以及各种金融辅助机构在特定空间集群的过程，也包括此后各类金融机构在专业化分工下，相互竞争、相互协作所形成的有机整体。

二、本书对金融产业集群含义的界定

金融产业集群的内涵可以进一步分解为静态和动态两个层面。静态的金融产业集群是介于金融市场和金融企业的一种中间性的组织网络，借助这种可持续且具有竞争力的金融生态组织，银行、证券和保险等金融机构可以提供综合性的金融服务。也就是说，静态的金融产业集群是一种结果，它是金融资源、其他产业、地理因素、社会文化、体制政策等之间相互融合、作用，在一定区域空间有机组合的结果，如图 1.1 所示。

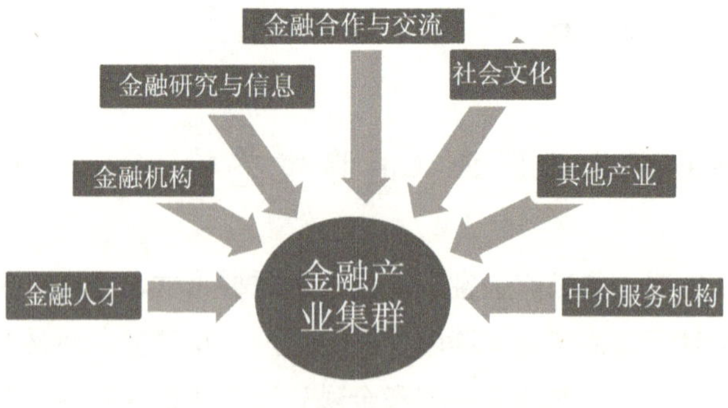

图 1.1　金融产业集群的静态含义

动态的金融产业集群是指金融资源运动的过程，金融资源的逐利性决定了它会向利润高的行业和地区流动，金融机构作为金融资源的载体就会表现出向特定地区集中的态势。也就是说动态的金融产业集群是一个过程，表现为金融资源与相关条件协调组合。在地域空间内，金融产业的成长发展的时空动态变化过程如图 1.2 所示。

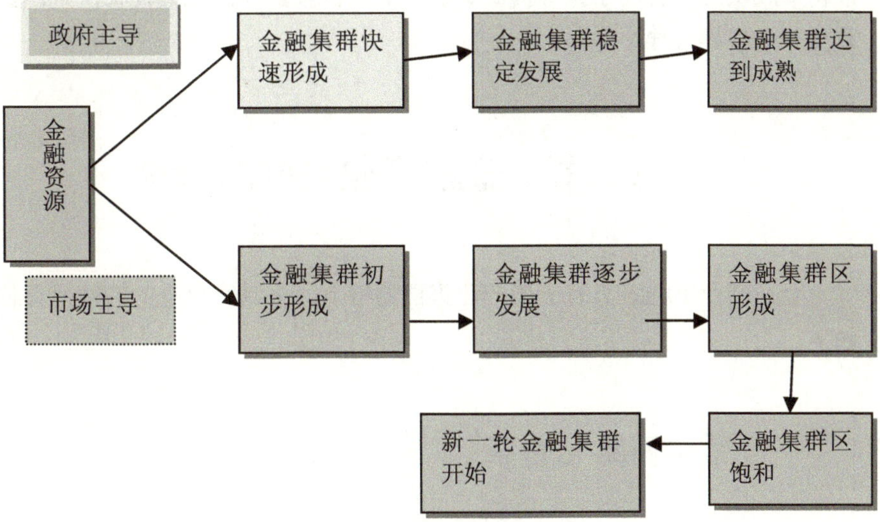

图 1.2　金融产业集群的动态含义

总结归纳学者对于金融产业集群含义的观点，本书所指的金融产业集群是具有地理接近性、行业接近性及社会接近性的从事金融业务的企业或机构，为追求某区域与金融业务相关的经济、政治及自然环境有利条件而聚集在一起，通过金融资源与地域条件的相互协调配置，共同促进区域内金融产业发展的一种组织形态。

三、金融产业集群与金融中心的区别

金融产业集群和金融中心是一个区域金融业发展的两种不同表现形态，二者既密切相关，又不尽相同。金融中心首先是一个金融产业集群，它是金融产业集群高度发展的产物。当从事不同种类金融业务的众多金融机构在某一中心区域逐渐聚集后，各种金融要素如资金、人力资源等也随之集群，各种金融工具也随之不断创新发展，由此形成了相应的金融市场，此时，这个中心区域也就成为金融中心。而金融中心带来的诸多经济效益又为金融产业集群的进一步发展提供了有利条件，中心的诸多集群能力使得越来越多的金融机构和金融人才聚集到金融产业集群中去。因此，金融产业集群和金融中心二者是密不可分、相互促进的。本书以金融产业集群为研究标的，是因为其代表了金融业聚集的最初形成状态，有助于探寻提高金融产业集群集群和演化的内在决定因素，为其深入发展寻求战略方向。

第二节　金融产业集群的特征

金融产业集群既具有一般产业集群的特点，又具有自身的特性，具体表现如下。

一、结构网络化特征

金融产业集群的网络化特征是指集群区内的金融机构以及金融机构与相关组织之间通过交流与合作形成的网络结构。具体包括金融机构之间、金融机构与相关中介机构之间以及金融机构与政府部门之间的相互合作与学习过程。这种网络联系可以分为垂直和水平两个层面，垂直层面是产业价值链上下游企业之间的联系，水平层面是同一行业提供类似或相同产品服务的企业之间的联系。这样的网络化结构对促进机构之间信任机制的建立、产业集群内的知识流动和积累、加速知识转化创新具有重要意义。

二、集群空间性特征

根据金融地理学理论，金融产业集群的成因、运动规律及发展结果是按照空间差异、空间过程及空间相互作用的逻辑发展演进的。金融资源在空间分布上具有差异性，金融空间运动基于这一特质，资源与地域动态耦合，受到帕累托效率的影响，金融要素在一定空间内吸纳、引导、传输、配置，通过与当地、当期情况相融合，参与空间运动并最终形成金融产业集群。在适宜的空间内，影响金融集群的资源因素和地理因素混合交织在一起，相互融合，相互促进，助推金融产业发展。

三、成长动态性特征

从动态角度理解金融产业集群可知集群具有成长性。金融机构规模不断扩大，业务和产品种类不断创新，服务对象也随之拓展，金融资源不断被吸引而汇集于此。随着市场发展，金融系统结构日益优化，企业合作效率不断提高。在集群初期，金融机构、相关中介服务机构、金融人才等金融资源在某一区域空间内集群；随着产业集群成长发展，集群区内金融资源整合共享，金融结构优化，金融市场完善，形成更具有影响力的金融集群区，吸引了其他国家或地区的金融资源进入区域，该区域也逐步发展成为国际级金融集群区。金融集群区成长过程如图 1.3 所示。

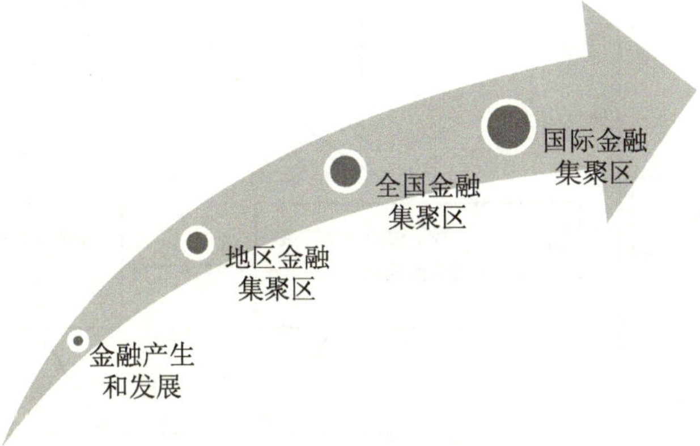

图 1.3　金融集群区成长过程

四、集群层次性特征

就一国范围而言，经济资源、经济发展水平及社会分工在不同区域存在差异，具有区域性。经济体系中不同区域呈现层次性，金融体系亦是如此，进而使得金融产业集群区也具有区域性和层次性，如表 1.1 所示。

表 1.1　金融产业集群的层次性

层次	范围	金融集群的概念	分布格局
微观层次	区域	区域内金融产业的关联度	金融资源集中和聚合的区域分布
中观层次	国家	国家内金融产业的关联度	金融资源集中和聚合的国家分布
宏观层次	国际	国际社会内金融产业的关联度	金融资源集中和聚合的国际化分布

资料来源：黄解宇，杨再斌（2006），金融集群论[M]，北京：中国社会科学出版社。

上述三个层次内的金融资源同时存在双向流动，相互促进、相互作用，如图 1.4 所示。

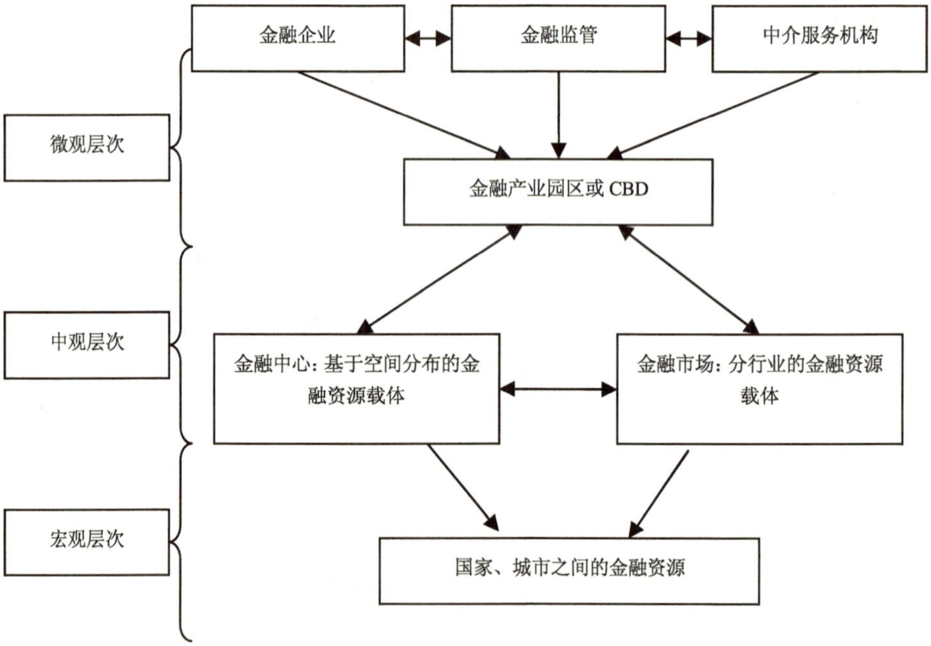

图 1.4　金融产业集群三层次互动

图 1.4 中的微观层次是金融资源在城市内流动；中观层面是金融要素以金

融中心城市为核心，在城市之间配置整合；宏观层面是各类金融要素在一个国家凝聚或扩散，全球范围内不同国家之间分工合作。从集群的发展演进规律看，各类金融机构首先是聚集于城市某一区域，随着企业数量、规模不断扩大，金融影响力不断提高，集群将逐步发展为中观层面，当其金融资源集群速度大于扩散速度时，集群最终将发展成为全球化的金融集群。

第三节　金融产业集群的相关理论基础

金融产业集群是多重因素相互交织、共同作用形成的结果。目前，尚没有专门阐述金融产业集群的标准理论。笔者借鉴国内外学者有关产业集群理论、新经济地理学理论、金融地理学理论、区位选择理论以及增长极理论等方面进行阐述，为金融产业集群研究提供理论支撑。

一、产业集群理论

金融产业集群是产业集群的一个构成部分，因此，产业集群理论自然可以支撑金融产业集群的发展。产业集群是一种组织形式，是在一个既定的领域范围内，以一个主导产业为核心，其他关联产业和支撑产业（供应商、销售商等），以及专门化的制度、行业协会和研究或技术机构（教育机构、职业培训机构）等在一定空间内的集聚。这一组织体系拥有高效的市场竞争、共享的公共设施、优化的市场环境和专业的生产要素等优势条件，产生了外部效应、交易成本效应和经济效应，形成了强劲持续的区域竞争力。产业集群正是从规模经济、交易成本、技术创新三个方面为企业发展提供优势资源，成了产业集群形成的动力机制。

1. 产业集群具有规模经济效应

规模经济可以分为内部规模经济和外部规模经济两类。内部规模经济主要是指企业合理、有效利用资源，提高经营效率，降低产品成本。外部规模经济则是同类型企业或行业的生产效率提高，生产能力扩大。当单一企业不断扩大生产能力，达到一定规模后会产生内部规模经济，但同时也会引起企业管理成本上升、灵活性降低等问题。然而在产业集群区中，由于企业一方面可以更便利地获得所需的生产要素、基础设施、公共资源等，另一方面企业间又可以用更低的成本获取互补性资产，因此，集群内的企业既可以获得内部规模效益，又可以保证自身一定的灵活性，整合效益远远大于单个企业简单叠加，并进一步促进了外部规模经济的形成。

就金融产业而言，金融资源本身的高流动性促进了金融机构的集聚，使得金融业相对于其他行业更容易产生规模经济效应。就单个金融机构而言，机构内部规模效应的实现，以及外部金融产品的丰富和机构规模的扩大，也有利于金融产业集群的形成。

2. 产业集群可以降低交易成本

当企业初步聚集在同一区域内，地理位置相邻，企业间的运输成本、信息传输成本等都会降低，由此提高了企业竞争力和行业号召力，这样就吸引了更多的企业加入到这一区域之中。由于集群内企业间交流网络的形成，企业间的交易活动更加频繁，协作关系也更稳定，更容易建立信任合作关系。因此，合作时所需的谈判成本降低，提高了谈判效率和执行效率。同时，处于集群网络化关系中的上下游企业之间，分工协作关系也会更为紧密合理，降低了企业决策失误的风险性。而且，集群区内的研究机构、培训机构也为企业提供了更加熟练优质的劳动力、技术等要素资源，节约了企业扩展的时间和成本，提高了企业灵活性。此外，产业集群内的组织网络为信息流动传递提供了载体，企业搜寻、交换信息的成本都因此而大大降低，可以更为便捷地共享信息。

由此可见，产业集群本质上是一种沟通市场和企业之间的混合型组织形式，目的在于经济效率的提高，而经济效率提高的表现就是交易成本的降低。集群可以在一定程度上削减市场失灵和政府调控不及时的负面影响，同时弥补了企业组织规模边界缺陷，利用地理接近、产品相关和互补的优势，降低企业交易成本，将单个企业发展成可以没有固定边界的“大企业”或“大企业集团”。

3. 产业集群可以共享技术创新

首先，由于集群中同行业企业聚集，彼此的信息更为透明，面对客户所凭借的信息优势也有所降低，因此只能依赖核心技术进行竞争，激烈的竞争环境迫使企业不得不进行技术服务创新，取得核心竞争力。

其次，在创新过程中，产业集群中的核心企业与相关企业形成的网络以及企业交流合作形成的互动关系会成为创新的动力源。核心企业是技术创新的主体，彼此相互联系、协同竞争形成一个紧密的创新网络关系。相关企业之间的垂直关系让技术创新，使得知识持续传递下去，平行的竞争和资源共享关系可以实现优势互补和优胜劣汰。此外，由于技术发展的路径依赖性，在集群区内技术的学习与扩散相对顺畅、快速，一旦某个企业掌握某项核心技术，很容易形成产业群簇的共同演化，引致一系列创新的产生。

最后，由于集群内企业沟通合作更为频繁，交流更为便利，企业间相互学习、吸收其他企业的技术优势更为容易，因此，有利于企业结合自身条件，找到属于自己的创新点，在一定程度上降低了企业技术创新的风险。同时，创新型企业从新的技术发明衍生出的新企业也促进了产业集群的进一步壮大。

二、新经济地理学理论

20 世纪 90 年代，以克鲁格曼（Krugman）为代表的新经济地理学兴起，产业集群问题成为研究热点，也为产业集群提供了合理的理论支持。该理论认为，通过市场的传导作用，产业集群会产生规模报酬递增、运输成本和生产要素移动等效应。规模报酬递增效应使得企业更偏好于在特定的空间集聚，便于产业专业化与产业需求相互作用，但规模报酬递增存在边界。同时，新经济地理学指出，在产业集聚过程中，偶然性和特殊历史事件会影响到产业集群形成的空间格局，而产业政策是促进集群发展的重要因素。

这一领域的其他学者基于劳动力异质性、消费者异质性和企业区位选择与集群的关系等假说，对新经济地理学进行了发展，揭示了产业集群、要素流动与经济地理分布之间的联系，形成了新新经济地理学。他们指出，企业的成本差异性会导致企业在相互分割的市场上布局，并逐渐形成了空间上的生产成本异质性特点。也就是说，在集群的核心区内，低成本企业的产品竞争力不断提高，扩大了企业的市场空间，由此产生了企业空间扩散动力与企业成本“混合”的现象：即低成本企业倾向于向市场空间更大的核心集群区迁移；而竞争力不足的企业则被迫扩散到竞争水平相对低的边缘区域。与此类似，具有规模经济效应的高效率企业则更倾向于迁入市场容量更大的集群区，以获得更大的规模经济，而低效率企业则会被扩散到边缘区域。

三、金融地理学理论

金融地理学在20世纪50年代产生，30年后才得到迅速发展与应用，是一门介于地理学和经济学之间的边缘交叉学科。该理论与新经济地理学的理论关联度较高，新经济地理学家克鲁格曼（Krugman）（1999）曾详细地说明了产业集群及聚集经济的形成过程，其论述对于金融地理学的发展影响巨大。

金融地理学强调跨学科的研究，认为现代社会是一个因素繁多、目标多样、彼此联系的复杂巨系统。在这一系统中，人类的社会活动、经济活动和金融活动紧密关联。金融活动或金融行为“根植”于复杂的社会、政治、文化和自然环境中，会受到不同地理区域的文化背景、社会环境、历史发展等的影响，金融系统在社会巨系统网络中自主进化，而不再是单纯地追求利润最大化。金融地理学从空间和地理的角度来分析金融问题的方法为我们研究金融产业集群提供了全新的视角。

金融地理学的理论核心是将金融活动与地理区位联系起来，通过地理学来分析阐述微观金融主体的空间分布及其变化情况。因此，这一理论很适用于对金融产业集聚过程进行分析和解释。该理论首先假设不同区域金融景观的非同质性，认为不同区域之间资本效率的形成机制是由地理差异化而造成的经济差异化决定的。因此，各种金融资源的流动会表现出明显的地域特征，久而久之，也就会在不同区域形成金融产业集群。金融地理学理论说明了为什么那些经济水平优越、地理位置优越的区域或城市能够建立金融产业集群或成为金融中心。

根据金融地理学理论，地理区位因素主要是通过“信息腹地”“不对称信息”“信息外溢”以及“路径依赖”等因素对金融发展产生影响。前三个因素主导了金融产业集群的程度，而“路径依赖”则贯穿于金融产业集群的演化全过程之中。

1. 信息腹地

波蒂厄斯（Porteous）（1995）首先提出了“信息腹地”的概念，并用这个理论解释了金融集群的形成发展过程。信息腹地是指一个能够获取有价值的信息的区域，而且这个区域通常有一个中心城市。他认为，信息在传输过程中总会受到物理距离的限制，物理距离越近，信息产生歧义的可能就越小，信息不对称的负面作用就越小。因此，在信息腹地中，由于物理距离优势，信息使用者会更接近信息，因此他们能够更容易地获取更有价值且更精确的信息，同时他们的成本也相对更小。因而，信息腹地能够促进信息的流通。

信息对于金融业来说既是生产要素，又是产成品，所以能否及时、有效、准确地获得信息决定了一个金融企业能否获取最大的利益，关乎一个金融机构的竞争能力和发展前景。因此，具有一定政治和经济影响力，并因此具有大量高质量信息的区域，也就是我们所说的信息腹地，就会有大量金融机构的集群。这样的区域也就形成了金融产业集群。金融产业集群区在吸纳大量金融信息的同时也会对金融信息进行升级传递。

2. 不对称信息与信息外溢

金融地理学将信息分为两种，标准化信息和非标准化信息。前者是指准确而有效，可以被媒体传播的信息；后者是指不够准确，没有获得证实或不利于公开传播的信息，如传闻、上市公司在发布定期报告之前的利润下降消息等。在市场经济活动中，市场参与者对于相关信息的了解是有差异的，主要表现为：或交易一方单方面拥有信息；或交易一方拥有标准化信息，而另一方获取了非标准化信息。而且，市场参与者往往更为关注非标准化的信息，以期发现市场机会，在交易中获得更多的主动权，增倍获益。加之信息在传递过程中本身又存在一定程度的损耗和变异，所以传递非标准化信息更可能会引起信息诠释误差。这样，拥有信息优势一方就会利用优势做出损害另一方利益的行为，也就导致了我们熟知的逆向选择或道德风险情况的发生。

在这样的假设条件下，波蒂厄斯（Porteous）认为，地理距离会对金融交易风险有很大的影响。地理距离越近，就越可能获取标准化信息，那么由信息不足或信息不准确等因素所造成的交易风险就会相对变小；与此相对，地理距离远，难以获得标准化信息，那么信息不对称效应就更大，则交易风险就变大。因此，金融机构为了以较低的成本获得准确的信息，在进行选址时，就会趋向于进驻具有信息源的区域。这个有大量金融机构设立的区域也就形成了金融产业集群。

同时，当金融集群形成后，集群内的金融活动能够产生大量具有经济利益的信息，这些信息通过交易参与者之间的充分沟通得以高速、低成本的广泛传播，不仅提高了整个投资链的效率，而且进一步吸引了新的加盟者。信息作为一个公共产品，为金融机构发现市场机会、进行信息套利提供了极大的便利。

3. 路径依赖

路径依赖过程是指初始条件决定了后面的结果。也就是说，当某地区在经济领域取得成功后，区位锁定效应发挥作用，初始优势将使得该地区在相当长的一段时间内优于其他地区，人们就会对这种形成路径产生依赖性。假如某些金融机构初始选址的决策对于该地区的制度变化、地理发展等都具有持续强大的影响力，那么一旦决策形成，该地区后期的发展将会沿着固有的路径进行，并且还会产生自我积累的放大效应，对初始选择进行了强化。这使得该地区优势不断提高，各类金融基础设施、服务条件、金融系统等不断发展、完善，进而又会吸引更多的市场参与者进入到该区域中。

四、区位选择理论

区位理论最早可以追溯到 19 世纪初农业区位选择理论，随后不断发展，逐渐应用于工业企业中，其主要关注在产量既定的情况下，如何安排企业位置，权衡生产要素和产成品的相对运输成本，从而从最大程度上减少企业的运输成本。也就是说，如果一个企业的生产要素不易运输，运输成本较高，那么这个企业就会在生产要素的供应地设立；相反，如果一个企业的产品相对于生产要素更难运输，那么这个企业将选择在产品市场所在地建址。德国经济学家韦伯（Weber）（1909）在《工业区位理论》中首次系统地阐述了工业区位理论。韦伯（Weber）认为，由于生产成本越低，企业收益越大，而区位因素会影响运输成本和劳动力成本等因素，因此其也就决定了企业的生产场所。区位选择理论后期又由成本决定论发展为利润决定论，即认为，在市场内生产和消费同时进行，生产者的最终目标是利润最大化，而非成本最小化。为了获得最大利润，就要尽量获得更多的市场，因而正确的区位选择是接近或获得最大的市场和市场区。

现代区位论学者认为，利润最大化是产业配置的基本原则，但是产品成本、自然环境等因素制约着该原则的作用，所以应该是综合因素影响了区位选择。还有一些学者将企业领导层对于区位选择的决策行为纳入研究范畴，提出区位选择因素应分为内外两类，除了以往学者提出的外部因素外，还应该考虑诸如决策者的思想、个人性格、职业习惯等内部因素对于生产布局的影响。同时，现代区位论指出，农业、工业等产业的区位选择是相互联系的，选择了一种区位，会影响到其他区位选择，继而影响到经济的空间结构布局。

区位选择理论对于金融集群问题的解释同样也是从供给和需求两个方面来分析的。对于供给方面，金融机构的主要生产要素，如资本、金融人才等构成了金融机构的供给因素；而对于需求方面，金融服务的需求规模、金融机构与客户的沟通程度等构成了金融机构的需求要素。因此，金融机构选址要考虑多种区位因素，如经济、政治及自然因素。经济因素主要是指金融产业集群的市场条件，包括金融市场的规模、结构以及消费者偏好等，对于金融产业集群意义重大。第一，经济发达区域的高水平和高质量的金融机构较多，而且其金融配套设施也较为健全，会有更多金融机构加入，这进一步促进了金融产业集群的形成和发展；第二，经济发达区域拥有充足的人力资源，能够满足金融产业集群建设和发展的需要；第三，某个区域的经济规模越大，就越容易推进经济增长，有利于金融机构进一步扩充资产规模，降低经营成本，提高利润；第四，经济发达区域市场潜力巨大，拓展了金融机构的需求规模，有利于其发展壮大。在金融机构的区位选择决策中，政治因素具有与经济因素相同甚至更重要的意义，其二者的稳定性能够维护市场参与者的信心，使得金融市场能够正常运行。政府机构所特有的外部效应使得政府机构所在区域也往往具有巨大的外部经济效应，某一区域的政府行政级别越高，该区域基础设施就会越完善，外部经济效益就越强，这一区域内金融业的发展就越有有利条件，发展越迅速。此外，一个区域内金融产业集群的形成过程与发展水平在很大程度上取决于这一区域内政策的支持程度。宽松的政策环境、健全的法律制度对于金融产业集群的发展至关重要。自然因素是指金融产业集群所在的地理位置及自然资源等，如现在越来越多的电子通信设备应用到金融服务之中，更好的后台支持可以使得客户获得更好的服务体验，赢得客户市场。健全的交易清算系统、全球范围使用的电子通信连接和自动交易系统等这些高技术的应用，提高了金融机构的竞争优势。综上，优越的区位是影响金融集群的关键要素之一。

五、增长极理论

法国经济学家佩鲁（Perroux）在20世纪50年代首先提出了增长极理论，

并阐述了其理论中的推动单位和增长极。推动单位是指其增长或创新会带动其他经济单位的增长和创新的起支配作用的经济单位；而增长极即为特定环境中这种推动单位的磁场空间。该理论认为，经济增长是以非均衡增长为特征的，它从一个或多个“增长极”逐渐向其他区域传导，通过关联效应和乘数效应最终带动社会经济发展。这些“增长极”所在区域就像磁场一样吸引生产要素的集聚，从而形成产业集群，带动区域经济发展。

法国经济学家布代维尔进一步完善了增长极理论，加入了经济变量的区位关系。其认为，增长极位于城市内部，其自身的不断增长会通过对周边区域和关联产业的影响，带动区域经济活动以乘数效应加速增长。增长极理论的实质上是以区域内主导产业为核心，发挥其支配效应和乘数效应来吸引更多的资源在该区域内形成产业集群并推动区域经济发展。

如果一个经济主体能够对另一个经济主体产生一种不可逆的影响，这种不可逆包括不能够反向产生或者不能够达到相同程度的影响水平，那么这种影响即为支配效应。支配效应由经济单位之间的不平衡关系引发，当主导产业生产的增加使得区域外其他生产活动产生时，就发生了支配效应。支配效应包括吸引效应和扩散效应。吸引效应就是各种生产要素在增长极的迅速聚集，在增长极的发展初期，这种效应很强；扩散效应是在增长极发展水平成熟后产生，这个时候扩散效应不断增强，取代了吸引效应。这个时候，生产要素又从增长极开始向周边扩散，从而带动周边区域的经济发展。而当增长极对周边区域发生作用时，会发生较大的乘数效应，从而进一步推动周边经济发展，缩小经济差距。

第二章 中国金融产业集聚的影响因素

金融产业是经济发展必不可少的动力。近年来，无论是全球市场还是国内金融领域，金融产业集聚已经成为主流趋势之一。相对于发达国家高质量和高水平的金融产业集聚而言，我国金融产业的集聚水平仍处于初级阶段。本章旨在探究影响我国金融产业集聚的因素，并为提高我国金融产业集聚水平提出建议。

第一节 中国金融产业集聚研究概述

一、研究背景

金融产业是国民经济发展的重要助推器，国民经济的发展时时刻刻地影响着金融市场。在经济全球化和一体化的助推下，全球金融市场迅猛发展，国际资本交流日益频繁。自20世纪70年代始，金融机构引入企业间组织协调方式进行经营交易，从最初简单的少数金融机构集中，逐步发展到金融资源的空间集聚，金融集聚成为主流。金融产业聚集于某一区域，金融资源集中并得到合理配置，提升了金融业整体的竞争能力，进而推动了区域经济的发展。

就全球范围来看，纽约、伦敦和东京是全球极为重要的国际金融集聚区，全球重要的金融机构都进驻了这些区域并开展业务。一些新兴市场也形成了重要的金融产业聚集区，成为具有国际影响力的金融中心。20世纪90年代，新加坡在政府支持引导下，通过税收优惠政策、高标准的金融监管、离岸市场发展等措施，逐渐发展成为国际金融中心。我国香港利用自身联系汇率制、自由开放的政策、自由港和低税收的优势，在20世纪70年代以后逐步形成具有国际影响力的金融集聚区，是全球第三大银行中心、第四大外汇交易中心和亚太地区最大的保险市场。

我国内陆地区金融集聚也日趋明显，北京金融街、上海浦东金融区、滨海新区于家堡金融区以及深圳前海经济区等都在积极努力成为具有代表性的金融产业集聚地。其中，上海浦东新区逐步成为我国吸引外资金融机构最为集中的地区，入驻了120多家中外金融机构，上海证券交易所的交易额指标已接近中国香港和新加坡。北京金融街也聚集了大量国内外金融机构，我国重要的金融监管机构、国有商业银行总部、保险公司的总部都集中于此。

二、研究意义

自19世纪开始，学者们就已经开始对产业集聚理论进行研究，但长期以来主要是关注制造业的产业集聚问题，对于服务业集聚的研究并不多。伴随着经济增长方式的转变，新兴产业不断繁荣，服务业逐渐成为经济发展不可或缺的推动力。金融业作为服务业的重要组成部分，学术界也开始关注金融业的集聚现象。重视和加强金融服务业集聚发展的内在规律探究，同时结合金融业自身特点制定金融政策，指导区域金融业发展，能够为我国金融集聚发展提供强有力的理论支撑。

目前，我国已形成了珠江三角洲、长江三角洲和环渤海三大重要的经济圈，经济圈中金融集聚存在差异，导致差异的原因有很多，包括各地经济发展水平不同、政策差异、居民金融意识差异等都影响着不同地区的金融业集聚水平。相对于欧美较高水平的金融集聚区，我国的金融产业集聚仍处于初级阶段、发展初期，距离发达的国际金融集聚区还存在着较大的差距。因此，深入探究不同经济区域如何有效推动金融产业集聚发展成为亟待解决的现实问题。

三、研究成果综述

国内外学者对于金融产业集聚形成的驱动因素以及集聚内在机理等问题进行了深入的研究，取得了一系列有价值的成果，概括而言，主要是从两个角度进行分析，即宏观驱动因素和微观主导因素。

1. 宏观驱动因素

宏观驱动因素又涵盖了经济要素和政府行为两个维度。

从经济要素维度来看，主要包括以下三个因素：

一是经济发展水平。金融集聚源于区域经济发展，区域经济发展的水平为金融集聚形成和成长提供了基础和条件，同时金融集聚也是区域经济发展的重要推动力。莱文（Levine）（1992）①分析认为，经济增长会影响其金融中介体系的构建，高收入水平可以支持金融系统的发展。白钦先（2001）②研究认为，区域经济水平不断提高，各项金融业务的规模和范围随之扩大，而金融业力量不断壮大，达到一定规模，自然而然地形成了金融集聚。张清正（2013）③利用空间计量动态分析方法检验了 1993 年、2001 年以及 2010 年的中国数据，发现在区域经济一体化和经济总量水平都具有差异时，经济发展水平较高的省域，金融业发展水平也会明显优于其他地区，集聚程度更高。

二是金融发展水平。金融机构的数量、规模和金融体系完善水平都会影响到金融资源流动方向。戴维斯（Davis）（1990）④采用问卷调查的方法研究认为，当一区域金融市场更大，金融服务和金融工具的使用效率更高，金融市场相关程度更高时，金融产业集聚就会应运而生。付双双（2008）⑤以上海为研究对象，分析了金融产业集聚机制，结论指出，上海特有的信息腹地、相对完善的金融市场和金融文化，都促进了金融业集聚形成。

三是对外开放程度。胡坚（2003）⑥基于对 1998 年到 2000 年纽约、伦敦、中国香港等世界主要金融中心的数据进行分析，对上海发展成为国际金融中心提出了建议，指出上海应继续加强对外开放，提高金融市场透明度。张清正（2013）⑦利用空间计量模型分析了中国金融产业集聚动因，认为中国加入 WTO 之后，金

---

① Levine Ross. Financial Development and Economic Growth: Views and Agenda[J].Journal of Economic Literature,1997：156-170.

② 白钦先. 金融结构、金融功能演进与金融发展理论的研究历程[J]. 经济评论，2005（3）.

③ 张清正. 中国金融业集聚及影响因素研究[D]. 长春：吉林大学，2013.

④ Davis E P. International Financial Centers: an Industrial analysis[M]. Economics Division, Bank of England, 51:1-23, 1990.

⑤ 付双双. 金融产业集聚机制的理论与实证研究[D]. 苏州：苏州大学，2008.

⑥ 胡坚，杨素兰. 国际金融中心评估指标体系的构建——兼及上海成为国际金融中心的可能性分析[J]. 北京大学学报（哲学社会科学版），2003，05：40-47.

⑦ 张清正. 中国金融业集聚及影响因素研究[D].长春：吉林大学，2013.

融对外开放的加快和中外金融机构交流的加深，促进了中国的金融业发展。

从政府行为维度来看，金融集聚离不开政府的扶持。叶耀明和高平平（2002）①以新加坡国际金融中心为研究对象，分析了其建设模式和条件，并与上海所具备的条件进行了比较，认为上海应借鉴新加坡的经验，充分发挥政府作用，推动上海金融集聚形成。张清正（2013）②研究了中国31个省的数据，认为中国金融产业集聚形成多是政府引导，对政府政策和制度环境有较强的依赖，而且政府可以通过其他因素对金融产业集聚产生影响。

2. 微观主导因素

学者对于金融产业集聚动因分析的微观因素多是从金融企业角度考虑集聚的影响因素。企业行为的主要准则之一就是利润最大化，即增加收益、降低成本。主要的微观主导因素包括：规模经济、信息因素、区位选择。

从规模经济角度，不只是金融产业自身形成规模经济效应，还包括实体经济对于金融支持的需求而产生的规模经济。1974年金德尔伯格（Kindleberger）③就指出，规模经济会影响到金融产业集聚，同时外部规模经济还存在自我强化机制——在某一区域内入驻了较多的金融部门，其他金融参与者和相关产业在选址时会更为偏好这一区域。帕克（Park）（1989）④通过将规模经济理论引入到国际银行集聚发展和国际金融中心形成的研究中，分析认为，一方面当某一地区银行数量增多且规模增大时，极为可能形成金融中心；另一方面，由于外部规模经济效应的存在，会进一步促进生产和经营机构集聚。

从信息因素角度，金融地理学将地理学描述引入到金融研究中，分析微观金融主体的地理分布特点和流动变化原因，以解释金融产业集聚形成过程。由于信息的不对称性和传递损耗，金融机构要更为准确的信息和市场动向，就需要接近信息源，信息流是金融产业集聚的重要先决条件。赵兴波（Zhao）（2004）⑤认为，信息外部性和不对称性也会对地区等级和全球层次存在不可忽视的影

---

① 叶耀明，高平平．上海建成国际金融中心的国际经验借鉴[J]．华东理工大学学报（社会科学版），2002，04：28-33.

② 张清正．中国金融业集聚及影响因素研究[D].长春：吉林大学，2013.

③ Kindleberger C P. The Formation of Financial Centers: A Study in Comparative Economic History[J].Princeton: Princeton University Press, 1973.

④ Park, Yoon S., and Musa Essayyad, eds. International Banking and Financial Centers[M]. Springer, 68-84, 1989.

⑤ Zhao XB. 2003. Spatial Restructuring of Financial Centers in Mainland China and Hongkong: A Geography of Finance Perspective. Urban Affairs Review, Vo .138, No. 4: 535 - 571.

响，并研究分析了中国信息腹地，认为香港地区重要的信息通道是北京，而非上海。克拉克（Clark）（2004）[①]研究认为，虽然电子技术广泛应用于金融系统，互联网时代方便了信息传递，但地理因素反而比以往更为重要。

从区位选择角度，马丁（Martin）（1999）[②]研究分析了不同金融机构的区位分布特征。分析表明，银行类金融机构、证券交易机构和外汇交易机构区位分布有所差异。银行分布较为分散，证券和外汇机构则较为集中。波蒂厄斯（Porteous）（1995）[③]针对银行金融机构区位进行了系统的理论分析，认为当市场潜力空间分布不均匀时，在不考虑价格竞争背景下，银行金融机构将会产生集聚。

3. 文献评述

通过上述文献回顾可见，金融产业集聚发展研究取得了较为丰富的成果，然而仍存在不完善之处，多数研究结合金融发展和产业集聚理论进行理论分析，实证研究分析并不足，尤其是对于金融空间依赖性和异质性研究不足。而且该问题的研究多以国外经验为基础，缺乏结合我国特点的自主性分析，对于我国金融产业集聚的参考价值比较局限。本书努力在此方面有所改进与完善。

第二节　国外金融产业集聚形成的经验分析

与发达国家相比，我国的金融产业集聚起步晚，存在较大的差距，我们应切实借鉴发达国家的先进经验，充分了解国际著名金融中心的发展过程，深入分析影响各大金融中心形成的因素，为分析我国金融产业集聚影响因素提供经验。

一、金融产业集聚的基本路径

20 世纪六七十年代，帕特里克（Patrick）提出了需求反应和供给引导理论，

① Clark. Advances in Spatial Econometrics: Methodology, Tools and Applications[M]. Springer, 2004.

② Martin.R.,Money and the Space Economy[M].London:John Wiley & Sons,1999.

③ Porteous,D.J.,The Geography of Fiancial Centers: A Study In Comparative Economic History[M].Princeton Studies in International Finance,1974.

明确了经济增长和金融扩张的关系，他认为一国金融体系的形成存在两种路径模式，即需求反应和供给引导。金融产业的集聚路径也遵循这一原理。

1. 需求反应路径下的市场主导模式

需求反应路径下的金融产业集聚是以市场为主导，集聚的形成和发展是经济发展和生产交换的必然要求。实体经济的不断发展对金融业产生了越来越强烈的需求，在经济全球化发展的背景下，任何一个企业和地区经济发展的资金需求都不可能完全依靠内部融资满足，负债经营是企业发展壮大的必然方式。这就要求金融资源能够充分自由地流动，有资金需求的地区吸引了越来越多的金融机构在此聚集，由此进一步推动了金融体系的扩展、金融制度的完善、金融信息的共享以及金融产品的创新，逐渐形成具有规模效应的金融产业集群。伦敦金融产业集群就是依靠这种自然演进模式通过几十年甚至上百年的发展成为了全球首屈一指的国际金融中心。需求反应路径下的金融产业集聚模式如图2.1所示。

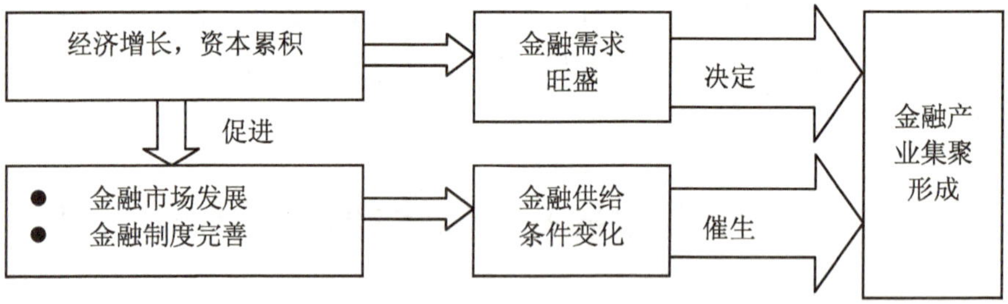

图2.1 需求反应路径下的市场主导模式

2. 供给引导路径下的政府驱动模式

供给引导路径下的金融产业集聚是以政府为主导，集群的形成和发展是政府选择和扶持的结果。政府在综合考虑各区域经济水平、基础设施、人文环境的基础上，依据经济发展的空间布局，选择最具金融业发展潜力的地区，制定扶持金融产业的政策及相关标准，引导金融资源和金融机构在该地区集聚。新加坡即是政府主导模式的典型代表。供给引导路径下的金融产业集聚模式如图2.2所示。

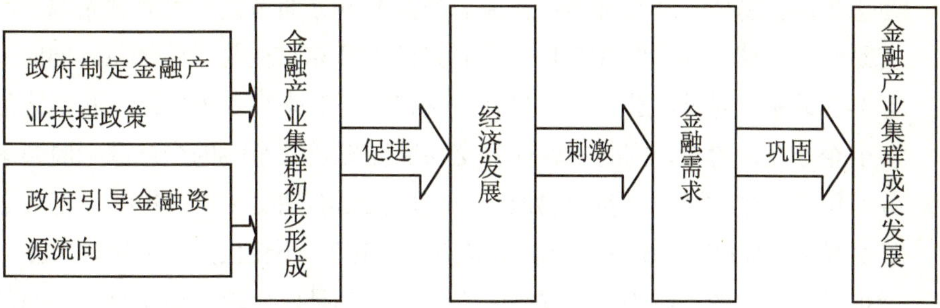

图 2.2　供给引导路径下的政府驱动模式

本节下文就对两种模式的代表——伦敦和新加坡的经验分别进行研究。

二、伦敦金融产业集聚的形成经验

1. 伦敦金融产业集聚概况

伦敦金融集聚区是市场主导模式的典型代表，也是历史最为悠久的国际金融中心。18 世纪英国首先开始了第一次工业革命，经济实力不断增强，财富不断累积，对外贸易规模不断扩大，伦敦作为英国的首都，逐渐成了世界国际贸易的汇兑与清算中心。到 19 世纪，以英镑为交易货币的国际贸易结算额占全球总结算额的 40%以上，当时的金融机构主要服务于国际贸易，英国在国际贸易和国际金融领域拥有绝对优势，伦敦也成为世界上最早、最大的国际金融中心。

（1）金融机构数量众多。伦敦的金融产业以银行为主。目前，有近 500 家外国银行进驻伦敦，居全球首位。而这些数量庞大的外国银行管理着英国银行业半数以上的资产，总数超过 35 万亿英镑。保险方面，世界上第一个保险市场著名的“劳合社”诞生于伦敦，伦敦是世界上主要的国际保险和再保险市场，全球 20 家顶尖保险公司都在这里设立分公司或分支机构。基金管理公司也是蓬勃发展，单单是英国养老基金资产就占到了全球总量的 10%以上，仅次于美国，全球第二。英国也是全球第二大对冲基金中心，同时还是除美国之外私募股权市场最为活跃、最为发达的国家，欧洲一大半的投资银行主要是在伦敦开展业务。

（2）各类金融市场活跃。伦敦证券交易所成立于 1773 年，是世界上历史最为悠久的交易所，在欧洲债券交易和外汇交易方面都处于世界领先水平，外汇交易量占全球交易量的30%以上，超过纽约和东京交易量的加总。同时，伦敦证券交易所也是外国公司上市最佳首选市场，有来自六十多国家和地区的五百多个企业在此筹资，同时伦敦证券交易所受理超过60%的全球国际股票承销业务。伦敦三个主要的期货交易所——伦敦国际石油交易所（IPE）、伦敦金融期货交易所（LIFFE）和伦敦金属交易所（LME），不仅仅影响着英国本土，对全球也具有极大的影响力。全球铜生产量的70%是以伦敦金属交易所公布的牌价为基准进行贸易定价的；伦敦国际石油交易所是世界石油交易的中心之一，布伦特原油、天然气等合约都影响着国际原油价格的走势；伦敦金融期货交易所是全球最大的电子化交易所，日交易量超过五千亿英镑，超过世界上任何一个交易所。

（3）配套服务齐全。伦敦除了拥有活跃的金融市场和数量众多的金融机构，还是金融配套服务最为发达的地区之一，推动了伦敦金融中心的发展。伦敦是世界领先的国际法律服务中心之一，世界上八成顶级的律师事务所的总部都设在伦敦。会计及其相关服务也是伦敦的一大亮点，它是全球主要会计服务的国际化市场，提供了审计、税收筹划、公司融资等全方位的服务。

2. 伦敦金融产业集聚的经验借鉴

伦敦作为典型的市场主导模式形成的金融产业集聚区，其国际金融中心地位的形成过程十分值得深入分析和研究，并从中借鉴经验为我所用。

（1）决定因素：经济实力雄厚，贸易需求旺盛。伦敦的金融产业集聚产生和发展的决定性因素是经济发展及随之不断增长的市场需求。金融产生之初就是为商品贸易服务的，使得贸易更为便利快捷，进而推动了贸易的扩大发展。英国引领并推动了两次工业革命的发生和发展，经济实力不断增强，积累了他国无法比拟的资本财富，国际贸易业务量庞大，恰好带动了大量的结算与融资需求，金融机构和金融市场开始蓬勃发展，发展过程中更多的金融资源被吸引而来，从而逐渐形成金融集聚区和国际金融中心。金融业发展到新的水平，自身能够创造更多的价值，这时集聚区的地位也得到了巩固和强化。

优质的金融环境。这里所说的金融环境既包括市场环境，还涉及企业之间的交流合作以及金融创新的氛围。伦敦金融城在成立之初，自由化、国际化和开放程度在世界上都是最高的，这种开放包容的市场环境保持至今。也正是由于这种自由开放富有弹性的市场环境降低了企业入驻成本，才能吸引到大批跨国公司和金融机构进驻伦敦并开展业务，使这个世界上历史最为悠久的金融中心持续保持活力。同时，伦敦金融产业集聚区内部的网络化，一方面促进了金融机构之间形成多样化的交流联系方式，加强了彼此信任，促进了信息交流和沟通；另一方面，企业与金融机构之间的合作关系也得到了巩固，企业带着需求来到集聚区，集聚区为企业提供了更多的选择，企业可以好中选优，选择更为合适的合作伙伴，而金融机构可以更接近自己的客户，了解市场需求变化，更好地整合资源为企业服务。也正是这样互动的氛围带动了金融机构进行金融创新，以满足市场需求。

（2）辅助条件：专业的配套服务，强大的人才保障。伦敦的金融产业可以得到长足的发展不仅仅与银行、保险等自身行业相关，还与金融配套服务业，如咨询、会计服务、法律服务等行业有着紧密的联系。伦敦拥有的国际律师事务所都是世界领先的咨询顾问公司，十分擅长处理国际商务，对于兼并收购、融资和私募股权等国际资本市场中的交易极为熟悉，即使是小型的律师事务所也拥有丰富的国际商务活动的经验，在国际保险、航运业务等方面具有极大优势。高素质、专业化、稳定的人才保障是金融产业集聚发展的不竭动力，伦敦作为多元文化集聚的国际化都市，各国精英汇集于此。同时伦敦还拥有如牛津和剑桥这类世界著名的高校，建立了专业标准的金融从业资格认证体系，培训机构、金融机构和高校相互合作，协同培养人才。精算师、高级财务分析师、国际律师等高端金融人才辈出，时刻为金融发展提供人才储备。

优越的地理位置，完善的基础设施。世界上大部分城市的兴起都得益于其优越的地理位置或自然区位。伦敦拥有著名的国际海港，泰晤士河贯通全程，在16世纪就成了地区性的贸易中心和金融中心，到了17世纪中后期伦敦逐渐取代了荷兰阿姆斯特丹的地位，进出口的贸易规模不断膨胀扩大，创造了更多的金融需求。由于集聚效应、成本锁定等作用的存在，更多的公司、金融机构及其相关的企业聚集于此。伦敦具有先进的公共服务能力，拥有世界上最为发达的交通系统，公交、地铁、有轨电车等多种交通方式，高密度、网络化、多模式的交通体系便利了出行。

积极的政府政策，灵活的监管环境。伦敦金融产业集聚虽然是由市场主导形成的，但政府仍在其中起到了重要的推动作用。英国政府为了推进金融产业的发展，不断完善金融法律体系，促进金融市场发展，引导区域空间合理布局，从国家战略的高度进行了城市规划。20世纪初，在伦敦的国际金融地位有所下降之时，政府实施了“金融大爆炸”改革，伦敦金融产业得到了复兴。伦敦的金融市场极为开放自由，然而自由并不意味着没有监管，而恰恰是政府高效的监管体系和灵活的监管环境保证了伦敦市场的活力，英国的监管制度更加注重原则而非规则，以原则为基础的监管才能使得市场更为活跃，金融机构无论是英国本国的还是海外投资者只要遵守其基本原则，就可以在英国推出新的金融产品，无须逐一获得批准，减少了很多中间环节，降低了投资者的创新成本，从而激励了金融创新。

三、新加坡金融产业集聚的形成经验

新加坡金融集聚区是典型的政府驱动型中心。新加坡 1965 年独立后，政府就十分重视金融产业的发展，提出了大力发展金融产业的国家战略，并在 1998 年正式提出了将新加坡建立成世界级金融中心的蓝图。在短短几十年内，新加坡已然成了全球重要的金融产业集聚地，在 2014 年全球金融中心指数（GFCI）排名中位于第四，继纽约、伦敦和中国香港之后，成绩斐然，而其中的成功经验对于我国建设金融产业集聚区有极大的启示。

1. 新加坡金融产业集聚区概况

（1）金融机构云集，金融资产庞大。新加坡作为重要的国际金融中心，大量的金融机构云集于此。截止到 2014 年底，有 125 家银行在新加坡开展业务，其中内资银行只有 6 家，剩余 119 家全部为外资银行（全能银行 28 家，批发银行 55 家，离岸银行 36 家）；经营亚洲货币单位的银行有 159 家，其中投资银行占 38 家；还拥有 36 个银行代表办事处；177 家保险公司；基金管理公司 289 家，证券交易机构 118 家；期货合约交易机构 59 家；证券托管机构 37 家；不动产投资信托公司 31 家；杠杆外汇交易机构 24 家；转融通机构 17 家；信用评级机构 3 家等[①]。

众多的金融机构管理着规模庞大的金融资产，2013 年新加坡的银行总资产为 9732.16 亿美元，对非银行客服发放的贷款为 5742.71 亿美元，亚洲货币单位资产总额为 1180.61 亿美元，金融公司总资产为 1498.5 亿美元，投资银行管理的本国货币和亚洲货币单元的资产总额为 849.41 亿美元，养老基金 141.98 亿美

① 数据来源于《2014 年新加坡统计年鉴》。

元，人寿保险基金 1324.76 亿美元，官方外汇储备资产总额为 3447.29 亿美元，其中黄金和外汇就达到了 3417.34 亿美元[①]。

（2）金融市场交易活跃。新加坡的外汇市场是国际重要的外汇交易中心，其地理区位优势明显，上午可以与中国香港、东京、悉尼等市场交易，中午可以与中东的巴林市场交易，下午则可以与伦敦、法兰克福等欧洲市场进行交易，晚上还可以沟通北美市场，全天 24 小时都可以进行外汇交易，交易系统与世界重要外汇交易系统环球银行金融电信协会（SWFIT）纽约清算所银行同业支付系统（CHIPS）相互连接，买卖结算极为便利。

新加坡的证券市场也是极为发达的，是全球重要的资本市场之一。良好的融资和交易环境吸引了 116 家中国内地、52 家中国香港和 49 家东南亚地区的公司在此上市。表 2.1 展示的是自 1998 年至 2013 年新加坡证券交易所（SEX）的交易数据统计。

新加坡的衍生品市场也是极具国际影响力的，其股指期货和离岸金融业务发展迅猛。1984 年新加坡国际金融交易所（SIMEX）推出了亚洲第一个欧洲美元存款利率的期货和欧洲日元期权；1986 年又推出了全球第一个日本股指期货——日经 225 股指期货，是第一例以别国股票价格指数为标的的期货合约。之后又相继推出了摩根台湾指数期货、摩根香港指数期货等股指期货合约，丰富了期货产品，是亚洲主要的股指期货交易中心。

新加坡是亚洲最早开始推出离岸金融业务的国家，1968 年美国美洲银行新加坡分行就获得新加坡政府的批准推出了第一个亚洲货币单位，随后 1971 年新加坡发展银行发行第一笔亚洲美元债券，1977 年推出了美元浮动利率可转让存单等。经过几十年的发展改革，新加坡已经形成了完善的亚洲美元市场和亚元债券市场这两类重要的离岸金融市场。2013 年 5 月，中国工商银行新加坡分行正式启动了离岸人民币结算服务，首日的结算量就达到 16 亿元，当日汇丰银行和渣打银行就发行了 15 亿元的人民币离岸债券，使得新加坡成为继中国香港和中国台湾之后的第三个发行人民币离岸债券的市场，而至 2013 年底 7 个月里就完成了 2.6 万亿元人民币交易。截至 2014 年 12 月，新加坡的人民币存款早已超过了 2000 亿元，贷款额超过了 3000 亿元。据环球银行金融电信协会（SWFIT）报告显示，新加坡是仅次于中国香港的全球第

① 数据来源于《2014 年新加坡统计年鉴》。

二大离岸人民币清算中心。

表 2.1　1998 年到 2013 年新加坡证券交易所主要交易数据统计

时间	上市公司总数	成交金额（百万新元）	市值（百万新元）		
			主板	凯利板（创业板）	总量
1998	378	98589.5	268018.6	2459.5	270478.1
1999	416	196913.6	462506.9	8423.6	470930.5
2000	496	172028.2	413771.8	3989.6	417761.4
2001	511	131738.7	446132.5	3047.6	449180.1
2002	516	118702.3	404454.0	3047.4	407501.4
2003	566	161952.3	513022.2	6079.3	519101.5
2004	639	183422.5	604421.2	5796.0	610217.2
2005	664	205164.4	422029.1	5876.2	427905.3
2006	708	300017.6	579768.5	9842.0	589610.5
2007	762	604598.5	766025.3	10119.5	776144.8
2008	767	386557.7	381101.0	3562.3	384663.3
2009	773	370918.5	670345.0	5325.3	675670.3
2010	778	407698.3	822699.4	6462.3	829161.7
2011	769	373005.9	698762.9	5347.2	704110.1
2012	776	327698.8	927760.9	6781.8	934542.7
2013	776	354845.9	930570.3	9325.9	939896.2

数据来源：新加坡证券交易所官方网站。

（3）私人银行和财富管理中心。依据普华永道《2013 年全球私人银行和财富管理中心报告》显示，新加坡是全球第二大的私人银行和财富管理中心，地位仅次于瑞士。该报告还预测未来两年内新加坡将超越瑞士这个传统第一大财富管理中心，成为全球第一。新加坡凭借其特色的监管制度和优惠的税收政策，吸引了许多对冲基金汇集于此，全球主要的私人银行的亚太总部均设立在此。据波士顿咨询集团数据显示，2013 年新加坡管理的私人银行资产约为 5000 亿美元，而在 2000 年之时私人银行资产仅为 1200 亿美元。

2. 新加坡金融产业集聚经验借鉴

新加坡金融产业集聚形成过程中，政府起到了至关重要的作用，同时其金融机构自身结合全球金融市场变化进行金融创新也对新加坡金融发展起到了推动和促进的作用。

（1）目标明确，逐步开放。新加坡政府提出的建立世界级金融中心的构想由七大支柱作为支持，如图 2.3 所示。

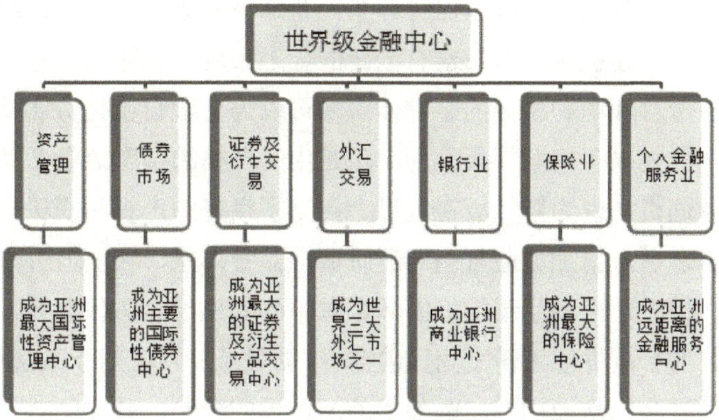

图 2.3　新加坡世界级国际金融中心建设体系

资料来源：周镇宏，新加坡金融业考察报告[J]，广东经济，2000（2）。

在上述七大支柱中，政府明确将发展资产管理市场和债券市场作为建设的主要突破口和重要目标，从政策上优先发展基金管理业务。新加坡金融管理局（Monetary Authority of Singapore，MAS）设立金融促进厅，专门促进金融产业发展，同时还成立了由专业银行家、学者教授和政府官员组成的金融产业发展咨询委员会（FERG）。在 FERG 中分别设立七个委员会负责资产管理、债券市场、证券市场等七个领域规划改革。为了发展资产管理业务，MAS 相继推出了很多政策吸引跨国机构，如放宽公积金投资条件、注资扩大市场、改变监管关注点、调整税收制度、降低税率等。

新加坡推进金融产业向国际化发展并不是一蹴而就的，而是逐步推进金融开放。早期对于进入新加坡市场的主体有严格的审查机制，对于新元的使用也是存在严格管制的，1998 年前是禁止以新元为标的的金融衍生品交易，同时限制外资银行经营新元。严格的许可制度一方面保护了新元，防止外资银行对于新元的过度投资或投机行为，也正是这种“内外分离”的政策使得新加坡免于遭受 1998 年的东南亚金融危机；另一方面也可以在一定程度上保护本国银行业。1968 年新加坡开启了金融市场开放的第一个篇章——建立离岸金融市场，随后1975年进行国内利率市场化改革，1978年取消外汇管制，外汇自由波动，1995年推出了国际证券交易市场，1999年新元管制放开，采取浮动汇率制度，循序渐进开放金融市场，逐步降低准入要求，吸引更好的国际金融资源。

（2）改变监管重点，改革监管体系。新加坡监管当局认为，严格和高标准的金融监管与构建极具活力、富有创新的金融市场并不矛盾，甚至存在促进作用，稳定的金融环境和稳健的金融体系才可以为金融自由化夯实基础。在发展之初，新加坡是以严格监管著称的，正是由于严格的金融监管帮助新加坡躲过了亚洲金融危机，也为新加坡在世界上树立了良好的声誉和积极的形象。然而在亚洲危机之后，新加坡监管当局适时调整监管体系，转变监管方式，审慎地放开监管，极大地推动了新加坡国际金融中心的建设。具体而言，新加坡金融监管由之前的合规性监管转变为风险监管，加强了监管者对于系统风险的控制，逐步放开了较高的从业标准，解除了外汇市场的管制，开放了对外直接投资。同时还对金融监管体系进行了改革，改变之前多元化的分业监管模式，变为统一监管，扩大金融监管局的监管范围，监管统归到金融监管局下，监管局结构如图2.4所示。

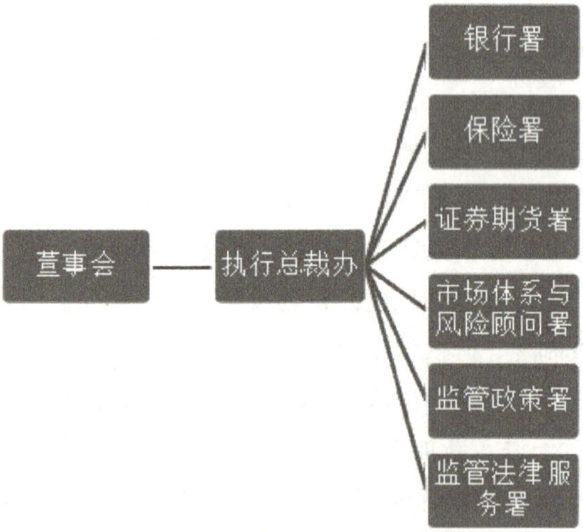

图 2.4　改革后的新加坡金融监管局结构

资料来源：汪康懋，新加坡的金融监管体制[J]. 华东政法学院学报，2005（1）。

（3）优惠的税收政策。最初的亚洲美元市场就是依靠足够优惠的税收政策发展起来的，新加坡政府积极采用税收优惠来吸引更多的优质金融资源。依据世界银行《赋税 2013》显示，新加坡是世界第五的低税负国家，全球超过 90% 的货物进入到新加坡无须缴纳关税。政府不仅会在预算中明确详细披露其对于金融的税收优惠，而且会适时地推出新的税收激励政策，如取消非居民的利息所得税、大部分贸易和投资产品免税、公司税由 22%降低到 20%、免除来自海外收入的个人所得税、专利使用费预扣税调至 10%等，吸引了大量的金融机构进入到集聚区内。

（4）注重人才引进和人才培养。新加坡对内十分注重人才的培养，对外则极为重视国际人才的引进。2009 年，新加坡政府启动了专业技能培训计划，该计划集合了目前所有的专业人员、经理及前台操作人员，专门制定培训方案，其目的是强化人才技能、转换技能和提高技能，能够在行业内达到更高的水平。除此之外，新加坡政府还成立了金融业发展基金，以强化提升高级金融管理人员的培训。对于外来人才的引进，新加坡联合企业一起从减免税收、提供住房、子女教育等福利措施出发，以优厚的待遇和条件吸引大量的优秀金融专业人才，使之成为新加坡重要的竞争力。作为全球第四大国际金融中心，2013 年新加坡的金融服务业从业人员就达到了 50.65 万人，共创造了 416.78 万美元的服务增值额。

第三节　中国金融产业集聚的影响因素分析

各国的金融集聚区建设呈现出了不同的特点，但是其中仍存在一些共性的因素，如经济实力基础、人力资本支持、政府优惠政策等。结合我国的现实情况，笔者认为，政府推动、实体经济实力、人力资本等诸多因素都是影响我国金融产业集聚形成的主要因素。

本书分析的金融集聚关注动态的特征，即强调金融产业集聚是通过金融资源与地域条件协调、配置、组合的时空动态变化，向具有一定自然、经济和社会禀赋优势的某些特定区域空间快速聚集，经过稳定的发展后形成具有一定规模和集中度的金融市场和金融机构的有机过程。换言之，金融产业集群是金融运动的地域选择、金融效率的空间调整和提高的过程。

一、政府推动

政府行为是我国金融产业集聚形成的基础条件。就我国金融产业集聚形成的模式而言，主体是政府驱动型，政府的行为将对金融产业的发展有着极大的影响力，政府的扶持和规划会起到关键的引导作用。政府可以通过税收优惠政策、基础建设支持以及宏观调控措施等影响金融产业的发展，尤其是一些地方政府积极推动金融产业发展，执行各类优惠政策，提高了金融企业区域选择时的倾向性。在产业集聚发展的初期，政府采取积极的态度、适当的政策进行扶持，能够促进本地区金融产业发展、金融资源有效配置，同时还可以吸引更多的优质金融资源进入。不断提高的集聚区实力、强大的人力储备、良好的基础设施、先进的信息技术等在政府政策的作用下可以更容易获得。对于金融市场的参与者而言，稳定的政治环境、积极的政府态度都可以提高其参与金融活动的积极性，金融市场的活跃会产生更多的金融需求，而这种需求又刺激了更多的金融机构提供相关服务来提高市场占有率，获得更多的客户资源。政府与市场之间将形成有益的良性互动关系。

二、实体经济实力

强大的实体经济基础是金融产业集聚的原动力，金融产业从产生之初就是为了服务实体经济，满足经济发展需求。因此，实体经济对金融发展起到了决定作用，反之，金融又服务于实体经济。一般而言，实体经济繁荣，市场活力持续，企业规模不断扩大，一方面为金融产业发展创造了巨大的需求，需求带来市场，金融机构依据市场需求提供相应的金融产品和服务，吸引大量的优质金融资源汇集于市场内。另一方面，实体经济实力强大，企业拥有更多的闲余资金，可以为金融产业提供大量的资金供给，金融机构可以吸纳这部分社会闲散资金开展金融活动。因此，实体经济的繁荣从供需两个方面都支持着金融产业的发展，促进金融产业集聚形成。从国际经验看，伦敦、新加坡等国际金融中心的形成过程都离不开其强大的国民经济实力，无论是市场主导还是政府驱动模式，内在的实体经济实力都是金融产业集聚形成和发展的根本动力。

三、对外开放程度

作为一个开放的经济体系，对外开放的程度不仅会从外资规模角度影响到国民经济的发展水平，而且还会从吸收借鉴国外先进技术、经营理念等方面对经济发展潜力产生影响。西蒙（Simon）（2004）指出，实力较强的金融机构选址会倾向于选择具有较高开放性的国际市场信息腹地，这样可以以较低的成本获得国际信息，而且在开放程度较高的地区也拥有实力更为强大的生产者和经济实力。同时，开放程度较高的地区可以为企业提供便利的交通和通信设施，文化环境更为多元，开放包容性更强。金融机构聚集于此，便于更好地服务优质客户，更容易获得客户的信赖。

四、人力资本

人力资本是重要的生产要素，对于任何行业而言，充足的人力资本储备都是行业可持续发展的重要保障。相对于物质资本的有限性，人力资本具有能动性。就金融产业而言，人力资本丰富，可以活跃金融市场，提高金融机构的供给能力，产品和服务就更为优质。金融产业在发展过程中自身就可以创造更多的市场需求，高水平的人力资本带动了金融市场的繁荣，促进了金融创新。这样的软实力是发展金融产业必不可少的因素。

五、规模经济

规模经济是影响产业集聚的重要因素之一。协同合作、分工专业化、共享基础设施和信息等都依赖于规模经济。金融机构为了实现规模效益会向某一个地区聚集，逐渐形成品牌效应和专业化优势。金融机构聚集后形成的金融服务专业化优势会吸引生产性企业在这一地区形成引致性集中，企业的融资成本和单位服务产品成本由此得到了降低，有利于促进企业扩张规模，继而进一步增加了企业对于金融产品和服务的需求，吸引更多的金融资源集聚为之服务。同时，当一个地区形成集聚优势后，通过规模经济效应的不断放大，集聚区内金融机构的市场竞争力和影响力也会逐步变得更大。

六、陆家嘴金融商务区实践经验

随着我国经济的飞速发展，在不少地区均展现出了金融集聚的端倪，尤其以上海、北京、深圳三地最为明显。2009年国务院常务会议审议并原则通过了关于上海建设国际金融中心的意见，提出“2020年将上海基本建成与我国经济实力和人民币国际地位相适应的国际金融中心”。上海陆家嘴金融商务中心区目前正逐渐成长为国内最大、最成熟的金融中心。

陆家嘴金融商务中心区的成功发展主要依赖两方面因素。一方面，陆家嘴具备国内最为成熟的金融市场体系，具体来讲，拥有83家中外金融机构、上海证券交易所、上海期货交易所等要素交易市场、三百多家大企业（集团）等；另一方面，诸如花旗、汇丰、渣打、交通银行总行、德富泰国际银行等银行，又诸如太平洋保险集团公司等金融机构，以及中国银联和国有五大银行分行及数据分析和研发机构等均在上海陆家嘴落户，从而使金融单位数量众多，层次较高，也巩固了上海的人民币交易地位。

1. 陆家嘴金融商务区金融聚集的特点

在上海陆家嘴金融商务中心的建设过程中，金融聚集呈现出了一系列“个性”与“共性”并存的特征，不论是“个性”还是“共性”，均对于家堡金融聚集区的建设具有重要的参考价值。通过分析该地金融聚集和金融商务中心区建设的历史过程和地域特色，总结出如下特点：

第一，金融市场体系健全。随着2002年10月上海黄金交易所正式开业，上海基本形成了以货币、资本、外汇、期货、黄金、产权市场为主体的金融市场体系。最近几年，为了提升金融聚集的程度和辐射功能，通过金融创新，上海金融市场又推出了一大批重要的金融衍生产品和基础金融产品，如人民币外汇远期、燃料油期货、债券远期等产品。在各类金融机构的共同参与下，上海已经成为全国金融聚集程度最高的区域，不少领域的金融机构数量、业务规模都占到了全国的一半以上，形成了“自然演化”与“政府主导”并存的金融服务业集群网络结构。

第二，开放程度较高。自我国加入世界贸易组织以来，经济开放程度不断提高，与此同时，上海金融业与国际同行的业务往来和合作也不断深化。在沪外资银行资产总额及其贷款总额、外资保险公司保费收入均位居全国各地首位。上海市驻地内各金融机构通过与国际一流金融机构建立交流合作机制，成立了一系列合资金融企业，例如汇丰银行、花旗银行分别入股上海银行、交通银行等，极大地提高了本土金融业的国际化水平，实现了更广泛范围内的金融聚集。

第三，金融发展环境优越。2002 年 9 月，为了提高政府各部门的行政效率，提升服务水平，上海市于 2002 年 9 月成立了上海市金融办公室。上海市金融办通过制定金融业相关法律法规，明确了金融业的发展定位，优化了产业布局。通过出台相关的扶持政策，增强了金融资源的聚集效应。此外，上海市金融业发展历史悠久，具有良好的诚信基础。同时，上海市政府结合当前经济发展过程中出现的新问题，制定了一系列新的政策法规，通过严厉打击金融犯罪行为，保护区域内经济主体的合法权益，维护金融业的稳定和持续发展。

第四，专业人才充裕。上海陆家嘴金融商务中心区建设之初就实施了人才战略，努力吸引专业水平高、具有国际背景的高素质金融人才。目前，陆家嘴集聚了各类人才近 42 万人，其中，金融人才约 16 万。根据《浦东新区人才发展十二五规划》，到 2015 年，浦东持牌金融机构总数将从“十一五”末的 649 家增加到 900 家，金融人才从 16 万增加到 21 万。上海市辖区内诸多国内名校聚集，为金融中心区的建设提供了充裕的智力支持。

第五，创新监管模式，提升监管合力。针对金融风险相对集中暴露的特点，上海市金融办积极配合人民银行上海分行、上海银监局、上海证监局、上海保监局加强金融监管，明确地方政府在处置和防范金融风险中的角色定位，充分调动其积极性。针对重大事件、突发事件，各监管机构及时沟通交流信息，建立证监会、保监会、银监局三家金融监管部门和人民银行上海分行、市金融办的“3+2”联席会议制度，保障了金融业的安全和稳定。

2. 上海陆家嘴金融商务中心区建设经验

上海陆家嘴金融商务中心区的发展已经取得了令人瞩目的成绩。归结起来，有以下几个方面的经验：首先，重视实体经济的发展。上海市雄厚的实体经济为陆家嘴金融商务中心区的金融聚集提供了扎实的基础。其次，十分重视培养金融市场和引进金融主体，渐渐地形成了多元化的金融市场体系，包含证券市场、期货市场、外汇市场等。再次，注重金融市场的筹融资功能、风险控制和防范系统建设，贷款数量的不断增加，支持了高科技产业和消费信贷的发展，进而保持了金融业和产业发展的良好势头。还有，加强对外联系，包括与国内其他地区和国外市场的联系，诸多海内外实力雄厚的金融机构纷纷落户上海。此外，注重政府政策的推动作用，政府的诸多政策不仅给陆家嘴金融商务中心区提供了优惠的发展条件，而且为金融创新营造了宽松的环境，这些均促进了陆家嘴的金融聚集。

第四节　中国金融产业集聚影响因素的空间计量检验

传统的经济学理论假定空间是均质的，地区之间的经济现状没有相互联系，但这与现实情况并不相符。各类要素在空间分布不均匀，空间数据存在着空间自相关性和异质性。空间自相关性是指现实经济活动中存在着空间交互作用，数据之间存在关联性，如资本流动、研发成果等耦合形成的经济行为相互影响，政府行为对其他经济因素在地理空间上存在着示范作用。空间异质性则是指经济行为和经济关系在空间上不稳定，各项因素对于经济影响程度会随着地理空间不同而存在差异。本书使用的空间经济计量方法充分考虑了上述特征，有利于更加客观、精准地测度影响中国金融产业集聚的各类因素。

一、理论假设与变量选取

1. 理论假设

（1）金融产业集聚假设。如前文所述，本书对金融产业集聚采用了动态视角，即金融资源会向具有一定自然、经济和社会禀赋优势的某些特定区域空间快速聚集，经过稳定的发展后形成具有一定规模和集中度的金融市场和金融机构群。基于此，本书假设：我国金融产业发展存在空间依赖性和空间扩散性。

（2）政府行为假设。如前文所述，金融产业的集聚无论是政府驱动型还是市场主导型，都离不开政府政策的支持。因此，本书假设：政府政策对金融产业集聚具有影响。

（3）实体经济实力假设。笔者认为，经济实力可以从两个角度测度，一是国民经济总水平，二是居民储蓄水平。当经济处于繁荣时期，国民收入增加，社会失业率降低，居民的投资动机提高，就会增加金融产品的消费，既增加了资本的供给，又提高了金融服务的需求，极大地促进了金融业的发展。居民储蓄是金融产业资金的主要来源，居民将自身的消费剩余通过银行提供给资金需求方，为金融产业发展所需提供必要的基础。基于此，本书假设：经济基础与金融产业集聚之间具有正相关关系。

（4）对外开放水平假设。理论上讲，对外开放水平越高，金融资源越容易进入区域内，交易成本就越低，从而为金融产业集聚提供了良好的环境基础。同时，对外开放水平越高，信息获得的成本就越低，信息交流将更为充分，这些都促进了金融产业集聚形成。基于此，本书假设：对外开放水平与金融产业集聚之间也具有正相关关系。

（5）人力资本假设。人力资本充足才可以为金融产业集聚供给其所需人才。金融专业人才同时还可以开发新产品，创造市场需求。金融产品和服务的需求扩大自然可以吸引更多的金融资源汇集，推动金融产业集聚形成。基于此，本书假设：人力资本对金融产业集聚有促进作用。

（6）规模经济假设。金融机构产生规模经济的同时吸引了更多资源，扩大和强化了本地区的规模效应，促进集聚规模的扩大，不断提高金融集聚的程度。基于此，本书假设：规模经济显著地推动了金融产业集聚。

2. 变量选取

（1）被解释变量的选取。

本检验的被解释变量是金融产业的集聚程度。从理论上讲，对于产业集聚程度的测度方法有空间基尼系数法、产业集聚指数法和区位熵指数法等多种。在做出选择之前，笔者先将不同方法的算法及优劣情况列表比较一下，如表 2.2 所示。

为了更好地衡量我国各省的金融产业集聚程度，确定各省金融业集中状况在全国所处的位置，本书选用区位熵系数（LQ）作为测算指标。计算公式如下：

$$LQ_i = \frac{\left(E_{ij}/E_i\right)}{\left(E_{kj}/E_k\right)}$$

其中，E_{ij}指区域i内产业j的就业人数，E_i指区域i内的总就业人数，E_{kj}指国家或省份k内产业j的总就业人数，E_k指国家或省份k内的总就业人数。本书利用我国 1998 年到 2013 年各省的金融业就业人数占该地区总就业人数的比例与全国金融业就业人数占全国总就业人数的比例之比测算区位熵系数，具体结果见附表 1。

（2）解释变量的选取。

第一，政府行为（GOV）。本书使用各省财政支出占其国民生产总值（GDP）的比重来反映政府行为。第二，实体经济实力（GDP）。本书使用各省 GDP 总额占全国 GDP 的比重来反映各省经济实力。第三，城乡居民储蓄（SR）。本书使用各省城乡居民储蓄与全国城乡居民储蓄比值反映城乡居民储蓄。第四，对外开放水平（OP）。本书使用各省外国直接投资额占各省 GDP 的比值来综合反映各省对外开放程度。第五，人力资本（EC）。大部分学者采用的是人均受教育年限来反映一个地区的人力储备水平，将小学、中学等各层次的教育年限都纳入这一指标并不符合金融产业的实际情况。本书采用各省大学毕业生人数与大学毕业生人数的比值来反映各省的人力资本。第六，规模经济（SCA）。本书使用各省金融产业的增加值与全国金融产业增加值的比值来衡量。

表 2.2　产业集聚测度方法及优劣比较

测度方法	算法	算法含义	优缺点
空间基尼系数	$G=\sum_{i=1}^{n}(S_i-X_i)^2$	G 表示 i 地区某一产业的相关指标（可以是产值、就业人数、资产等）占全国该产业的比重；S_i是 i 地区某一产业相关指标占全国该产业指标的比重；X_i表示 i 地区全部产业这一指标占全国的比重。G 取值范围在 0 和 1 之间，G=0 时空间分布均匀，G=1 时地区产业集聚程度高	优点：简单直观，使用范围比较广泛 缺点：并没有考虑不同行业企业规模差异的可能
行业集中度指数	$CR_n=\sum_{i=1}^{n}X_i\Big/\sum_{j=1}^{N}X_j$	CR_n表示某一行业的市场集中度，表示行业中前n个最大企业的有关指标（销售额、就业人数等）占整个行业的比重；X_i表示居于某一行业规模排名第i位企业的相关指标，n是行业中前n个最大企业，N是全部企业数	优点：简单易行，对于市场占有率大的企业份额变动反应比较灵敏 缺点：CR_n会受到 n 取值的影响；忽略了规模最大地区之外的地区的作用

续表

测度方法	算法	算法含义	优缺点
赫芬达尔指数	$H=\sum_{i=1}^{N}\left({X_i}/{X}\right)^2$	X表示产业某一指标（产值、就业人数、销售额等）总规模，X_i表示i企业的该指标规模，${X_i}/{X}$表示了i企业占产业的比重；采用不同的指标计算结果分别可以显示产业中的分布规模。H指数取值范围在0到1之间，H指数越小，产业的市场集聚程度越小	优点：可以准确地反映产业或企业的集聚程度、市场的垄断和竞争程度 缺点：产业之间无法比较；计算繁复；产业内部企业规模比较接近，数量庞大时H指数会比较小，计算结果与现实情况不符
空间集聚指数	$\gamma=\frac{G-\left(1-\sum_i X_i^2\right)H}{\left(1-\sum_i X_i^2\right)(1-H)}$ 其中，H是赫芬达尔指数，G是空间基尼系数 $G=\sum_{i=1}^{M}(S_i-X_i)^2$ 假设分析目标的某个行业内含N个产业，且分布在M个地区中	地理集中度分为三个区间： $\gamma<0.02$，表明产业空间分布分散； $0.02<\gamma<0.05$，表明产业分布均匀； $\gamma>0.05$，表明产业空间集聚	优点：解决了空间基尼指数的失真；充分考虑了企业规模、地区差异，可以进行多角度比较 缺点：计算十分复杂，对于数据的要求比较高
区位熵	$LQ_i=\frac{{E_{ij}}/{E_i}}{{E_{kj}}/{E_k}}$	E_{ij}指区域i内产业j相关指标（产值、就业人数等），E_j指区域i内的该指标规模，E_{kj}指国家或省份k内产业j的指标规模，E_K指国家或省份k内的指标规模。区位熵系数越大，该省金融产业集聚程度越高	优点：计算简单方便，应用广泛，能够形象地反映产业的集聚水平，也是在衡量金融产业集聚程度常采用的指标 缺点：不能反映区域经济发展水平的差异

资料来源：依据张清正（2013）、刘焕（2011）等资料整理。

二、模型构建与实证检验

1. 模型构建

依据前文的理论假设和变量选取，模型设定如下：

$$LQ_i=\beta_0+\beta_1*GOV_i+\beta_2*GDP_i+\beta_3*SR_i+\beta_4*OP_i+\beta_5*EC_i+\beta_6*SCA_i+\varepsilon_i$$

其中，β为回归参数，i为1，2，…，31个省域，ε为随机误差项。

2. 实证检验

本书利用 Geoda 0.9.1 构建空间计量模型，实证分析金融产业集聚的影响因素。首先通过计算莫兰指数（Moran’s I）指数对金融产业集聚进行空间自相关性检验；若存在空间自相关性，则对空间计量经济模型进行估计，并检验影响金融产业集聚形成的因素。本书以我国 31 个省级（包括自治区、直辖市）面板数据作为研究样本，样本区间为 1998 至 2013 年，数据主要来源于《中国统计年鉴》（历年）及《新中国 60 年统计年鉴》。

（1）金融产业集聚影响因素的空间自相关检验：利用 1998—2013 年中国 31 个省域的金融集聚指标计算莫兰指数（Moran’s I）指数，相关结果如表 2.3 所示。

表 2.3 中国 31 个省域金融集聚 Moran’s I 指数及其 Z 值

	Moran’s I	E（I）	Std.Erro	Z-value	Prob
1998	0.3970	−0.0491	0.0788	5.04	0.0000229
1999	0.3562	−0.0696	0.0785	4.54	0.0000915
2000	0.3691	−0.0624	0.0790	4.67	0.0006290
2001	0.3522	−0.0742	0.0803	4.39	0.0001390
2002	0.3447	−0.0737	0.0805	4.28	0.0001850
2003	0.3362	−0.0722	0.0833	4.04	0.0003620
2004	0.3322	−0.0800	0.0833	3.99	0.0004110
2005	0.3180	−0.0795	0.0836	3.80	0.0006790
2006	0.3015	−0.0565	0.0910	3.31	0.0024800
2007	0.2742	−0.0805	0.0831	3.30	0.0025600
2008	0.2694	−0.0798	0.0827	3.26	0.0028500
2009	0.2507	−0.0807	0.0830	3.02	0.0052200
2010	0.2146	−0.0806	0.0809	2.65	0.0128000
2011	0.1517	−0.0879	0.0758	2.00	0.0547000
2012	0.2321	−0.0892	0.0745	2.81	0.0808000
2013	0.2845	−0.0737	0.0798	2.46	0.0003043

表 2.3 中 Moran's I 指数的正态统计量 Z 值均大于临界值 1.96（5%显著性水平），这表明我国 31 个省域的金融集聚存在正的空间自相关性，说明省域金融产业的发展表现出在空间上趋于集聚，而非完全随机的状态，我国省域金融产业的发展存在着空间上明显的集聚现象。图 2.5 表示了以 2013 年为例局域 Moran's I 散点图。

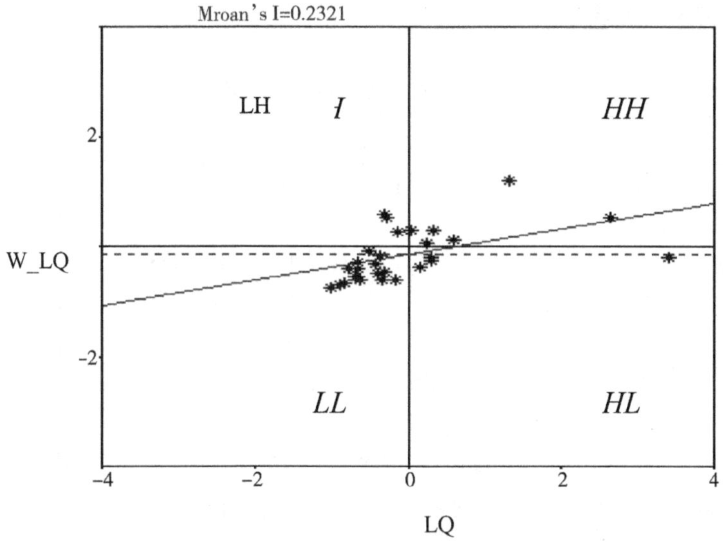

图 2.5　2013 年金融产业集聚度的 Moran's I 指数散点图

表 2.4 表示以 2013 年为例，金融产业集聚度在各省域的空间相关模式。

表 2.4　金融产业集聚度在各省域空间的相关模式

	空间相关模式	地区
第 1 象限	*HH*	北京、天津、内蒙古、辽宁、吉林、黑龙江
第 2 象限	*LH*	江苏、浙江、山东
第 3 象限	*LL*	山西、河北、河南、湖北、湖南、安徽、江西、四川、重庆、西藏、云南、贵州、广西、海南、福建、甘肃、陕西、青海
第 4 象限	*HL*	上海、广东、新疆、宁夏

图 2.5 和表 2.4 表明，第 1 象限意味着高集聚增长区被高集聚区包围（HH），存在正的空间自相关，主要省域有 6 个；第 2 象限表示低集聚增长区被高集聚区包围（LH），存在负的空间自相关，主要省域有 3 个；第 3 象限表示低集聚

区被低集聚区包围（LL），存在正的空间自相关，主要省域有 18 个；第 4 象限表示高集聚区被低集聚区包围（HL），存在负的空间自相关，主要省域有 4 个。我国大部分省域位于第 1、3 象限，可以认为我国省域金融集聚存在空间依赖性和异质性。

（2）金融产业集聚影响因素的空间计量模型选择：金融产业集聚空间依赖性检验结果，如表 2.5 所示。

表 2.5 空间依赖性检验

TEST	*MI/DF*	VALUE	PROB
Moran's I（error）	0.210786	2.3792816	0.0003464
LM（lag）	1	6.9754551	0.0150291
R-LM（lag）	1	3.3345323	0.0547484
LM（error）	1	3.2341123	0.0024984
R-LM（error）	1	0.7865010	0.6463214
LM（SARMA）	2	5.8491549	0.0034106

由表 2.5 可知，莫兰指数（Moran's I 指数）的 P 值在 5%的显著性水平下通过检验，说明模型具有空间依赖性。空间误差相关性检验（LM（error））和空间滞后相关性检验（LM（lag））的 P 值都通过检验，但是 LM（error）比 LM（lag）在统计上更为显著，所以选择空间误差模型估计更为恰当。

对模型统计变量的比较检验结果如表 2.6 所示。

表 2.6 模型统计变量比较

年份	统计变量	R^2	LogL	LR	AIC	SC
2001	CLASS	0.10977	−27.523	–	65.0456	72.2155
	SLM	0.41567	−23.076	8.89448	58.1511	66.755
	SEM	0.47281	−22.257	10.5317	41.5138	61.6838
2008	CLASS	0.24573	−32.319	–	74.6383	81.8083
	SLM	0.45372	−28.793	7.05151	69.5868	78.1907
	SEM	0.47177	−24.98	6.67773	67.9606	75.1305
2013	CLASS	0.32494	36.2373	–	82.4745	89.6445
	SLM	0.40062	35.0107	2.45303	82.0215	90.6254
	SEM	0.40124	35.1776	3.11937	80.3552	87.5251

由表 2.6 可知，在 2001 年、2008 年和 2013 年三个检验中，空间误差模型的拟合优度 R^2 最大、自然对数似然函数值 LogL 最大，似然比率 LR 最大、赤池信息准则 AIC 和施瓦茨准则 SC 最小，说明空间误差模型（SEM）最优。

三、估计结果分析

采用空间误差模型分别对 2001 年、2008 年和 2013 年的数据进行回归，结果如表 2.7、表 2.8 和表 2.9 所示。

表 2.7　2001 年数据估计结果

Variable	Coefficient	Std.Error	Z-value	Prob
CONSTANT	1.663719	0.428039	3.886839	0.000012
GOV	10.639037	0.838896	−4.761759	0.071021
GDP	19.359615	3.954248	3.438364	0.000969
SR	8.887649	5.972239	−2.48816	0.004811
OP	7.132423	1.826499	2.800389	0.000093
EC	1.734984	4.034324	2.384243	0.000023
SCA	14.15734	5.643243	2.343532	0.000032
LAMBDA	0.755287	0.118812	6.356972	0.000000
空间依赖性检验	MI/DF	VALUE	PROB	
Moran's I（error）	0.27751	3.146356	0.001656	
LM（lag）	1	7.473012	0.006263	
R-LM（lag）	1	7.979372	0.004731	
LM（error）	1	4.944624	0.026172	
R-LM（error）	1	5.450984	0.019557	
LM （SARMA）	2	12.923996	0.001562	

从 2001 年我国金融产业集群影响因素的空间计量实证结果来看，经济实力、规模经济、对外开放水平和人力资本都在 1%的显著水平上显著（p 值<0.01），城乡居民储蓄在 5%的显著水平上显著（p 值<0.05），政府行为变量不十分显著。

因此可见，经济实力、规模经济、对外开放水平和人力资本都与省域的金融产业集聚具有较强的正相关性，城乡居民储蓄有一定的辅助作用，这与前文提出的理论假设相符。但政府行为在此期间对金融产业集聚的影响相对较小，这也反映出在此期间，我国区域金融产业的集聚更多是依靠市场主导力量。

2001 年中国正式加入世界贸易组织，对外出口得到了快速增长，经济水平进入了高速增长时期，有力地支持了金融产业发展和金融集聚形成。同时，集聚区内的金融产业整合初步发挥出了规模经济效力，也吸引了当时最优秀的金融人才加盟，对金融集聚起到了强化作用。加之入世还推动了我国金融产业的适度对外开放、先进金融理念和文化的引入以及经济高增长带来的城乡居民储蓄提高，也在一定程度上支持了金融产业的集聚。

表 2.8　2008 年数据估计结果

Variable	Coefficient	Std.Error	Z-value	Prob
CONSTANT	1.519832	1.143026	−4.746158	0.005251
GOV	15.20509	0.097471	6.220029	0.006639
GDP	10.47705	0.164749	−2.738375	0.004322
SR	−2.454876	4.203542	4.673591	0.000366
OP	3.288408	7.596358	4.313333	0.200049
EC	8.422453	1.932434	1.502345	0.132453
SCA	21.45234	10.42323	4.332253	0.000324
LAMBDA	0.602487	1.019294	0.155231	0.183702
空间依赖性检验	MI/DF	VALUE	PROB	
Moran's I（error）	0.138671	2.379282	0.002795	
LM（lag）	1	5.913055	0.010089	
R-LM（lag）	1	3.689732	0.024177	
LM（error）	1	2.491124	0.019317	
R-LM（error）	1	0.267801	0.063609	
LM （SARMA）	2	2.593916	0.032665	

2008 年的空间计量检验结果表明：规模经济、政府行为、经济实力和城乡

居民储蓄四个变量在 1%的显著水平上显著（p 值<0.01），而对外开放水平和人力资本并不显著。究其原因，一方面在于 2008 年金融危机爆发，金融业的对外开放受到了较大程度的影响，导致其影响力减弱；另一方面，各省的金融集聚区经过多年的发展，在高端的金融人才补充供给方面已经捉襟见肘，人力资本的推动作用日趋弱化。这客观上也反映出我国金融人才的培养步伐落后于金融产业的发展速度。同时，从显著性较强的四个因素排序来看，与 2001 年相比，规模经济的影响更为突出，反映出现有金融集聚区的功能在不断强化，规模经济效应越发明显，同时，政府行为在金融危机的背景下，开始发挥更为重要的作用，而经济实力的作用有所弱化。这反映出，在 2008 年期间，我国金融集聚区的驱动力量开始向政府与市场相结合的方向发展。就居民储蓄水平因素而言，虽然其显著性较高，但在金融危机的影响下，却形成了独特的负相关关系。

表 2.9　2013 年数据估计结果

Variable	Coefficient	Std.Error	Z-value	Prob
CONSTANT	1.647155	0.449363	3.886839	0.000002
GOV	12.54213	0.760093	2.976845	0.010014
GDP	23.07287	13.82671	6.023751	0.001055
SR	6.352845	14.48086	2.426692	0.015434
OP	2.129183	5.324532	4.342353	0.030237
EC	2.334533	1.342834	2.339840	0.073433
SCA	29.33432	10.32433	3.428684	0.000302
LAMBDA	0.444127	0.199338	6.356972	0.002912
空间依赖性检验	MI/DF	VALUE	PROB	
Moran's I（error）	0.138671	1.632657	0.019557	
LM（lag）	1	2.025092	0.011711	
R-LM（lag）	1	1.359253	0.000087	
LM（error）	1	1.234663	0.000093	
R-LM（error）	1	0.568826	0.000105	
LM（SARMA）	2	2.593916	0.000258	

对 2013 年数据的检验，得到如下结论：规模经济、经济实力和政府行为（接近 0.01）在 1%的显著性水平上显著（p 值<0.01）；城乡居民储蓄和对外开放水平在 5%的显著性水平上显著（p 值<0.05）；人力资本因素依然不显著。各变量的影响力度从大到小依次为规模经济、经济实力、政府行为、城乡居民储蓄、对外开放水平。这样的结果与前两次的检验结果相比，主要特点体现为 2013 年推动金融产业集聚的要素中，规模经济依然占首位，经济实力的作用超过了政府行为，同时，对外开放因素虽然影响并不大，但终究是再次产生了影响，而人才资本的贡献依然是最大的短板。

四、主要结论

1. 规模经济是我国金融产业集聚的首要推动力

通过上述检验我们发现，规模经济对于我国金融产业集聚一直保持着较强的影响力，并且有逐步增强的趋势，相关系数从 2001 年至 2013 年分别为 14.15734、21.45234 和 29.33432。这说明我国的金融产业在选择集聚区时有着明显的路径依赖特征。由于历史、地理、文化、政策等方面的原因，某些地区的金融集聚一旦形成，其极化效应就开始发挥作用，引致了更多资本流入该区域，金融机构更多地集聚于此。集群的不断壮大，内部分工协作更为密切，整体的效率得到提高，进一步强化了区域的金融实力和金融机构的竞争力，优势条件得到长久良好的积累。这样的双向强化机制使得规模经济对于金融集聚形成了逐年增强的影响效果。当然，由于我国各省份之间存在各方面的差异，导致各地区金融集聚区的规模经济效应也存在差异性。上海、北京等东部沿海城市由于自身经济实力强、市场开放早、历史地理文化条件优越等优势，其规模经济的作用得到了更为充分的体现。但中西部地区的金融集聚区由于客观条件的约束，其集聚水平和规模效应并不十分显著。由此可见，针对相对发达地区而言，通过各种手段尽早推动金融产业集群的形成，对于区域金融业的持续发展至关重要，先发优势明显突出。

2. 经济实力是常态经济条件下推动产业集聚的根本动力

经济发展是金融集聚形成和发展的必要条件，国际著名金融聚集区的经验有力地证明了这一点。从实证结果来看，经济实力因素对于金融产业集聚一直有着较强的显著性。除2008年金融危机爆发的特殊情况外，2001年和2013年经济实力因素的影响系数分别为19.359615和23.07287，有所提高。一般而言，金融产业集聚区首先会是经济核心区，因为只有以较高的城镇化水平、繁荣的商业贸易和具有潜力的生产流通为基础，对金融资本的需求才会被激发出来，对金融机构及其提供的金融产品才会有更高的要求，一个区域才能吸引金融机构和资源。同时，发达的经济水平也为金融产业提供了源源不断的资金供给，促进了金融机构的持续发展和金融体系的不断健全，进一步为区域金融业注入了新动力。据此可以解释，一些经济实力较强的地区或者城市，例如北京、上海、深圳，金融产业集聚水平较高，而一些西部偏远省市经济本就不发达，金融机构数量、规模、业务等都比较少，制约着金融产业形成集聚。

3. 金融产业集聚离不开政府的推动

从实证的结果来看，政府行为与金融产业的集聚之间存在着显著的正相关关系。尤其是在2008这一危机年中，政府对于金融产业承担了更多的责任，采取了更为积极的危机应对措施，降低了危机的影响，此时，集群对于政府的行为更为依赖。我国各省区现有的金融集聚区，在初始阶段大多是在政府引导下形成的，依赖着政府的政策和制度支持。政府采用鼓励措施，如优惠的税收政策、为金融交易提供宽松、稳定的制度环境、加强金融人力资源培养、完善基础设施等。当金融产业集聚发展到一定程度后，政府会更多地遵循市场规律，更为注重引导金融产业健康发展，更多起到的是监管和服务的作用。

此外，政府对于金融产业集聚的促进作用还会通过一些间接因素发挥影响，如对外开放程度依赖于政府对于市场开放的态度、城乡居民储蓄会受到政府市场调控的影响等。当然，政府行为对于不同区域金融集聚也存在不同的影响。在东部地区，政府行为的作用更大，而在中部和西部地区作用效果会弱一些。这既源于各地自身经济和金融发展水平的差异，也源于市场信息流动在区域间存在的显著性差异。信息的不对称会引发逆向选择和道德风险，导致了大量的优质金融资源向东部地区转移，进一步恶化了中西部的金融生态环境。

4. 城乡居民储蓄总体上支持了金融产业的集聚

实证结果表明，城乡居民储蓄在三个检验样本中，均对金融产业集聚存在较强的影响。其中，2001年和2013年该因素均有正效应，但影响力度渐低，相关系数分别为8.887649和6.352845。而2008年的相关系数则为－2.4548759，表明居民储蓄对金融集聚存在一定的负向影响。这一现象可能源于此时正处于金融危机时期，投资意愿降低，剩余资金的增加并未激发金融机构的融资热情和集聚动力，反而是危机的爆发带来了金融业的暂时萧条。从总体上看，城乡居民储蓄对于金融集聚具有一定的促进作用，居民储蓄水平的提升为经济结构调整、经济增长方式转变提供了全方位的资金支持，同时推动了金融产业的发展，提升了金融业的规模和综合竞争力，有利于金融集聚的形成。

5. 对外开放水平对金融产业集聚的作用有所弱化

三个样本实证检验的结果显示，对外开放水平这一要素经历了较为显著—不显著—一般显著的变化过程。其中，2001 年的作用最为明显，这得益于该年份我国加入 WTO，金融对外开放水平明显增强，中外合作交流增加，金融产业的改革加速，促进了金融集聚的显现。2008 年受到金融危机的影响，金融开放程度一度收缩，因此，特定年度的影响力消失。在此之后，虽然该因素的显著性再次显现，但影响力度有着明显的下降，这说明在危机之后，我国的金融开放步伐有所减速，对金融集聚产生的正向促进效用也随之有所下降。

6. 人力资本短缺严重制约了金融产业的集聚发展

实证结果清楚地表明，人力资本因素只在 2001 年呈现出显著性。当时，各区域的金融产业集聚刚刚萌芽，各区域内的专业金融人才供给充足，可以较好地满足区域内金融产业发展对人才的需求。但随着各区域金融产业集聚的规模在不断扩大，集群内部的专业化分工日趋细化，所需人才的异质性特征也愈加突出，而金融专业人才的培养步伐明显落后，一方面是原有的从业人员在自我提升方面需要花费大量的时间和精力，另一方面是新一代金融从业人才的培养速度和质量无法满足高速发展的产业需求。由此带来的后果就是后两个样本检验中，人力资本要素无法通过显著性检验。有鉴于此，积极推动精通现代金融业务、具备良好职业道德以及人际交往和组织协调能力的高端从业人员培养是促进金融产业集群进一步发展演化的关键措施之一。

第五节　进一步推动中国金融产业集聚的几点建议

我国金融产业已经呈现出集聚的发展态势，区域内金融产业的集聚整合了金融资源，使得资源得到良好的配置，产生了辐射效应，带动了周边地区经济发展。但相对于发达国家而言，我国的金融产业集聚仍然处于较低水平，需要进一步学习借鉴发达国家金融产业集聚的经验，遵循产业集聚的形成发展规律，结合我国现实情况，协调各因素作用的发挥，积极促进金融产业集聚的深入发展。

一、提升经济实力，推进区域经济一体化

无论是市场主导还是政府驱动的金融产业集聚都需要坚实的经济基础，只有积极推进实体经济发展，充分利用金融资本，调整优化产业结构，推动经济增长模式转型升级，提高农业现代化水平，发展科技含量高的高精尖产业，才能为区域金融产业集聚打造坚实的经济基础。

同时，大力推动区域经济一体化，既是发展国民经济的现实要求，也是促进区域金融产业集聚的必要条件。随着科技不断发展，信息技术不断推陈出新，生产要素和商品的流动早已突破了地域限制，市场参与者之间的竞争日益激烈，只有促进地区内部合作、区域经济更具系统化、独立分割的个体整合形成更具实力的整体，才能更充分地利用区域的内部资源。

目前，我国虽然已经形成了长江三角洲区域、珠江三角洲地区和环渤海地区三个比较活跃的区域。三个地区的发展各有特点：长三角地区是最早开始推进区域经济一体化的地区，在区域内已基本形成了现代综合交通运输体系，城市的基础建设也得到了长足发展，金融大市场也出现端倪，信贷市场、资本市场等实现了区域内金融机构的互动，然而区域内的产业机构同质竞争问题十分突出，城市之间产业机构十分相似。珠三角地区同属于一个省域，政府职能、政策协调等一体化优势突出，但是经济腹地比较狭小，区域内的交通建设管理相对比较滞后，人口、土地、自然资源等流动受到限制，资源配置效率比较低下，产业多是低层次性制造业。环渤海地区是三大经济区最晚发展起来的地区，区域内逐步构建起海陆空一体化的交通网络和信息传输网络。其中京津冀一体化正进入深入合作阶段，需要协调规划城乡空间布局和区域内资源配置，但是区域内部产业结构相对独立，并没有跨城市的产业链，经济发展不均衡，生产要素流动存在较多壁垒。

基于此，三大经济区的核心城市需要进一步扩大经济腹地，扩大金融服务

覆盖地区范围，发挥金融集聚地的辐射效应，带动经济腹地的发展，从而提高本区域的经济影响力。长三角地区可以积极引导区域产业结构调整，优化产业布局，充分发挥市场机制，鼓励企业在区域内进行“强强联合”，发展大企业集团，以提高区域经济一体化水平；珠三角地区应注重降低贸易壁垒，增强基础设施的建设，推进市场一体化和产业集群形成，充分发挥产业集群价值链延伸机制的作用，促进区域企业分工协作，推动产业升级；环渤海地区继续推进京津冀一体化进程，从教育资源、交通设施、环境整治、科技研发等方面入手，加强各省市之间的合作交流，延伸产业链条，促进配套产业链和产业集群的形成，增强产业合作联系，改变各自为政的局面。

二、深化市场体制改革，推动金融体系完善

市场体制的不健全在一定程度上制约了金融资源的自由流动，使得交易成本提高，交易效率降低，信息传递过程损耗较大，甚至导致逆向选择和道德风险。这就需要在平衡金融稳定安全和金融资源配置关系的基础上，深化市场体制改革，促进金融资源配置市场化，构建完善健全的金融体系。

首先，逐步完善市场运行机制。渐进式地推进金融自由化，尊重市场运行机制，减少制度限制和约束，给予金融机构更多的创新自由，为金融产业发展带来强有力的动力。建立以市场需求为导向、金融机构为主体的金融创新机制，创新更多的金融产品和服务，满足客户需求的同时创造新的需求，为金融产业集聚形成提供必要的条件。合理降低市场准入条件，吸引更多的优质境内外市场参与者进入我国的金融市场当中，充分发挥市场机制的作用，相互竞争促进创新，提高我国金融机构的市场竞争能力。建立金融要素市场体系，搭建交易平台，平衡各类金融要素和金融市场，不同市场之间形成互动，促进金融资源得到有效配置，推动金融产业发展，促进金融集聚形成。

其次，深化对外开放。循序渐进地开放我国金融市场，在可控的前提下统筹全国、合理规划市场开放。分阶段、分步骤地放开金融市场，放宽资本项目交易限制，再逐渐开放资本市场和外汇市场，促进人民币资本项目的自由兑换的实现，推动人民币国际化。同时，积极支持鼓励我国的金融机构和资本“走出去”，参与国际金融市场竞争，学习借鉴国外的先进经验，熟悉国际惯例或法

律，增强自身的市场竞争力，从而促进我国金融产业在全球金融体系中的地位。

再次，构建多层次的金融市场。深化利率改革，继续推动利率市场化，并逐步带动促进汇率制度改革。发展货币和债券市场，逐步放松约束条件；完善股票市场，主板、中小板和创业板多层次的市场结构，改革市场准入和退出机制；促进衍生品市场发展，满足各类市场参与者的需求。

最后，监管制度继续创新和完善。根据国际经验可知，尊重市场的同时也不能放松监管，改变监管的观念，转变监管方式，由合规性监管变为风险性监管，整合监管机构，明确权责，提高监管效率，密切监控金融风险。

三、合理规划金融分区布局，构建省域金融互动机制

从区位熵的分析结果可以发现，金融集聚在我国已经成为金融产业发展的重要趋势。然而，各个省域金融产业集聚水平各异，分布不均。为了避免金融产业集聚形成中的恶性竞争，同时兼顾地区均衡，保证金融产业集聚可以长期持续发展，中央政府和地方政府需要依据各省域或者城市的物质基础和优势特点统筹全局，合理规划金融分区布局，差异化功能定位，使得我国金融集聚形成完整合理的体系。

依据金融产业具有显著的资产专用型、规模经济性和范围经济性等特点，各金融产业集聚区可以通过合理的空间布局和规划，打造金融信息产业功能区、跨国金融机构总部区、多类型的金融市场、金融服务中介区、监管机构所在区等多项联动格局。

以典型的金融集聚核心城市为例，上海适合定位于国际金融产业集聚区，因其自身地理位置优越，与国外交流联系便利、紧密，已建立了证券市场、银行间同业拆借与债券市场、期货市场和外汇黄金市场，是国内金融市场体系最为完善的城市。上海可以依托长三角地区强大的经济实力，对外增强与国际顶尖金融机构、国际性金融中心的联系，积极推动上海自贸区建设，对内加强与杭州、南京等长三角区域内其他城市的金融合作，充分利用内外金融资源，扩大自身的金融集聚辐射效应，快速成长为具有国际影响力的金融产业集聚区。

北京的优势在于其作为我国宏观金融管理和调控中心的地位，可以侧重于发展成为金融监管中心和政策中心。中国人民银行、外汇管理局、银监会、证

监会和保监会都坐落在北京，北京周边的省市金融集聚也具备了一定的水平，北京可以依托环渤海经济圈，联合天津的海陆空港口资源和金融资源，实现城市之间的优势互补，进一步提升自身金融优势。

深圳拥有多层次的资本市场，是我国金融创新最为活跃的地方之一，与香港仅一河之隔。深圳可以借助香港的区位优势，开放港深通，促进港深一体化，主动对接香港，降低交易成本，发挥各自比较优势。

这样的空间布局，符合各地的经济特性，充分发挥了区域优势，便于逐步形成各个金融产业集聚区的区域品牌，形成以全球金融产业集聚区为核心、全国金融产业集聚区为龙头、区域性金融产业集聚区为节点，覆盖全国的有机结合的现代金融产业集聚体系。

四、加强人力资本积累，培养多层次金融专门人才

加快建设结构合理、种类齐全的金融人力资源体系是为金融产业集群提供持续发展动力的重要环节。对于上海、北京等这类金融较为发达的地区，金融人才需求的重点是掌握现代金融技能的高端人才。因此，一方面要注重创造良好的引进国际人才的环境，以高薪酬、高福利、高保障的优厚待遇吸引海外人员及国际金融机构的高级金融专家，注重人文关怀，充分提供人才自由发挥的空间。另一方面注重对现有人才的再培训，不断提升从业人员的自我升级，可以通过加强与国外先进机构的交流，着力培养一批精通国际惯例、国际法律、国际业务的国际型人才。

同时，不同经济区域的金融集聚程度和发展水平不同，定位不同，因此，对于基础技能型人才的要求也在不断提高。人才的专业知识面要求更宽，不仅包括银行、保险、证券投资等金融知识，还要对信息技术、会计制度、法律知识有所了解，并具有良好的职业操守和处理人际关系的能力。因此，高等教育对于金融人才的培养要有所区别和侧重，如研究型大学以研究生教育为主，侧重于培养理论创新人才；教学研究型大学以本科教育为主，侧重于培养金融某一领域的专门人才；教学型大学以本专科教育为主，注重培养应用型人才；高职高专院校以职业教育为核心，侧重从事金融一线实际工作的技能型人才。依据不同的侧重点设计安排课程，形成门类齐全的人才培养体系和充足的人力资

源储备，持续为金融产业发展输送优质急需的人才，充分发挥人力资本对于金融产业集聚形成发展的推动作用。

五、持续提高居民收入水平，拓宽居民参与金融活动的渠道

金融产业集聚与城乡居民储蓄正相关，对金融产业集聚有较大的推动作用。然而，我国现实情况是恩格尔系数有所下降但仍处于较高水平，限制了居民对于金融产业发展的推动作用。基于此，急需不断提高居民的收入水平，进行税收制度改革，做好二次分配调整，藏富于民，将经济发展的福利惠及居民。同时，需要进一步完善城镇居民的社会保障机制，健全公共服务，扩大社会保险覆盖面，促进商业保险发展，构建商业保险与社会保险相辅相成的社会保障体系，解除居民扩大消费的后顾之忧。再次，合理引导居民参与金融市场活动。居民既是金融市场资金的提供者，也是金融产品的消费者，金融机构应创新金融产品，依据居民不同的需求提供不同类型的金融产品，促进金融市场活跃，壮大金融市场的消费群体和投资群体的规模，进而推动金融产业发展，加快金融产业集聚。

六、增强金融产业规模经济效应，促进金融创新

规模经济对于金融产业集聚有着极大的推动作用，在集聚范围内企业共享公共资源、彼此分工协作以及知识技术溢出等规模经济福利，提高了资金流动效率，促进了市场流动性。对于我国而言，政府需要对金融机构的合作给予更多的政策引导，鼓励发展综合经营，减少政策限制，完善以银行、保险、证券为核心的金融体系。支持金融机构主动进行金融创新，共同合作进行研发，充分利用先进的信息技术为金融发展提供动力。金融机构需要积极学习并引进国外先进的管理经验，创新金融机构运作管理模式，提高工作效率，提升金融机构的市场竞争力。

第三章　基于生态学的金融产业集群演化机制

目前我国许多城市都在致力于打造区域性、国家性乃至世界性金融中心，一些城市也表现出了金融产业集聚的趋势。但与纽约、伦敦等国际金融中心相比，我国的金融产业集聚规模依然较小，集聚程度也较低。因此，通过探究金融产业集群在不同阶段的演化动因、运行机制，可以深入了解金融产业集群的演化规律，从而为处于不同发展阶段的金融产业集群提供切实可行的政策建议。

本章将传统的金融产业集群理论与生态学理论相融合，类比生物种群的演化过程构建模型，深入分析了金融产业集群在不同发展阶段的特征和运行机制，并结合管理学管理角色分析法（PAEI 分析法），以期清晰地勾勒出金融产业集群的演化规律。本章最后还以北京金融产业集群的发展历程为例，实证检验了北京金融产业集群目前所处的发展阶段。

第一节　金融产业集群演化的生态学理论基础与文献综述

本节将从生物的种内关系、种间关系以及生态系统的形成三个方面重点阐述生态学中的物种进化理论；并从金融产业集群演化的动因、机制、效应三个方面梳理国内外相关研究成果。

一、生态学关于种群进化的理论基础

生态学（Ecology）源于希腊文 Oikos，意为“处所”“住所”，本意是研究

生物居住环境的科学，由于与经济学（Economics）一词词源相同，因此也被称为自然经济学。本章的研究是基于生态学重要分支之一的种群生态学，为了便于理解本章内容，在此将种群生态学的相关原理简要介绍如下。

1. 种群的概念

种群是生态学的重要概念之一，是指特定时间内，分布在同一区域的同种个体的组合。在自然界中，种群作为生物物种的基本单位，不仅包括了其自身数量和分布的变化，同时强调了种群作为一个生命系统随时存在着物质和能量的交换，这种交换不仅存在于种群内部而且还存在于种群与外部环境之间，因此种群也是物种繁殖的基本单位。

研究生物种群的学科称为种群生态学，其基本任务是研究种群的结构、分布和数量变动规律，以及种群与其生存环境的互动关系。种群动态是种群生态学的核心问题，包括种群的数量或密度、种群的分布以及种群调节等问题。种群进行的物质能量交换则表现为种内关系和种间关系，种内关系指生物种群内部个体与个体之间的关系；种间关系指同一生态环境内的不同物种之间的关系，这些关系可以用一系列数学模型表示，包括竞争、共生、捕食、寄生等多种形式。上述概念对金融产业集群的研究有着重要的借鉴意义。

2. 种群增长模型

种群的增长和演化是种群生态学中的一个重要问题。在数量统计中，种群的大小通常用种群密度表示，即单位面积上种群的个体数，有时也用一片树叶、一株植物、一个宿主代表单位空间，种群的生存有其合适的密度，密度过高或过低都会制约种群的增长[①]。反映种群数量的变量包括出生率和死亡率，迁入率和迁出率。正是这两组相互矛盾指标的共同作用影响了种群的数量。在种群生态学中，种群的增长模型有两种：一种是指数增长模型，另一种是逻辑斯蒂（Logistic）增长模型。

（1）指数增长模型。呈现指数增长的种群生活在无阻力的环境下，即假定环境中供种群增长的资源是无限的，自身密度不会影响此类种群的增长，因此指数增长也成为与密度无关的增长。根据种群中生物个体的生殖特性，指数增长模型又可归纳为两类：离散增长模型和连续增长模型。

离散增长模型是指当种群个体生命只有一年，且繁殖一次，种群的增长是

---

① 李博，生态学[M]. 北京：高等教育出版社，2000：44.

离散分步的，其模型如下：

$$N_t = N_0\lambda^t \text{ 或 } N_{t+1} = \lambda N_t$$

其中，N为种群数量，t为时间，λ为种群年增长率。

连续增长模型是指世代重叠种群的增长是连续的，即种群中存在年龄不同的个体，例如人和多数兽类种群，此类种群的增长曲线也称为“J”型增长曲线（如图 3.1 所示），模型如下：

$$\frac{\mathrm{d}N}{\mathrm{d}t} = rN$$

其中，$\frac{\mathrm{d}N}{\mathrm{d}t}$为种群变化率，$r$为种群瞬时增长率，$t$为时间，$N$为种群数量。当$r > 0$时种群数量上升；$r = 0$时种群数量不变；$r < 0$时种群数量下降。其积分式为：

$$N(T) = N_0\mathrm{e}^{rt}$$

其中，e 为自然对数的底数。

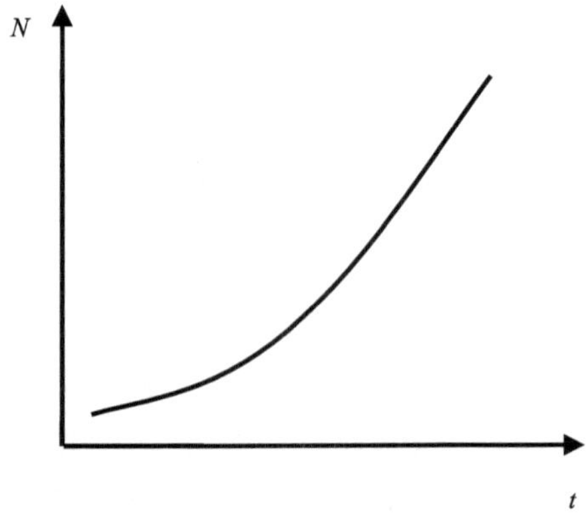

图 3.1 种群增长的“J”形曲线

资料来源：作者自制。

（2）Logistic 增长模型。在资源一定的条件下，种群增长也可以分为离散型增长和连续型增长，Logistic 模型为连续型增长的最简模式。1838 年，著名比利时数学家费尔哈斯特（Verhulst）受 Kuetlet 增长阻抗现象的启发，将最初用于描述种群增长的马尔萨斯模型（Malthus 模型）进行修改后，扩展到有限环境中应用，即目前生态学中常用的逻辑斯蒂（Logistic）增长模型。

在生存环境资源有限的条件下，种群增长符合逻辑斯蒂（Logistic）模型，该模型基于如下假设：第一，假设存在一个环境容纳量K，即此环境下种群的最大数量，当种群数量达到K时，种群停止增长。第二，种群增长率随密度的上升而成比例下降，也就是说当种群的最大容量为K时，每一个个体所占用的空间为$\frac{1}{K}$，N个个体占用的空间为$\frac{N}{K}$，剩余空间为$1-\frac{N}{K}$。在此假设下，逻辑斯蒂种群增长曲线呈现“S”形（如图 3.2 所示），以K值为渐近线，单调连续递增，并且伴随着种群数量的上升增长率逐渐下降直至为零。该模型在指数增长模型的基础上加入了环境容量制约因子$1-\frac{N}{K}$，其公式为：

$$\frac{\mathrm{d}N}{\mathrm{d}t}=rN\left(1-\frac{N}{K}\right)$$

两边同时积分得：

$$N(t)=\frac{K}{1+\frac{K-N_0}{N_0}\mathrm{e}^{-rt}}$$

其中，N_0为种群初始个体数量。

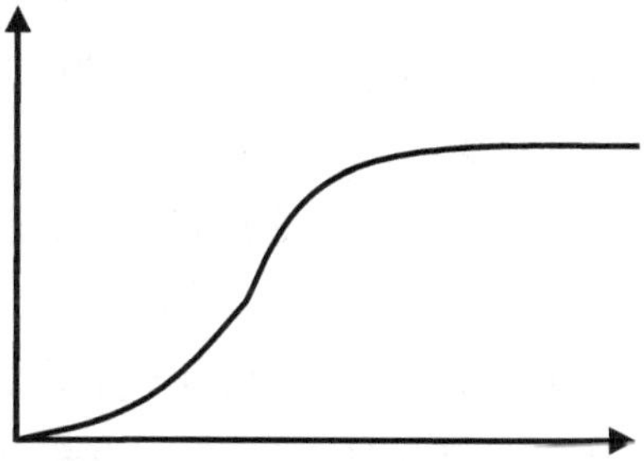

图 3.2 种群 Logistic 增长曲线

资料来源：作者自制。

实践中，Logistic 增长模型常被应用于测定生态旅游区的环境容量、管理森林资源，以及预测社会耐用消费品的拥有量。随着产业集群理论的逐渐深入，研究者们发现，产业集群中企业间的相互关系与生态系统种群中个体间的相互关系非常相似，且产业集群的发展也受制于资源的有限性。因此，学者们通过Logistic 模型模拟产业集群的演化过程，逐步将生态学的理论融合到产业集群的研究当中。

二、金融产业集群演化的相关文献综述

1. 金融产业集群演化动因研究

国外学者对金融产业集群动因的研究开始较早，得到了许多有价值的研究成果，总体来说，规模经济、高素质的人力资源和信息的不对称是促进金融产业集群形成与发展的主要动因。

金德尔伯格（Kindleberger）（1974）认为，金融产业集群是形成金融中心的基础。金融中心将作为金融中介，在私营部门和企业部门之间调节储蓄和投资，调节和平衡私人部门与企业部门的储蓄和投资，还会影响存款在地区间的转移。

帕克（Park）（1989）认为，规模经济是形成金融中心的本质。当聚集区内的金融机构达到一定规模时，规模经济将促使机构间加强合作，共享基础设施，信息和资源的流通成本降低、流通速度加快，金融集聚区将很快发展为金融中心。

泰勒（Taylor）（2003）对伦敦金融产业集聚情况进行了实证研究，结果证明集群吸引了国内外大量金融专业人才，地理上的接近性为他们提供了面对面接触的机会，成为金融产业聚集区持续发展的一个主要原因。高素质的劳动力、消费者、供应商三者关系的本土化，对金融机构产品服务的创新与传递起着至关重要的作用。

纳雷什（Naresh）和加里（Gary）（2005）认为，成本收益原则是导致集群存在生命周期的主要原因。只有收益大于成本，集群才会对外部企业产生吸引力，集群才会继续发展。

库克（Cook）（2007）研究认为，生产效率的提高、知识的创造和扩散是影响金融产业集群发展的主要因素。

近些年来，国内学者基于我国国情尝试用不同理论对金融产业集群的演化动因进行深入研究。

潘英丽（2003）基于区位理论分析了影响金融产业集群选址的因素，区位成本优势、所在地政局是否稳定、先进可靠的电信等基础设施以及政府的税收政策是影响金融产业集群选址以及发展的重要因素。

任英华、徐玲和游万海（2010）进行了金融产业集群影响因素的空间计量分析，结果表明创新效应和经济发展状况对金融集聚有明显的促进作用，而对外开放仅是在初期效用较为明显，且人力资本对金融集聚的促进作用具有时滞性。

刘超和李大龙（2013）以复杂性理论为基础研究了金融产业集群演化的动因，通过构建结构熵指数，证实了政府的政策支持、相关支持产业的发展、从业人员素质的提高以及金融机构合作的加强，均对金融产业集群的演化和发展有正向促进作用。

2. 金融产业集群演化机理研究

对金融产业集群演化机理的探究始于金融中心的形成理论，此后国内外学者基于不同的理论基础和研究方法对其进行了深化，尤其是近些年来国内诸多学者采用的非线性分析方法，一定程度上补充了产业集群演化过程定量研究的空白。

道琼斯（Dow）（1994）研究了银行与信贷关系的动态发展过程，指出金融业发展的阶段性。随着金融机构和组织的不断重组，区域性金融机构会发展为全国性乃至于世界性金融机构，从而表现出金融资源和金融机构在某些空间的高度集中。

纳雷什（Naresh）和加里（Gary）（2005）认为，金融集群与普通产业集群一样存在着生命周期。随着集群的不断发展，集群吸引了大量的金融机构和相关企业，竞争加剧，集群中出现了拥挤现象，集群内企业增长放缓，利润降低，直至集群的最终衰退。

布伦纳（Brenner）和格雷夫（Greif）（2006）以企业进入模型和集聚增长模型为基础建立了动力机制模型，发现企业之间的竞争合作行为决定了产业集聚的变迁过程。

谭劲松和何铮（2009）尝试利用复杂理论探究产业集群的演进过程，他们认为集群的演进是一种自组织过程，集群中的企业之间以及企业与外部环境之间相互适应、相互影响最终协调一致，呈现出从无序到有序的自发运动。

李昊和曹宏铎（2010）基于网络视角将一个小世界演化模型与选择价值函

数相结合，给出了集群演化不同阶段的动因解释和政策启示。

任英华（2010）构造了生物种群增长的 Logistic 方程，他认为服务业集群类似于生物种群，呈现出先加速增加后减速增长的非线性模式。

3. 金融产业集群效应研究

金融产业集群主要是通过各种集聚效应对经济增长产生影响，现有金融产业集群效应的研究主要沿袭了传统产业集群理论的研究方法。

奥德斯（Audrestch）和费尔德曼（Fledman）（1996）认为，知识的外溢效应与空间距离有关，距离越大，外溢效应越低，因此产业集群这种组织形式有利于加强知识的外溢，促进企业间的学习效应和技术的创新。

纳雷什（Naresh）和加里（Gary）（2001）分析了金融产业集聚的动因和效应。通过集聚，集群中的企业能更快速、有效地获得相关金融支持服务，与此同时，金融集群乃至金融中心的形成会提高集群内企业的声誉，与客户形成长期面对面的沟通关系，减少信息的不对称。

博索内（Bossone）（2003）强调了集群知识外溢效应的重要性，由于金融产业和其他产业相比在生产和交易方面更注重信息的获取，在地理上的接近有利于投资者和经纪人掌握更丰富的金融信息；同时集群内的企业在信息外溢效益的作用下也增加了知识学习效应。

国内对于这方面的研究起步比较晚。潘英丽（2003）从聚集和外部规模经济方面研究了金融集聚的效应，主要体现在交易效率的提高、沟通交流的便利、流动资金的节约、成本与风险的降低以及对相关产业的支持。

宁钟和杨绍辉（2006）利用动态模型和经济学原理对金融产业集群的演化发展进行了深入研究。他们认为，集群的规模达到一定程度时将产生负面效应，由于需求是一定的，供给的持续增加将加速集群内企业的竞争，集群效益开始下降，成本上升，集群内企业利润减少。

此外，近年来我国许多学者，例如张世晓（2010）、丁艺（2010）、任淑霞（2011）、张晓燕（2012）、余丽霞（2012）依据我国国情对金融产业集聚与区域经济增长的关系进行了实证研究，结论证明金融产业集群与区域经济增长互为因果，相互促进。

4. 文献述评

国内外学者对金融产业集群的研究始于传统产业集群理论，以经济学理论为基础，近年来吸引了大量跨学科学者关注，这些学者利用本学科的相关研究方法极大地丰富了金融产业集群理论，对我国金融业的发展以及金融中心的建设有着重要的借鉴意义。但是，通过对国内外相关文献的回顾，我们发现，前人的研究并没有明确地梳理出金融产业集群的演化机理和演化路径。分析金融产业集群的形成机理和发展模式需要结合金融业自身的特性，以往的研究多数以制造业产业集群为基础。因此，有必要剖析金融业的独有性质，深入探究金融产业集群的演化机理和演化路径。本章后文将类比生物群落的进化过程，将金融产业集群的演化路径划分为三个阶段，分阶段建立数学模型，以期深入了解金融产业集群的发展模式。

第二节　生态学理论对于金融产业集群演化的适用性分析

利用种群生态学的相关理论研究金融产业集群的问题，首先要论证其适用性，否则研究就有可能建立在错误的理论基础上。本节主要通过比较金融产业集群和生态种群的要素、特征以及各自的分布—互动—竞争—演化（DICE）模式，论证种群生态理论对于研究金融产业集群的适用问题。

一、构成要素比较

自然种群从初始形成后，种群内的个体通过新陈代谢适应着不断变化的环境，个体间面对有限的自然资源也会形成不同的生存模式，从而维持种群的成长活力。金融产业集群演化和生物演化存在着天然的相似性，金融产业集群也存在着集群内企业间的竞争共生，以及企业与外在环境的相互影响。

本节选取了种群生态系统的几个主要组成要素，包括个体、种群、群落、生态系统、生产者、消费者、生态链、生态位、生态因子、演化、突变，以图表的形式比较了不同要素在生态种群和金融产业集群中的不同含义，以期寻找两者在构成要素上的共性。如表 3.1 所示。

表 3.1　种群生态系统和金融产业集群构成要素比较

	种群生态系统	金融产业集群
个体	生物个体，如单个动物、单株植物	金融产业集群中的单个组织，如企业、机构、政府、科研单位等
种群	一定空间同种生物个体的集合	金融产业集群中大量同质企业个体的集合
群落	在一定空间内，生物体与周围环境相互影响，形成的具有一定功能的集合体	金融产业集群中，具有相似功能的企业种群相互影响，形成的具有特定结构和功能的集合体
生态系统	一定空间中所有生物与环境不断进行物质和能量流动所形成统一整体	金融产业集群中企业间，企业于环境间的资源循环所形成的统一整体
生产者	生态系统中的自养生物	金融产业集群中利用各种资源提供相应产品和服务的企业机构
消费者	依赖生产者所制造的有机物的异养生物	金融产业集群中消耗生产企业产品和服务的企业和机构
生态链	捕食者和被捕食者形成的食物链	根据金融产业特性所形成的企业机构间价值和产品传递链
生态位	一个种群在生态系统中所占据的位置及功能	集群中企业在产业链中的位置，以及对资源利用的总和
生态因子	指对生物行为有直接和间接影响的环境因素	对集群发展有影响的各种环境因素
演化	种群里的遗传性状在世代之间的变化	金融产业集群发展周期，从萌芽到成熟的过程

资料来源：作者自制。

通过比较我们发现，种群生态系统和金融产业集群的主要构成要素呈现出一一对应的关系，金融产业集群即是以金融企业、机构为主体，通过产品链和价值链相互联系，并与其所处的相关环境共同构成的有一定层次、结构和功能的产业集群生态系统。因此，利用种群生态学的研究方法探究金融产业区集群的发展演化过程有其合理性。

二、特征比较

本书从层次性、多样性、开放性、成长性、适应性五方面特性，比较种群生态系统和金融产业集群在特征方面的相似性。

1.层次性

种群生态系统的演化过程呈现出层次性，从最初的生物个体逐渐演化成生物种群、生物群落和生态系统。与此同时，由于一国经济发展和资源分布呈现出的不均衡状态，金融产业集群根据金融资源聚集程度和影响辐射范围的大小，也可分为微观、中观和宏观金融产业集群。微观金融产业集群即区域性的金融产业集群，呈现出一定的金融资源聚集特性，对本地区和周围地区经济发展产生较大影响。中观金融产业集群表现为一国国家性的金融中心，如我国的北京和上海，金融资源的聚集程度较高，通过集聚和扩散效应对周边乃至全国经济产生影响。宏观金融产业集群是最为成熟的金融产业集群，以伦敦、东京为代表，聚集了众多世界性的金融资源，形成了金融资源的国际调配，其影响是世界性的。

2.成长性

种群生态系统的成长性是指种群繁衍生息的动态变化过程，其生命周期可分为初始期、成长期、成熟期和衰退期四个阶段，是种群适应内外环境变化的必然结果。金融产业集群的成长性表现为量的积累和质的改变。金融机构扩大规模、增加业务种类、拓宽服务领域，金融资源和资产由此增加，实现了金融产业集群量的积累。质的改变是指金融产业集群由量变产生的质变。金融产业集群在发展初始阶段资源的积累已初具规模，表现为区域金融中心，随着金融资源的进一步积累，金融机构效率不断提高，金融市场不断完善，区域金融中心向全国性金融中心过渡，最后成长为全球性金融中心。

3.多样性

种群生态系统的多样性体现为遗传基因、生物种类以及生态环境的多样性。同样，金融产业集群也具有此类的特征。首先是金融资源的多样性，白钦先（1988）在《金融可持续发展研究导论》中把金融资源划分为三个层次：基础性核心金融资源，即广义货币资金；实体性种间金融资源，包括各种金融机构、监管机构、金融市场和金融法律法规；最高层次的金融资源是指资金运动的过程以及各种金融机构、金融工具与经济发展相互作用，相互影响的体系。其次，金融产业集群的形成机制是多样的，包括以伦敦为典型的市场主导模式和以新加坡为典型的政府驱动模式。最后，金融产业集群的影响范围和辐射范围也存在着多样性，由此金融中心可划分为区域金融中心、国家金融中心和全球性金融中心。

4.开放性

种群生态系统是一个开放的系统，随时进行着与外界环境的能量交换和物质循环。金融产业集群同样是一个开放的系统，开放的外部市场、信息和技术，有利于金融产业集群学习效应和创新效应的发挥，增强金融产业集群的竞争力。

5.适应性

种群生态系统的适应性体现在外部环境变化对种群演化过程产生的影响，以及由此产生的基因突变、基因互换等，种群的演化过程就是与外界环境相互影响、相互适应、协同发展的过程。同样，金融产业集群的发展会促进区域经济的发展，经济环境的优化反过来也会促进金融产业集群的演化，金融产业集群和经济发展相互促进，互为因果，体现了金融产业区集群的适应性。

三、分布—互动—竞争—演化（DICE）模式比较

种群在生态系统内的关系可以划分为四个阶段：分布、互动、竞争、演化，这四部分形成一个循环即生态学的分布—互动—竞争—演化（DICE）模式，如图 3.3 所示。种群的分布会影响种群的互动关系，迫于有限资源的压力，互动会产生竞争行为，长期的竞争行为迫使种群为了生存和发展而逐渐演化，而演化的结果则是形成新的种群分布。

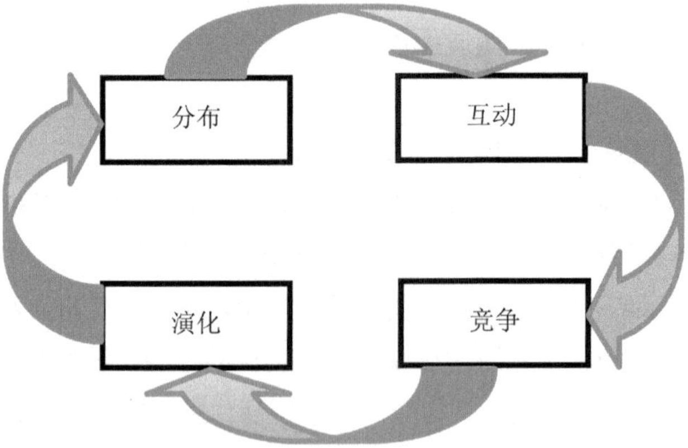

图 3.3 自然界生态系统的 DICE 模式

资料来源：作者自制。

掌握生物分布状况是生态研究的基础，通常包括对各个种群生物数量的统

计以及区域分布结构等，常用指标包括种群强度和物种多样性。种群强度通过统计不同种群的个体数量、分布结构，以及在食物链中所处位置来判断该种群相对于其他种群的竞争强度。而物种多样性则影响生态系统的稳定性，物种越多，生态系统在受到外力打击时，能越快地恢复现状，生态系统也越稳定。同样在金融产业集群中，通过分析集群内企业的数量、规模、分布状况也可以判断产业集群的竞争力。

分布仅是对生态系统的静态描述，而物种间的互动关系则是从动态角度描述种群生态系统。种群的分布会对种群的互动关系产生显著影响，生态位重叠部分越多的种群间，互动概率越大。互动关系可以区分为内部互动和外部互动，内部互动指同一群落内不同种群的互动关系，也可以表示同一种群中不同个体的互动关系。外部互动是指种群与群落外部的其他种群的互动关系。在金融产业集群中，金融企业和机构由于相似的资源需求、相似的产品供应以及相似的消费者市场，也会产生各个层次的企业互动。

种群生态位的相互重叠会引发为了争取有限资源的竞争行为，生态系统的竞争行为分为合作式竞争和冲突式竞争两种模式。合作式竞争的两个种群以共生的方式生存，包括偏利共生和互利共生。冲突式竞争指不同种群之间的竞争是有冲突的，即以损害竞争对手的利益为代价来换取自身的利益，冲突式竞争也分为两种模式：资源利用性竞争和相互干扰性竞争。在金融产业集群中，企业间的竞争体现为合作式竞争，企业集中设址的原因在于合作所带来的经济利益远大于竞争造成的损失。集群形成规模经济，降低了交易成本和信息获取成本，尤其对于金融产业集群来说，集群带来的创新效应将对金融企业的发展产生重要影响。

在生态学上，种群以缓慢但未曾间断的方式进行演化，用以回应竞争和外界环境改变的压力。基因的变异是种群演化的主要原因，通过基因突变和基因互换，适应环境的基因得以保留，逐渐形成新的物种以达到演化的目的。金融产业集群在演化过程中存在着两种结果：一是集群因企业合作或者政府政策导致产业升级，集群日趋成熟；另一个是集群中企业恶性竞争导致集群衰退。探究金融产业集群的发展过程，揭示其内在关系和演化机制，一方面可以预测其未来的发展方向，另一方面也可以促使我国金融产业集群更好更持久的发展。

欧阳莹之（Auyang）（1998）基于生态学的视角认为，任何有边界的系统都可以视为一个生态系统，系统元件就是分布在生态系统中的种群。通过比较生物种群和金融产业集群的构成要素、特征以及分布—互动—竞争—演化（DICE）模式，我们可以发现两者之间有很强的相似性。在金融产业集群中，金融企业和机构并不是简单的加总，而是像生态种群中的个体一样，通过竞争合作完成自身的演化，才会形成这种有生命力的组织模式。由此可见，以种群生态学的理论为基础研究金融产业集群的演化过程是具有可行性的。

第三节　基于 Logistic 模型的金融产业集群演化分析

上一节我们从构成要素、特征和分布—互动—竞争—演化（DICE）模式三个角度比较了种群生态系统和金融产业集群的近似性，论证了种群生态学理论用于研究金融产业集群演化过程的可行性。本节我们首先建立金融产业集群的 Logistic 模型，划分演化阶段；继而分阶段描绘金融产业集群的演化过程，包括演化动因、运行机制以及稳定性分析。

一、金融产业集群 Logistic 模型

Logistic 模型是生态学中用来模拟有限资源环境下，种群演化过程的经典模型。金融产业集群和自然界中的生物种群相似，也遵循着自然选择、适者生存的法则。金融产业集群内的企业为了争夺有限的金融资源，存在着种内的竞争共生关系。深入探究金融产业集群的发展演化过程，一方面可以通过政策的作用使金融产业集群快速发展，尽快处于成熟阶段；另一方面也可以避免企业间的恶性竞争，引起种群衰退。

1. 构建金融产业集群 Logistic 模型

根据前文我们推导出的种群 Logistic 模型，在此对金融产业集群 Logistic 模型做出如下假设：

（1）设$Y = y(t)$，其中 Y 是金融产业集群的规模，Y 是 t 的函数。时间 t 除了通常上的含义，还包括信息、技术、人力资源、制度安排等全部影响集群规模的因素的变化，是一个广义的时间概念。$Y_0 = y(0)$表示金融产业集群的初始规模。

（2）设N为特定时间和空间范围内，金融资源（货币资金、人力资源、信息等）总量一定的条件下，金融产业集群所能达到的最大规模，即既定环境的容纳量为N。

（3）设r为金融产业集群在理想环境下的自然增长率。由于金融资源的有限性，金融产业集群增长率随着集群规模的扩大而成比例下降，即 r 为 y 的线性函数，$r(y)=r-\lambda y$。

根据以上假设，金融产业集群的规模函数为：

$$\frac{\mathrm{d}y}{\mathrm{d}t}=r(y) \tag{3.1}$$

当金融产业集群达到其最大规模 N 时，金融产业集群增长率 r=0，即$r(N)=r-\lambda N=0$，得到$\lambda=\frac{r}{N}$，代入到$r(y)=r-\lambda y$中，得到：

$$r(y)=r\left(1-\frac{y}{N}\right) \tag{3.2}$$

将式（3.2）代入式（3.1）中，得到：

$$\frac{\mathrm{d}y}{\mathrm{d}t}=ry\left(1-\frac{y}{N}\right) \tag{3.3}$$

整理上式得：

$$\left(\frac{1}{y}+\frac{1}{N-y}\right)\mathrm{d}y=r\mathrm{d}t \tag{3.4}$$

两边同时积分得：

$$\ln\frac{y}{N-y}=rt+c \tag{3.5}$$

两边同时取对数，得到：

$$\frac{y}{N-y}=\mathrm{e}^{rt+c} \tag{3.6}$$

则：

$$y(t)=\frac{N}{1+\mathrm{e}^{-rt}\mathrm{e}^{-c}} \tag{3.7}$$

y_0为金融产业集群的初始规模，由式（3.6）可得：

$$c=\ln\frac{y_0}{N-y_0}$$

（3.8）

将式（3.8）代入式（3.7）中得到：

$$y(t)=\frac{N}{1+e^{-rt}e^{\ln\frac{y_0}{N-y_0}}}=\frac{N}{1+\frac{N-y_0}{y_0}e^{-rt}} \tag{3.9}$$

由此我们可以看到，金融产业集群的演化受参数产业集群的最大负荷量N以及自然增长率r的影响。集群的最大负荷量也即环境容纳量，反映了集群所处环境的资源丰富程度，资源越丰富，环境容纳量越大，集群所能达到的最大规模越大，越有助于金融产业集群的发展。同时，自然增长率越大，集群就能快速实现有限环境资源下的最大规模。

2. 金融产业集群的演化曲线

为了研究金融产业区集群的演化过程，我们要进一步分析金融产业集群Logistic 方程，绘制金融产业集群演化曲线。$\frac{dy}{dt}=ry\left(1-\frac{y}{N}\right)$为金融产业集群演化曲线$y(t)=\frac{N}{1+\frac{N-y_0}{y_0}e^{-rt}}$的求导方程，表示金融产业集群规模的增长速度。再次对其求导得到：

$$\frac{d^2y}{dt^2}=\left[ry\left(1-\frac{y}{N}\right)\right]'=ry'\left(1-\frac{y}{N}\right)-ry\frac{y'}{N} \tag{3.10}$$

整理可得：

$$\frac{d^2y}{dt^2}=r^2y\left(1-\frac{y}{N}\right)\left(1-2\frac{y}{N}\right) \tag{3.11}$$

由此得到金融产业集群演化曲线加速度方程。

令$\frac{d^2y}{dt^2}=0$，求得集群演化曲线拐点：

$$y_1=N \tag{3.12}$$

$$y_2=\frac{N}{2} \tag{3.13}$$

由于$0<y<N$，因此舍去（3.12），曲线拐点为$y=\frac{N}{2}$，代入$y(t)=\frac{N}{1+\frac{N-y_0}{y_0}e^{-rt}}$，求得$t=\frac{\ln\frac{N-y_0}{y_0}}{r}$，$y'(t)=\frac{dy}{dt}=\frac{rN}{4}$。

为了求得金融产业集群演化曲线的凹凸点，我们需要进一步对曲线加速度方程求导，得到：

$$\frac{\mathrm{d}^3y}{\mathrm{d}t^3}=\left[r^2y\left(1-\frac{y}{N}\right)\left(1-2\frac{y}{N}\right)\right]'=r^3\left(1-\frac{y}{N}\right)\left(1-6\frac{y}{N}+6\frac{y^2}{N^2}\right) \quad (3.14)$$

令式（3.14）等于零，得到加速度方程的拐点：

$$y_3=\frac{3-\sqrt{3}}{6}N \quad (3.15)$$

$$y_4=\frac{3+\sqrt{3}}{6}N \quad (3.16)$$

代入$Y=y(t)$可得：

$$t_3=\frac{\ln\frac{N-y_0}{y_0}-\ln\left(2+\sqrt{3}\right)}{r} \quad (3.17)$$

$$t_4=\frac{\ln\frac{N-y_0}{y_0}+\ln\left(2+\sqrt{3}\right)}{r} \quad (3.18)$$

将式（3.17）和式（3.18）代入$y'(t)$，得：

$$y'(t)|_{t_3}=y'(t)|_{t_4}=\frac{rN}{6} \quad (3.19)$$

由于

$$y''(t)|_{t_3}=\frac{\mathrm{d}^2y}{\mathrm{d}t^2}=r^2\frac{1+\sqrt{3}}{6}>0 \quad (3.20)$$

$$y''(t)|_{t_4}=\frac{\mathrm{d}^2y}{\mathrm{d}t^2}=r^2\frac{1-\sqrt{3}}{6}<0 \quad (3.21)$$

因此，(t_1,y_1)是产业集群演化曲线的凹点，(t_2,y_2)是产业集群演化曲线的凸点。

由此，我们得到了金融产业集群演化曲线的三个体征点，分别是凹点$\left(\frac{\ln\frac{N-y_0}{y_0}-\ln\left(2+\sqrt{3}\right)}{r},\frac{rN}{6}\right)$，凸点$\left(\frac{\ln\frac{N-y_0}{y_0}+\ln\left(2+\sqrt{3}\right)}{r},\frac{rN}{6}\right)$，以及拐点$\left(\frac{\ln\frac{N-y_0}{y_0}}{r},\frac{N}{2}\right)$。依据以上特征，我们可以画出金融产业集群的演化曲线和速度曲线，如图 3.4 所示。

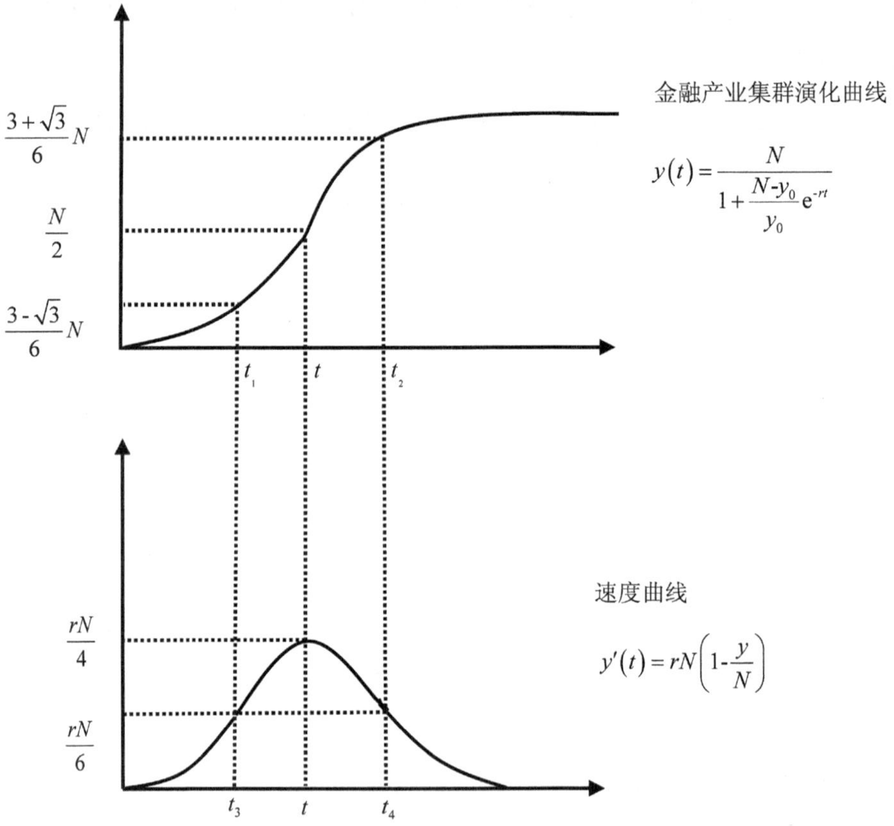

图 3.4　金融产业集群的演化曲线与速度曲线

资料来源：作者自制。

3.金融产业集群演化阶段的划分

依据上述结论，可以将金融产业集群的演进过程分为四个阶段：初始阶段、成长阶段、成熟阶段和衰退阶段。

（1）初始阶段［$t\subset(0,t_3)$］。在这一阶段中，由于金融产业集群中企业数量较少，金融资源充裕，金融产业集群的增长速度和加速度递增，呈现出指数增长的形态。加速度在速度曲线的拐点$\left(t_3,\frac{rN}{6}\right)$处达到最大值。此时金融产业集群集聚程度较低，企业间的协同性也较弱，但是已经形成了金融产业集群的维形，随着集群内企业数量和规模的快速增加，集群将迎来演化过程的成长阶段。

（2）成长阶段［$t \subset (0, t)$］。此阶段金融产业集群依然加速增长，但是增速递减，在集群最大规模的$\frac{1}{2}$处，达到速度曲线的最大值。在经历了初始阶段后，金融产业集群吸引越来越多的企业进入，资源的稀缺性开始显现，集群中的企业发展出了竞争共生关系，但增长率仍较高，集群形成了初始的组织结构和管理体制。

（3）成熟阶段［$t \subset (t, t_4)$］。进入成熟阶段的金融产业集群呈现出减速增长的势态，增长动力明显减弱。随着资源的进一步短缺，企业间的关系从竞争共生，转向相互合作，企业间的协同性增强。此时集群内的一些企业成了行业的寡头，集群通过适应性、自我成长和自我调节功能等自组织系统的特征，维护整个集群网络的正常发展。

（4）衰退阶段［$t \subset (t_4, \infty)$］。衰退阶段的金融产业集群规模接近极限，集群增长速度日趋减慢，金融资源愈加稀缺。集群内企业为了争夺金融资源可能会出现恶性竞争，使得集群进入衰退阶段。此时政策的刺激也可以使金融产业集群突破极限，进入下一个生命周期。

通过以上分析，我们发现，金融产业集群的演化是同质企业的获利机制和生态协调机制共同作用的结果。如何使金融产业集群快速并长久地处于成熟阶段，避免集群因恶性竞争出现衰退，是深入探究金融产业集群演化规律的意义所在。

二、金融产业集群演化的初始阶段

本书分别对金融产业集群演化过程三个阶段的形成（即集聚动因或演化动因）、发展（即运行机制）和稳定性进行分析。首先从金融产业集群的初始期，也即萌芽阶段谈起。

1. 初始阶段集聚动因

根据区位理论和金融地理学理论，我们将金融产业集群在初始阶段的集聚动因归纳为以下几个因素：

（1）自然禀赋。自然禀赋的含义十分广泛，不仅指地理环境和自然资源上的优势，还包括两者的组合优势以及由此产生的社会经济优势。社会经济优势包括完善的基础设施、充足的人力资本等。在古典区位理论中，交通状况是影响工业区指向的主要因素。同样，世界上主要的金融产业集群多数选址在本国或本地区的交通枢纽，自然地理位置的便利通常会带来大量的贸易需求，成为发展金融业和金融产业集群得天独厚的优势。

金融产业集群的选址通常还会考虑该地区的人力资本状况，如果一个地区能为金融产业区提供各种优质的金融人才，那么金融机构就愿意将总部或分公司设在该地区。金融人才的聚集一方面为金融产业集群提供了人才基础，另一方面也是金融业持续繁荣发展的根本保障。

（2）经济环境。由于经济发展和金融业发展互为因果的关系，金融产业集群和金融中心的选址通常也是该国或该地区的经济中心，一个地区经济的快速增长是金融产业集群形成的重要保障，同时金融产业集群的形成也是经济增长的必然结果。

社会生产力的持续提高和技术的不断革新，大幅提升了生产企业的产品供应能力，促进经济迅速发展的同时也为国际贸易往来提供了可能性，此时，实体产业对金融产品和服务的需求迅速上升。个人希望通过储蓄闲置资金来获取利息收益、企业希望通过直接或间接融资来扩大生产经营、政府则通过完善金融体系从而调控资源的合理配置，促进经济社会的健康发展。此时金融产业已不再是经济体系中的附属，通过个人、企业和政府的现实推动，金融产业一跃而起，在国民经济中发挥着主导作用。因此，当实体经济发展到一定规模时，越来越迫切的金融需求促使金融产业集群的形成。

（3）信息腹地。根据金融地理学的相关理论，思里夫特（Thrift）（1994）、波蒂厄斯（Porteous）（1995）、马丁（Martin）（1999）、赵晓斌（2002、2004）等学者提出了“信息腹地”“信息外溢”“信息不对称”和“非标准化信息”是决定金融产业集群形成的重要因素。信息腹地是有利于获得有价值信息以及信息流通的中心城市，使用者在信息腹地内获取信息所耗费的时间最少、成本最小。信息作为金融产业发展的关键资源，同时也是金融产品和服务的输出方式，金融机构的盈利水平高度敏感并依赖于信息的可用性、及时性以及准确性。信息腹地的优势和规模，吸引了金融产业的进入以及金融产业集群的形成，通常来说信息腹地是一国的经济和政治中心。

2. 初始阶段运行机制和稳定性分析

金融产业集群稳定性的概念来源于生态种群的稳定性，是指金融产业集群发展到一定规模后，集群内的企业通过协调配合、互利互惠，从而达到规模和数量的动态平衡。通过对各阶段金融产业群稳定性的分析，有利于判断资源是否合理配置，集群中各企业主体是否稳定共生。金融产业集群中的企业虽然存在一定程度的角色分工，但是总体上说是同类产品的供应者，相互以合作竞争的关系共生。

和传统的产业集群不同，金融产业集群在此阶段以同类型的有较强实力的金融企业聚集为主，由于资源数量相对充足，企业数量和环境容量尚有较大差距。因此，集群内的金融企业竞争并不是很激烈，企业也没有意识到合作的重要性，形成“集而不群”的发展模式，遵循各自的逻辑斯蒂（Logistic）增长模型成长。

假设集群内存在 m 个企业，则此 m 个企业的增长模型为：

$$\begin{cases}\dfrac{\mathrm{d}y_1}{\mathrm{d}t}=r_1y_1\left(1-\dfrac{y_1}{N_1}\right)\\ \qquad\vdots\\ \dfrac{\mathrm{d}y_m}{\mathrm{d}t}=r_my_m\left(1-\dfrac{y_m}{N_m}\right)\end{cases}\tag{3.22}$$

此时金融产业集群的规模较小，企业间缺乏联系，稳定性较差。

三、金融产业集群演化的成长阶段

金融产业集群从初始阶段过渡到成长阶段，集群和企业规模继续加速扩张，金融资源的稀缺性开始体现，此时企业间表现为竞争共生的关系。本节首先分析了金融产业集群在成长阶段的演化动因，而后利用洛特卡·沃尔泰勒模型（简称 LV 模型）模拟了两个企业的竞争关系，并给出稳定的平衡状态。

1. 成长阶段演化动因

根据产业集群理论、规模经济理论以及交易费用理论，我们将处于成长阶段的金融产业集群集聚动因归纳为以下几个因素：

（1）外部规模经济。规模经济有内部规模经济和外部规模经济之分，最早由马歇尔提出了外部规模经济和产业集群的密切联系，即外部规模经济是产业集群形成的主要动因。外部规模经济指企业产品的平均成本随着产业规模的扩大而降低。[①]当企业内部规模达到一定程度后，企业为了发展会寻求和利用外部规模经济，对于要求具备快速反应力的金融业企业来说更是如此，而金融产业集群就是获取外部规模经济的重要途径之一。

外部规模经济并不是金融产业集群独有的特征，对于金融产业集群而言，产业的集聚使其获得外部规模经济：共同的要素资源优势、由于集聚扩大的市场需求、共享创新和管理方面的成果、获得国家的产业支持、通过集聚提升了企业形象、增强了区域竞争力和竞争优势，同时产业集群的正反馈机制会进一步加强外部规模经济效应，促进产业集群的演化。

（2）交易成本。著名经济学家科斯首先提出了交易费用的概念，即为进行交易而产生的费用，包括价格发现成本、为订立合约而谈价还价的成本，以及执行合约、惩治违约的成本。根据交易成本经济学，金融产业集群是一种交易成本最低的制度安排。首先，信息充分节约交易成本。在金融产业集群中，信息通过密切的人际关系自由流动，一方面使身处信息腹地的金融企业降低了信息的获得成本，另一方面也使得信息更加对称，克服了信息不对称所带来的交易困难，从而节约了交易成本。其次，相互信任节约交易成本。此时的信任并不是以个体感情为基础的基于个人身份之间的信任，而是以契约、合同、法律、规范为基础的制度性的信任[②]。信誉是维持金融企业生存和发展的基础，一方面有助于减少企业的机会主义倾向，另一方面容易在企业间建立紧密的合作关系，从而降低了企业为了维护契约的交易成本，以及企业之间谈判的交易成本。

（3）学习效应。学习效应来源于经济管理学，本质是通过经验和知识的逐渐积累，实现降低成本的效果。在金融产业集群中，这种学习效应不仅体现在产品的生产中，更存在于企业的经营管理中。在地理空间有限的集群内，企业间逐渐形成相同的文化氛围，加之集群的快速成长使信息和人才的内部流动进一步加强，集群的学习效应进一步得到体现。金融产业集群在成长阶段学习效应的发挥一方面提升了企业的学习能力，另一方面也深化了企业间的沟通和交流，为其成熟阶段的协同创新奠定了基础。

（4）政府行为。政府对金融产业集群成长推动的理论根源是市场与政府的关系，主要表现在协调市场、制度安排以及安全保障三个方面。当金融产业集

① Marshall A.1，The Principles of Economics[M]. 朱志泰，译. 北京：商务印书馆，1997.

② 方澜.中国纺织产业集群的演化理论与实证研究[D].上海：东华大学，2005.

群发展到一定规模时，政府需要利用宏观政策对金融产业集群进行调控，进一步完善基础设施、法律法规，努力提升制约金融产业集群发展的短板，规范集群企业不正当的竞争行为，建立适应集群发展的服务体系，为其发展创造良好的制度环境。对于发展中国家以及新兴市场来说还要进一步开放金融市场，转型国家多数存在抑制信贷市场的现象，这种现象会产生负外部性，影响其他市场的运行效率。随着金融市场的逐步放开，加强竞争充分性的同时，也激活了闲置资源，有效地分散了风险，提高了资源的配置效率，促进金融产业集群进一步健康发展。

2. 成长阶段运行机制和稳定性分析

在金融产业集群的成长阶段，企业和集群的规模都在加速增长，有限的资源和空间环境，使金融产业集群的企业面临不可避免的激烈竞争，企业间的生存关系表现为竞争共生。竞争共生关系的企业由于对有限资源的争夺，两者都不能实现自身的规模最大化，资源的获取量取决于企业的竞争力。

在生态学的演化研究中，洛特卡•沃尔泰勒模型（简称 LV 模型）是研究生物间竞争关系的经典模型。近些年，许多学者利用 LV 模型研究企业间的竞争共生关系，如路小成、罗新星（2008），卢彩梅、梁嘉骅（2009）等。本书也利用 LV 模型，研究处于成长阶段的金融企业间的演化机制及其稳定性。

假设金融产业集群内仅有两个企业，且在资源禀赋一定的条件下，外部环境不发生变化，两个企业单独存在时的演化遵循 Logistic 增长模型。则竞争共生两企业的协同演化模型如下：

$$\frac{\mathrm{d}y_1}{\mathrm{d}t}=r_1y_1\left(\frac{N_1-\eta_{12}y_2-y_1}{N_1}\right) \tag{3.23}$$

$$\frac{\mathrm{d}y_2}{\mathrm{d}t}=r_2y_2\left(\frac{N_2-\eta_{21}y_1-y_2}{N_2}\right) \tag{3.24}$$

其中，η为两个企业的竞争系数，$\eta_{12}=\frac{N_1}{N_2}$表示企业 2 对企业 1 的竞争强度，同理，$\eta_{21}=\frac{N_2}{N_1}$表示企业 1 对企业 2 的竞争强度。$\eta$越大，种群的竞争性越强。

下面我们研究方程的稳定性，联立方程

$$\begin{cases}\frac{\mathrm{d}y_1}{\mathrm{d}t}=r_1y_1\left(\frac{N_1-\eta_{12}y_2-y_1}{N_1}\right)\\ \frac{\mathrm{d}y_2}{\mathrm{d}t}=r_2y_2\left(\frac{N_2-\eta_{21}y_1-y_2}{N_2}\right)\end{cases} \tag{3.25}$$

得到四个解为：$P_1(0,0)$、$P_2(N_1,0)$、$P_3(0,N_2)$和$P_4\left(\frac{N_1(1-\eta_{12})}{1-\eta_{12}\eta_{21}},\frac{N_2(1-\eta_{21})}{1-\eta_{12}\eta_{21}}\right)$。

由此，可以得到模型的两条截距直线，即企业的容量线：

$$L_1: 1-\frac{y_1}{N_1}-\eta_{12}\frac{y_2}{N_2} \tag{3.26}$$

$$L_2: 1-\frac{y_2}{N_2}-\eta_{12}\frac{y_1}{N_1}=0$$

在截距直线内侧（$\frac{\mathrm{d}y_1}{\mathrm{d}t}>0$，$\frac{\mathrm{d}y_2}{\mathrm{d}t}>0$），企业规模会不断扩大；在截距直线外侧（$\frac{\mathrm{d}y_1}{\mathrm{d}t}<0$，$\frac{\mathrm{d}y_2}{\mathrm{d}t}<0$），企业规模会不断缩小。由此可以表示出两个企业的竞争结果和稳定条件如下：

（1）情况一：当$N_2<\frac{N_1}{\eta_{12}}$，$N_1>\frac{N_2}{\eta_{21}}$时，企业 2 的容量小于企业 1，在两条容量曲线之间的区域内，企业 1 能够继续扩大规模，企业 2 由于已经超过环境容量，无法继续增长，企业 1 在竞争中胜出，企业 2 退出竞争。如图 3.5 所示。

（2）情况二：当$N_2>\frac{N_1}{\eta_{12}}$，$N_1<\frac{N_2}{\eta_{21}}$时，企业 1 的容量小于企业 2，在两条容量曲线之间的区域内，企业 2 能够继续扩大规模，企业 1 无法继续增长，企业 2 在竞争中胜出，企业 1 退出竞争。如图 3.6 所示。

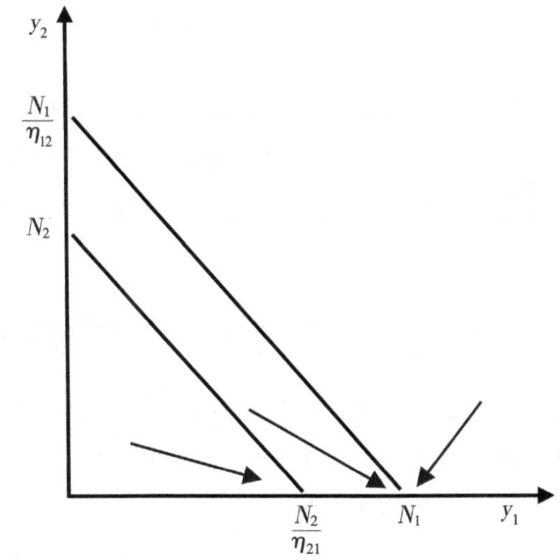

图 3.5　两企业相互竞争结果之一

资料来源：作者自制。

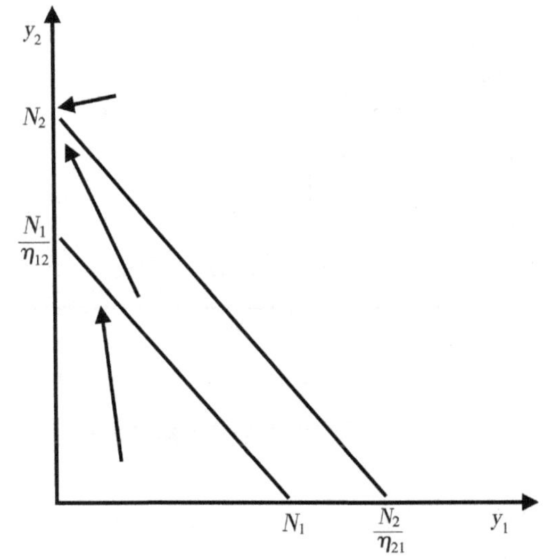

图 3.6　两企业相互竞争结果之二

资料来源：作者自制。

（3）情况三：当$N_2 < \frac{N_1}{\eta_{12}}$，$N_1 < \frac{N_2}{\eta_{21}}$时，两条直线相交于 E 点。在区域 A 中，企业 1 规模持续增长，企业 2 停止增长，竞争逐渐向 E 点趋近。同理，在区域 B 中，企业 1 无法增长而企业 2 规模继续扩大，竞争也逐渐趋向 E 点。因此 E 点是两个企业稳定的竞争平衡点，企业 1 和企业 2 竞争共生。如图 3.7 所示。

（4）情况四：当$N_2 > \frac{N_1}{\eta_{12}}$，$N_1 > \frac{N_2}{\eta_{21}}$时，两条直线相交于 E 点。在 A 区域企业 1 停止增长，企业 2 继续增长；在区域 B 企业 2 停止增长，企业 1 继续增长，无法形成稳定的平衡状态，两个企业都有可能在竞争中获胜，最终结构受两企业最初规模的影响。如图 3.8 所示。

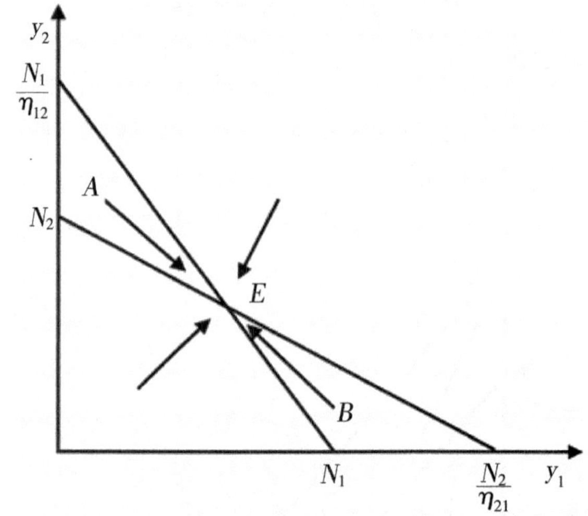

图 3.7 两企业相互竞争结果之三

资料来源：作者自制。

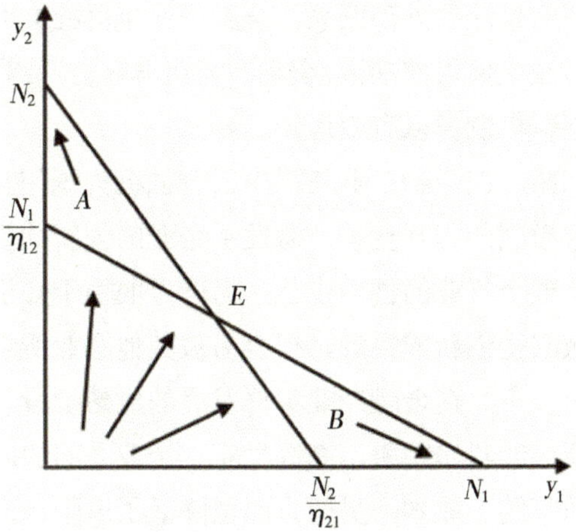

图 3.8　两企业相互竞争结果之四

资料来源：作者自制。

通过对上述模型的分析我们发现，处于竞争关系的两个企业，稳定的竞争结果是两企业都要牺牲一部分环境容量。由于对有限资源的争夺，两个竞争共生的企业无法得到供自身发展的全部资源，获取的资源数量取决于两企业的竞争力。

四、金融产业集群演化的成熟阶段

1.成熟阶段演化动因

成熟阶段金融产业集群的演化动因包括社会网络、协同创新和国际竞争。

（1）社会网络。社会网络是指社会行动者及其相互关系的集合，即多个社会行动者及相互关系的集合。在金融产业集群中，社会网络联系可以分为内部联系和外部联系。内部联系主要表现为金融企业间的正常业务往来、代理和合作等，其中垂直的金融企业联系具有一定的本土化特征，尤其是受我国金融体制的影响较大的银行业，科层组织非常明显，产生了明显的地域特征，水平的金融企业联系是金融产业集群过渡到成熟阶段的重要标志，表现为金融企业间全方位的业务合作乃至战略合作。由于金融产业集群的开放性，通过社会网络进行外部联系，获取外部资源，可以增强集群的竞争力，主要表现为人力资源、资金、产品流和信息流的外部联系。金融产业集群社会网络的形成是促使其向成熟阶段演化的最主要内部动因，金融产业集群社会网络的形成促使信息传导、价值链和协同创新机制得以有效运转。

（2）协同创新。在金融产业集群中，金融机构既相互竞争又相互学习。一方面集群内日益激烈的相互竞争，激发了企业的创新欲望，成为企业创新的持久动力，加快了整个行业的创新步伐；另一方面由于知识的外溢效应，某个金融企业在某领域取得创新成果后，很容易被其他企业所学习和模仿，进而被整个集群的企业所共享。在金融产业集群发展的成熟阶段，企业创新行为的表现形式为协同创新，即科研院所、高等学府与企业之间的联合创新行为，这种方式的创新一方面节约了成本，另一方面也降低了风险，同时有助于整个金融产业的升级。

（3）国际竞争。国际上成熟的金融产业集群在高端人才保有量、资金流量、市场准入和公平的竞争环境以及制度建设方面有着巨大的优势。这种压力会促使建设金融产业集群的东道国政府和监管部门加强与国际交流与合作，学习国外的成功经验，推动制度、业务创新和经营管理水平的全面提升，缩短与国外一流金融中心的差距。与此同时，金融产业集群对外资机构的吸引也会带来国外先进的经营管理经验，形成明显的示范效应和外溢效应。从这个角度来说，国际竞争的压力对金融产业集群来说既是挑战，同时也是学习的机会，是促进金融产业集群向成熟阶段发展的动力之一。

2.成熟阶段运行机制和稳定性分析

金融产业集群在成长性集聚阶段经历了快速增长时期，集聚的规模效应、外部效应和学习效应进一步加强，吸引了一大批同类金融企业的进入，金融产业集群竞争力得到进一步提升的同时，集群网络结构也日趋完善。企业间的相互联系表现为横向联系和纵向联系。横向联系指金融企业为了整个集群的发展而进行的协同创新，以金融资源为纽带，共生共存、共兴共衰的关系，而纵向联系则是在金融产业集群组织架构日臻完善的过程中，核心金融企业与中小金融企业之间由于价值链而形成一种相互依赖的共生关系，金融产业集群内部具有典型的互利共生特性。

假设金融产业集群内仅有两个企业，且在资源禀赋一定的条件下，外部环境不发生变化，两个企业单独存在时的演化遵循 Logistic 增长模型。则互利共生两企业的协同演化模型如下：

$$\frac{dy_1}{dt}=r_1y_1\left(\frac{N_1-y_2+\beta_{12}y_1}{N_1}\right) \tag{3.27}$$

$$\frac{dy_2}{dt}=r_2y_2\left(\frac{N_2-y_1+\beta_{21}y_2}{N_2}\right) \tag{3.28}$$

其中，β为两企业的合作系数，β越大，两企业的互利合作性越强，其他含义同上。

同样，采用线性化对均衡点进行分析，令$\frac{dy_1}{dt}=\frac{dy_2}{dt}=0$，系统等倾线

$$r_1y_1\left(\frac{N_1-y_2+\beta_{12}y_1}{N_1}\right)=0 \tag{3.29}$$

$$r_2y_2\left(\frac{N_2-y_1+\beta_{21}y_2}{N_2}\right)=0 \tag{3.30}$$

得到均衡解为$\mathrm{E}\left(\frac{N_1(1+\beta_{12})}{1-\beta_{12}\beta_{21}},\frac{N_2(1+\beta_{21})}{1-\beta_{12}\beta_{21}}\right)$［舍去$P_1(0,0)$、$P_2(0,N_2)$、$P_3(N_1,0)$］。由于$y_1>0$，$y_2>0$，则$\beta_{12}\beta_{21}<1$是互利共生企业达到均衡状态应符合的条件，如图 3.9 所示：

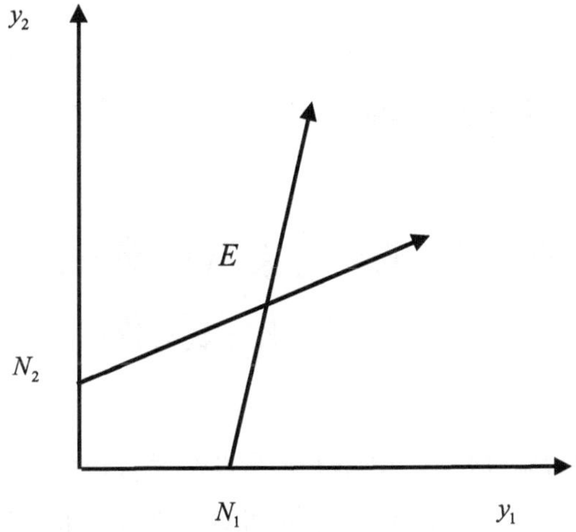

图 3.9　两企业互利共生的结果

资料来源：作者自制。

从两企业互利共生的结果我们可以看出，最终的均衡状态扩大了各自的规模，这是由于企业在信息、管理和创新方面的相互协作，产生了协同发展的效果。

依据成熟集聚阶段金融产业集群核心金融企业和卫星金融企业的互利共生关系，会有β_{12}很小而β_{21}很大，这是由于核心金融企业规模发展到一定程度时，通过将诸如票据处理业务等非核心业务外包，从而建立一种紧凑、精炼的扁平化管理结构，提高组织的运行效率，卫星金融企业的业务多来源于核心金融企业的此类业务。由此，卫星金融企业对核心企业的依赖很强，表现为β_{21}很小。由于外包业务是非核心业务且占核心金融机构业务的比例很小，这时卫星金融企业对核心金融企业贡献度就很小了，表现为β_{12}很小。此时，集群内互利共生企业达到稳定均衡的条件是$\beta_{12} < 1$且$\beta_{21} > 1$。

上述分析得到如下结论：在金融产业集群演化的初始阶段，集群规模初现，金融资源相对充裕，企业遵循各自的逻辑斯蒂（Logistic）模型发展；在金融产业集群的成长阶段，企业规模和集群规模处于加速扩张的时期，企业间以相互竞争的形式争夺有限的金融资源，竞争共生企业的稳定均衡状态使双方都达不到自身的最大规模；进入成熟阶段的金融产业集群，资源是限制集群发展的最重要因素，集群中的企业为了突破自然禀赋的限制，依托较为成熟的社会网络结构进行协同创新。除此之外，集群中也形成了核心金融机构和卫星金融机构的共生模型，企业间的关系以合作互利为主，此时，基于稳定的均衡状态，每个企业都会因合作而获利，突破了自然禀赋对企业规模的限制。

第四节　金融产业集群演化的实证检验——以北京为例

本节以北京为例进行金融产业集群演化的实证研究。首先回顾了北京金融产业集群的发展历程，以及银行业、证券业和保险业的发展现状；继而依据北京市 1978 年至 2013 年的金融业产值数据，建立了北京金融产业集群逻辑斯蒂（Logistic）演化模型，并拟合了其发展曲线，确定了其发展阶段；最后建立了金融产业集群政策模型，针对北京金融产业集群的发展现状提出了政策建议。

一、北京金融产业集群发展概况

北京作为全国的政治、经济和文化中心，其金融业的发展也已有上千年的历史，早在明清时期北京金融街一带就已遍布银楼、金坊，成为繁华的商业区和金融中心。中华人民共和国成立后，随着我国经济建设的逐步恢复，北京凸显了其优越的地理位置，汇聚了众多大型的金融机构，各大银行纷纷将总部设立在北京，北京从此奠定了全国金融管理中心、信贷收支中心和支付结算中心的地位。改革开放以后，北京金融业迎来新的发展契机，金融体系从单一的银行模式，逐渐发展成银行、证券、保险三足鼎立的新模式，随着外资金融机构纷纷进驻，北京金融业也日趋国际化和多元化。

1993 年，北京市政府在城市总体规划中首次提出构建全国性金融中心的构想，建设位于西城区阜成门和复兴门区域内的金融街，以此推进北京金融业的快速发展。1994 年，三大政策性银行先后在北京成立，奠定了政策性银行的基础。1998 年，随着保险监管制度的改革，保险监督管理委员会在北京成立，从而完善了我国分业管理和保险业监督管理制度。

进入 21 世纪，北京金融产业进入了新的重要发展阶段，金融资源配置效率、金融创新能力以及金融监管水平在这一时期进一步提高。2002 年，北京提出了其金融市场发展的主要目标和定位为“国家经济决策、管理，国家市场准入和监管机构，国家级国有企业总部，国家主要金融、保险机构和相关社会团体等机构的所在地”。2008 年，北京市政府对北京金融业发展制定了新的规划，简称为“一主一副三新四后台”，打造全方位的金融产业集群。

1.北京市银行业集聚现状

北京是中国银行业的聚集地，共有 16 家银行业金融机构将总部设立在北京，涵盖了政策性银行、大型商业银行、股份制商业银行、金融资产管理公司、城市商业银行以及外资银行。截至 2013 年底，北京共有银行业金融机构 3952 个，从业人员 100723 人，资产总额 135758 亿元，形成了以大型商业银行、股份制商业银行为主体，外资银行、城市商业银行、新兴农村金融机构、财务公司、信托公司和邮政储蓄共同发展的多元化银行业局面，具体数据见表 3.2。

表 3.2　2013 年北京市银行业金融机构概况

机构类别	营业网点			法人机构（个）
	机构个数（个）	从业人数（人）	资产总额（亿元）	
一、大型商业银行	1579	48118	63797	0
二、国家开发银行和政策性银行	17	902	13718	0
三、股份制商业银行	499	19099	31014	0
四、城市商业银行	262	9139	9036	1
五、城市信用社	0	0	0	0
六、小型农村金融机构	693	7758	4664	1
七、财务公司	43	1749	6588	43
八、信托公司	3	431	90	3
九、邮政储蓄	551	2382	1846	0
十、外资银行	100	7924	3091	9
十一、新型农村金融机构	15	597	122	10
十二、其他	10	2624	1794	10
合计	3952	100723	135758	77

资料来源：中国人民银行营业管理部、北京市银监局。

2.北京市证券业集聚现状

近些年，北京市在银行业总部优势的基础上，证券业也实现了快速增长，业务规模逐步扩大，资产规模逐步增长。从证券机构的数量上看，2013 年北京市新成立基金管理公司 5 家，新增证券营业部 4 家，期货营业部 7 家，截至 2013 年底，总部设在北京的基金公司共有 15 家，证券公司 18 家，期货公司 21 家，具体数据见表 3.3。

3.北京市保险业集聚现状

目前，北京市保险业继续保持了良好的发展态势，保障功能愈发完善，产品创新持续推进。2013 年，北京市保险业总资产达到 4010 亿元，同比增长 11.1%；全年实现原保险保费收入 944.4 亿元；保险密度为 4753.4 元/人，同比增长 5.3%。北京市财产保险公司为服务小微企业发展推出“中小企业贷款履约保证保险”和“融资租赁履约保证保险”等产品，具体数据见表 3.4。

表 3.3 2013 年北京市证券业概况

项目	数量
总部设在辖内的证券公司数（家）	18
总部设在辖内的基金公司数（家）	15
总部设在辖内的期货公司数（家）	21
年末国内上市公司数（家）	217
当年国内股票（A 股）筹资（亿元）	422.6
当年发行 H 股筹资（亿元）	—
当年国内债券筹资（亿元）	14497.7
其中：短期融资券筹资额（亿元）	8687.8
中期票据筹资额（亿元）	3291.6

资料来源：中国人民银行营业管理部、北京证监局。

表 3.4 2013 年北京市保险业概况

项目	数量
总部设在辖内的保险公司数（家）	61
其中：财产险经营主体（家）	12
人身险经营主体（家）	27
保险公司分支机构（家）	92
其中：财产险公司分支机构（家）	37
人身险公司分支机构（家）	51
保费收入（中外资，亿元）	994.4
其中：财产险保费收入（中外资，亿元）	288.0
人身险保费收入（中外资，亿元）	706.4
各类赔款给付（中外资，亿元）	318.2
保险密度（元/人）	4753.5
保险深度（%）	5.1

资料来源：中国保监会、北京市保监局。

二、北京金融产业集群演化的实证检验

金融产业集群的演化曲线可以从集群总产出方面来考量，因此，本书选取从1978年到2013年的金融业生产总值作为拟合演化曲线所用的数据样本区间。数据来源于中国知网（CNKI）统计库的北京统计年鉴，利用 Eviews6.0 软件进行统计研究。

首先，以 1978—2013 年统计数据作为样本，并将 Logistic 模型$y=\frac{N}{1+\frac{N-y_0}{y_0}e^{-rt}}$做如下变动：设$N=c(1)$，$\frac{N-y_0}{y_0}=e^{c(2)}$，$r=c(3)$，则$y=\frac{c(1)}{1+e^{(c(2)-c(3))\cdot t}}$。其次，将上述数据做高斯—牛顿迭代，得到在 0.05 的置信区间下，$R^2=0.9871$，Prob.$c(1)$，$c(2)$，$c(3)$分别为 0.0004，0 和 0，参数$N=c(1)=9523.162$，$\frac{N-y_0}{y_0}=e^{c(2)}=1442.2072$，$r=c(3)=0.1787$。具体检验结果如表 3.5 所示。

表 3.5　1978—2013 年北京市金融产值 Logistic 模型参数估计结果

	Coefficient	Std. Error	t-Statistic	Prob.
C(1)	9523.162	2432.265	3.915347	0.0004
C(2)	7.273930	0.124884	58.24540	0.0000
C(3)	0.178651	0.007495	23.83474	0.0000

R-squared	0.997461	Mean dependent var	500.6691
Adjusted R-squared	0.997302	S.D. dependent var	692.8310
S.E. of regression	35.98812	Akaike info criterion	10.08607
Sum squared resid	41444.63	Schwarz criterion	10.21939
Log likelihood	-173.5062	Hannan-Quinn criter.	10.13209
Durbin-Watson stat	1.271632		

资料来源：Eviews 统计结果。

最后，对金融产业集群 Logistic 曲线进行拟合。根据参数估计的结果，得到北京金融产业集群 Logistic 模型为$y(t)=\frac{9523.162}{1+1442.2072e^{-0.1787t}}$，$R^2=0.9975$，说明模型具有显著性。从总体上说，模型是有效的。模型的拟合曲线如图 3.10 所示。

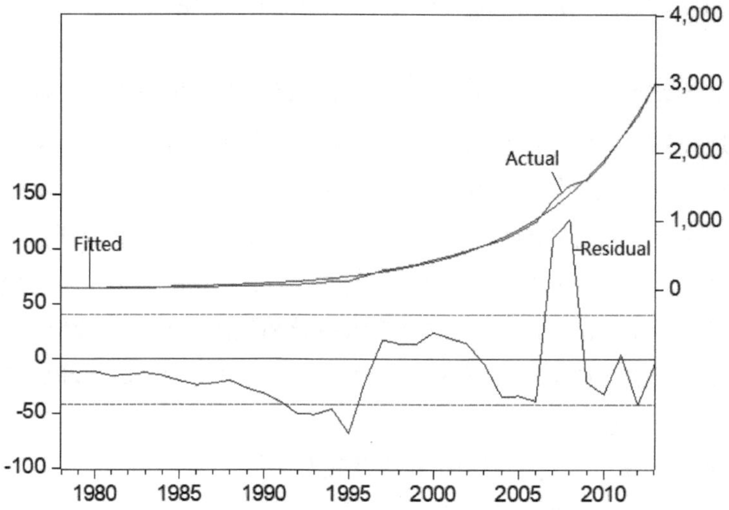

图 3.10　北京金融产业集群 Logistic 模型拟合曲线

资料来源：Eviews 软件统计结果。

从北京金融产业集群的拟合曲线可以看出，北京金融产业集群增加额一直保持增长趋势，目前仍处于快速增长的初始性集聚阶段，与目前北京金融产业集群每年加速增长的现状相符。

从上述实证结果可以看出，北京金融产业集群的发展过程符合种群生态学的相关理论，从 1978 年到 2013 年，北京金融产业集群一直保持了较快的增长势头，增长速度逐年增加。2013 年，北京金融业产值达 2822.1 亿元，尚未达到金融产业集群环境容量 9523.162 亿元的 50%。根据前文的结论，目前北京金融产业集群仍处于演化过程的第一阶段，即初始性集聚阶段。今后，随着北京金融产业集群的不断发展，受制于环境和资源，北京金融产业集群的 Logistic 曲线也会发生变化，伴随着增长速度的放缓，曲线最终会呈现“S”形增长。当然，当资源成为抑制集群成长的主要因素时，政府政策的出台和企业主体的协同合作会使集群突破资源的瓶颈，进入一个新的“S”形增长阶段。总体来看，金融产业集群最终的演化曲线是若干“S”形的包络线，仍呈“S”形增长。

三、促进金融产业集群发展的政策模型与建议

美国学者爱迪斯认为，企业和生物个体一样存在着生命周期。他将企业的生命周期划分为如下阶段：孕育期、婴儿期、学步期、青春期、盛年期、稳定期、贵族期、官僚化早期、官僚期和死亡期[①]。企业在向下一个生命阶段转化的过程中，如果得到有效的引导将有利于企业的进一步发展，否则会阻碍企业的发展。为此，爱迪斯引入 PAEI（P：执行能力；A：行政能力；E：创新能力；I：整合功能）分析法，为企业的发展提供指导和预测。在此，我们引入 PAEI 方法建立促进金融产业集群发展的政策模型，并给出初始、成长和成熟三个阶段不同的政策作用点。

1. 金融产业集群演化的 PAEI 分析及政策模型

金融产业集群和企业个体一样，作为一种快速发展的组织形式，存在着生命周期。前文利用 Logistic 模型，我们将金融产业集群的发展过程划分为四个阶段，即初始阶段、成长阶段、成熟阶段以及衰退阶段。结合爱迪斯的企业生命周期理论，可以将金融产业集群的初始阶段对应企业发展的形成阶段（孕育期、婴儿期、学步期）；成长阶段对应企业生命周期的青春期；成熟阶段对应企业生命周期的盛年期；衰退阶段暂不予以考虑。

金融产业集群的 PAEI 分析，是对金融产业集群不同发展阶段四种功能的配适问题进行分析，其中执行能力由企业主体执行，行政能力由组织中介机构执行，创新能力由科研机构执行，最后整合功能体现为政府职能。具体分析如下。

（1）初始阶段（孕育期、婴儿期、学步期）。此时，随着若干金融企业进入该地区，加之支持机构的作用，金融产业集群初具雏形。金融产业集群的形成一般包括需求反应和供给引导两种路径机制，巨大的市场需求以及政府的政策引导成为其他金融机构进驻的重要力量。为了进一步获得相关支持性服务从而

① 爱迪斯，企业生命周期[M]，北京：中国社会科学出版社，1997.

完善集群配置，此时集群内的金融企业需要不断扩大自身的规模，提升业绩，以显示强大的竞争力。在这一阶段，企业的执行能力 P 扮演着重要的角色，因此集群的发展类型是 Paei 型。

（2）成长阶段（青春期）。金融产业集群在成长阶段得到快速的发展，但是此时集群管理并不规范。随着金融企业规模的不断扩张，金融资源日趋紧张，竞争力较强的金融企业能获得供企业发展的更多资源。金融资源的稀缺成为制约集群发展的重要因素，此时急需完善的金融市场体系，扩大市场需求，促进金融资源的自由流动，整合职能 I 开始发挥作用。金融产业集群中组织中介机构纷纷成立，包括金融行业委员会、律师事务所、会计师事务所等，行政功能 A 的作用日益凸显。此时集群的发展模式为 PAeI 型。

（3）成熟阶段（盛年期）。随着执行能力 P、行政能力 A 以及整合能力 I 日益完善，加之规则的建立，集群发展的重点转移到创新 E 上。处于成长阶段的金融机构为了金融产业集群的可持续性发展，由原来竞争共生的生存关系转变到互利共生、协同创新的生存模式，促使金融产业集群演化到成熟阶段。处于成熟阶段的金融产业集群建立起了完善的社会网络，四大行为主体功能完备，相互配合，此时金融产业集群的发展模式为 PAEI 型。

基于上述 PAEI 分析，我们发现，在金融产业集群的不同阶段，政府政策的侧重点是不同的。初始阶段政府政策的作用点在于拓展市场需求，做好供给引导；成长阶段的政府政策的重点集中于市场结构和制度法规的建立与完善，促使集群形成社会网络机构，起到协调整合的作用；成熟阶段的政府政策作用点则在于促进金融企业进行合作创新，为金融企业协同发展创造便利条件。金融产业集群演化的政府政策模型如图 3.11 所示。

2. 促进金融产业集群发展的相关建议

通过对金融产业集群进行的 PAEI 分析，以下对不同发展阶段的金融产业集群提出有针对性的政策建议，促使政府政策有的放矢，与现阶段金融产业集群的发展水平相适应。

（1）金融产业集群演化的初始阶段。在初级阶段，政府的主要职责是扩大市场需求，建立核心的金融商务区，加强区域经济实力，明确经济发展阶段，合理引导金融产业集群的发展模式。

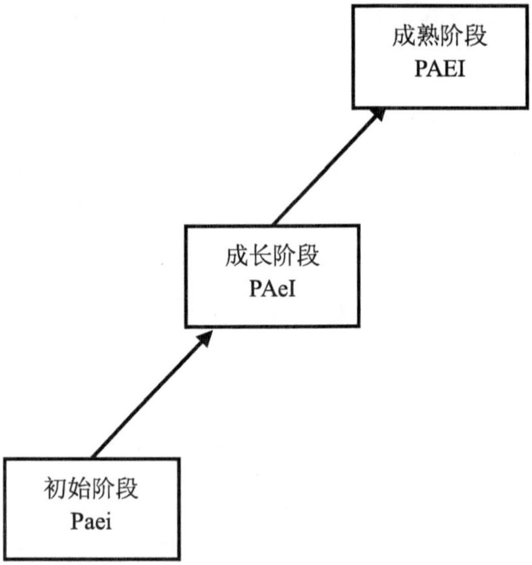

图 3.11　金融产业集群演化的政府政策模型

资料来源：作者自制。

首先，建立核心金融商务区有利于促进金融类企业的集聚和整合，实现行业和区域的规模经济，增强区域金融产业的知名度和竞争力，提高本地区对人才和资金的吸引力，促使金融产业集群快速形成。我国较为成熟的金融商务区包括北京金融街、上海浦东新区以及深圳后海金融商务区。

其次，加强区域经济实力，促进区域经济一体化。无论是需求反应型还是供给引导型金融产业集群，其发展都需要一定的经济基础以及较完备的市场经济体制，巨大的资金的供给和需求是金融产业集群产生和发展的根本原因。通过实体经济的发展，推动经济结构的转型，将产业资本和金融资本结合起来，优化产业结构的同时，一方面增强了经济实力，另一方面也促进了金融业的发展。经济发展的中心地区通过外溢效应，扩大经济腹地，带动整个地区的经济实力的提升。农业、制造业等传统产业依靠金融业的资金支持提高现代化水平，完成产业升级，同时还可以着力发展高新技术产业，增加区域产品附加值，进一步促进区域经济发展。

加强区域经济实力的另一个措施是加速区域经济一体化，在经济一体化的不同阶段中，金融产业集聚程度和区域经济发展水平也呈现出较大差别。加强地区与地区间的联系，为金融产业集群的发展建立统一的区域市场，是金融产业集群发展的基础。从国家层面来说，我国于 2014 年提出京津冀地区经济协作，实现京津冀协同发展的战略，三地优势互补，互利互惠，在经济协同发展的同时，金融资源的辐射范围也会进一步扩大，推动金融产业集群的发展演化。

最后，合理引导金融产业集群的发展模式。在金融产业集群发展的初级阶段，金融资源的集聚需要政府政策的推动，优质资源、人才和技术会趋向于向发达地区集中，劣质的金融资源被边缘化，向周围地区扩散，市场机制的结果是金融发展的区域性不平衡进一步加剧，因此在金融产业集群发展的初级阶段，需要政府调控金融资源的配置。政府应当大力推出优惠举措，加强当地的区位优势，使有效的政府行为与有效的市场行为相结合，促使该地区金融产业健康、持续的发展。政府在推动当地金融业发展的过程中应与经济发展阶段相匹配，当金融业可以满足实体经济的资金需求，成为传统产业升级的助推器时，金融发展水平与经济发展水平是相适应的，因此不能一味追求金融机构数量的增加，违背金融产业的发展规律，单纯追求金融中心的建设。

（2）金融产业集群演化的成长阶段。在集群发展的中期阶段，首先，政府需进一步完善金融市场体系。目前我国金融体制仍处于向市场经济转轨的阶段，市场体制尚不完善，导致金融资源流动受阻、交易成本增加以及交易效率的降低。为此，主管部门应积极深化金融制度的改革，在兼顾金融安全和金融效率的基础上，为金融中心的健康发展奠定良好的基础。金融市场体系的构建需要完善市场运行机制，以市场需求为主导，逐步降低金融准入门槛，丰富金融产品类型，扩大金融市场交易者规模，进一步推进利率和汇率市场化，逐步建立金融产品定价的市场化机制，平衡各类金融要素，搭建公平、公正、公开的交易平台，促进金融资源的优化配置。

其次，还要逐步放松制度约束，推进金融自由化，建立多层次的资本市场；分阶段、有选择、有步骤地开放资本市场，增强资本的国际流动性，推进人民币国际化进程；鼓励本国金融机构学习国外先进经验，走国际化的经营道路；循序渐进地与国际惯例接轨，吸引国外金融机构来华进驻，从而提升中国金融业在国际上的地位，加速金融产业集群的发展。

最后，建立健全金融监管体系。目前我国实行“一行三会”的金融监管框架，对于如何加强金融监管部门处理重大金融问题时的协调配合，是我国金融发展面临的重要课题。例如，对于同时从事银行、证券、保险业务的金融集团，国家尚无明确法律对其行为进行规范，不同的监管部门依据各自的政策分头监管，就容易出现监管重叠、监管不到位和监管真空的问题。因此，急需建立综合性的金融监管机构，在重大问题上负责协调沟通，对所处理事务有最终决定权，从而提高金融监管效率。

对于金融企业的新业务、新模式、新产品，监管部门要本着审慎监督的原则，认真考察研究，对有助于金融产业健康发展的又与金融稳定原则相吻合的金融创新，要予以大力支持。同时，在对外开放方面，要向国际惯例准则靠拢，完善金融市场和机构的信息披露；采用量化方法防控金融风险，优化金融机构的治理结构；加快证券市场和衍生工具市场的建立，使投资者风险分散方式多元化；建立金融机构的退出制度，使经营不善的金融企业通过破产兼并的方式退出市场。

（3）金融产业集群演化的成熟阶段。在成熟阶段，主管部门需要着力促进金融机构间互动合作。为了促使金融产业集群能发挥集群的规模效应、学习效应和外溢效应，提高金融资源的使用效率，要求政府采取政策措施引导我国金融企业的专业化发展。受我国长期以来形成的金融体制的制约，我国金融企业大多是全能型企业，专业化分工水平较低，导致对金融资源的重复配置和恶性竞争。因此要通过政策引导，打造完整的金融产业链，对现有的金融企业进行合理分工，使金融企业在产业链中合理得到有效配置，从而实现我国金融企业产品服务的差异化，一方面使企业在某一领域崭露头角，形成优势，另一方面也逐步完善了我国的金融市场。规模大、实力强的金融企业通过整合核心业务，外包非核心业务树立自身的核心竞争力。规模较小、实力较弱的金融企业通过包揽边缘业务，加强与大型金融企业的合作与联系，在互补中提升整个金融市场的竞争力。

同时，营造良好的金融创新氛围也十分重要。金融产业集群的创新效应是金融产业集群持续发展的根本动力，金融创新以金融工具创新为主体，包括金融市场、金融机构以及金融制度创新等多个方面。金融机构面对复杂多变的市场形势，通过金融创新来适应新环境，增加新的利润增长点，同时，还可以更有效地控制风险。针对我国现阶段的金融发展水平，需要在融资渠道和融资行为中的信用支付以及风险控制方面进行金融创新，以维持我国金融业健康、持续发展。

加快综合性金融产品的创新。我国金融业长期受分业经营的制度限制，缺乏对综合性金融工具的创新，例如如何将一款单一金融产品设计为集储蓄、保险、证券为一体的综合性金融产品。未来随着分业经营限制的逐步放开，我们要以市场机制为主导，鼓励金融机构的收购兼并，促使金融机构走集团化的经营路线，扩大金融机构的规模和功能，提升我国金融业的整体竞争水平。与此同时，加快资产证券化创新，研发多类型衍生金融产品，既有助于调整银行资产结构，控制系统性金融风险，又能着力打造以人民币为中心的金融市场，促进多层次资本市场的建立。

除此之外，针对不同地区金融业的发展水平、特色优势，树立不同城市的金融产品创新品牌。例如，北京可以利用信息、政策的优势不断打造创新金融产品，以透明的金融政策、规范的金融交易为城市品牌；上海、深圳是我国证券和外汇业务的聚集地，通过吸引国外金融机构，形成多元化金融产业，从而保持在特色业务方面的优势，提升国际竞争力。

最后，加强教育与人才建设是补足短板的重要一环。金融产业的创新归根到底要依靠人才，目前我国金融行业急缺高端金融管理人才和金融产品研发人才，所以要实施多元化、全方位的人才培养计划，着力引进和培养高级翻译人才、国际反避税师、高级精算师等稀缺人才，打造良好的人才集聚体系，充分发挥人才在金融产业中的核心作用。

积极营造良好的人才引进环境，增强对有国际金融机构工作经验的高级金融管理人才的吸引力；同时采取有效的人才培养计划，通过开设高级金融人才培训班，培养一批熟悉国际惯例、掌握国际金融创新先进经验的复合创新型金融人才。除此之外，还要建立完善的人才激励体制，做到既能吸引人才，又能留住人才，建立以能力为核心的晋升制度，通过市场化管理，逐步实施人才培养的国际标准，扩大高端金融人才的发展空间。

四、针对北京市金融产业集群当前状况的政策建议

根据前文的实证研究，笔者认为，北京金融产业集群仍处于演化的初级阶段，并且按照现行的增长速度，北京金融产业集群在未来两年将步入演化的发展阶段。为了促进北京市金融产业集群的健康发展，将北京打造成具有国际竞

争力的国际金融中心，依据前文提出的政策模型提出以下政策建议。

1.建立健全北京市金融市场体系

建立健全金融市场体系，无论对中国金融业的发展还是对北京金融业的发展都有着重要的意义。对于北京金融市场的建设要突出特色，发展优势，在坚持总部集群的基础上，大力发展直接融资市场，鼓励企业通过企业债券、股票、信托等方式获得资金，与此同时鼓励发展科技金融市场，建立多层次的金融市场体系，增强北京金融产业的规模效应。

2.深化京津冀区域经济一体化

加强京津冀地区经济发展的联动性，打破经济增长的区域壁垒，扩大北京金融产业集群的辐射范围。目前在金融业相对发达的京津地区，直接的金融合作近乎为零，两地的分工不畅，造成了资源浪费和重复建设的情况。对于北京来说，第三产业较为繁荣，金融产业的拉动较强，而天津实体经济比重较大，由此推动金融业发展较为明显。在京津冀协同发展的背景下，北京继续作为金融管理和政策制定的中心，天津作为金融改革创新的中心，而河北省的金融发展则可复制天津成功的创新经验和模式。三地金融产业分工协作，各有侧重，在实现三地金融业规模效应的基础上，也为北京金融产业集群今后的发展指明了方向。

3.加强监管合作和行业自律

北京金融产业集群发展的现阶段亟须建立完善的监管机制和风险预警机制，并根据发展状况的需要进行监管政策的调整。与此同时，配合金融机构的行业自律，使企业自律管理与政府管理协同发展，建立有效的监管系统，切实起到防范和化解金融风险的作用。对于北京这种开放程度较高的金融产业集群来说，相关管理机构还要注重了解区域内的国际金融机构，并学习国外的先进管理经验，做好对国际金融机构的风险防控和管理。

第四章　金融产业集群竞争力评价体系

从 20 世纪 70 年代开始，产业集群这种组织形式在金融产业这个现代经济的核心中出现。各大金融中心的迅速发展引发了我们的思考：为什么一个地区能够成为金融中心？这一地区是否已经形成了成熟的金融产业集群？这一地区与其他地区相比是否有更高的竞争优势？我们要如何衡量这种竞争优势的高低？对这些问题进行分析和研究不仅对培养金融产业集群、促进金融业发展有重要意义，甚至对一个地区的经济发展都有很重要的意义。

研究金融产业集群的竞争力需要有完善的竞争力评价指标体系。这一体系不仅能够帮助我们获取各个金融产业集群竞争力的排名情况，把握各个金融产业集群发展的整体水平，更重要的是，它能够帮助我们获取各个金融产业集群在每个指标上的发展水平和与高水平金融产业集群相比的差距，从而有利于其了解自身发展的优势与劣势，有益于各个金融产业集群进行更好的定位，更好地制定今后的发展策略。

本章基于金融产业集群理论和竞争力理论构建了能够衡量不同地区金融产业集群竞争力的指标体系，比较了我国主要城市金融产业集群的竞争力发展水平，并以天津为例，评价这一区域金融产业集群的竞争力发展水平，分析了其在各项指标上的差距，并提出了适当的发展建议。

第一节　产业集群竞争力的主要评价方法与研究综述

本节首先阐述产业集群竞争力的内涵，为构建产业集群竞争力评价指标体系奠定基础；进而介绍产业集群竞争力的评价方法，为后文的实证分析提供理论指导；最后将前人的研究成果及主要结论进行综述。

一、产业集群竞争力的影响因素

目前，对于产业集群竞争力的解释有三种主流观点，每种观点从不同的角度解释了产业集群的竞争力。

1.要素观点

提出要素观点的波特认为，产业集群竞争力取决于四个要素，分别是生产要素水平、消费者需求水平、企业竞争水平以及配套产业发展水平。产业集群的这几种要素的相互作用，形成了产业集群的竞争力。产业集群竞争力的高低取决于几种要素的质量高低，各种要素的水平越高，那么该产业集群的竞争力就越强，该观点强调质量导向。

2.结构观点

结构观点强调产业集群内企业间的网络组织。其认为，产业集群是一个网络结构，这一网络结构内各个企业的不同、各企业之间的协同发展水平以及所有企业的集聚程度等构成了产业集群的竞争力。曼纽尔（Manuel）认为，产业集群竞争力要综合考虑三个依次递进层面的竞争力水平，分别是企业层面、集群层面以及国家层面。企业层面的竞争力取决于集群内不同企业的差异化程度；集群层面的竞争力取决于集群内各个企业之间的相互配合程度、协同发展水平以及外部经济效益等方面；国家层面的竞争力取决于产业集群所能够利用的宏观经济条件等。

3.能力观点

能力观点认为，产业集群竞争力是指产业集群的能力或者功能，也就是产业集群的创新能力。由于这种创新能力代表产业集群利用市场外部资源来组织企业内部资源的能力，因此能力观点更能代表产业集群的竞争力。

综上，通过对三种观点的阐述，我们可以发现，三种观点分别从不同角度解释了产业集群竞争力，但每种观点本身都不能涵盖产业集群竞争力的所有特点，因为产业集群竞争力是由多种因素在多种层面上相互作用形成的。笔者认为，产业集群竞争力是指以产业集群内的各种要素为基础，通过企业间的网络组织形成创新能力，能够为其带来的竞争优势。就金融产业集群而言，其有别于一般的产业集群，分析其竞争力要考虑其特殊的行业特点。

二、产业集群竞争力的主要评价方法

关于竞争力常用的评价方法有定性分析法和层次分析法等。在此我们主要阐述几种常用的评价方法及其优缺点，并详细描述本书采用的主成分分析法。

1.常见的评价方法及其优缺点

（1）定性分析法。定性分析方法是指通过主观评价，分析构成金融产业集群竞争力的各个影响因素，并对这些影响因素及其之间的相互关系进行综合评价，从而得出金融产业集群竞争力总体概况的分析方法。由于定性分析法建立在分析者的主观判断上，因此缺少客观性而且结论也不够明确，不能准确分析金融产业集群的竞争力。

（2）层次分析法。层次分析法（AHP）由萨蒂（Saaty）于20世纪70年代初期提出，它能够阶段化、系统化地分析多因素、多指标体系，为决策者提供定量分析结果。层次分析法的核心思想是将复杂问题层次化。它通过将目标问题逐步分解为由多个因素组成的多个层次，从而构成由目标层、准则层及方案层组成的系统；进而比较每个层次中各个因素的相对重要性并确定权重；最后通过加权获得每个因素对于目标问题的重要程度，从而得到最优方案。层次分析法的最大特点在于将定性分析与定量分析相结合，将各个因素的重要性量化，强调系统化和层次化。目前，层次分析法在国内外的多个研究领域得到广泛应用。但由于其各指标的权重需要人为确定，因此其缺点也是主观性较强，评价结果不客观。

（3）模糊数学评价方法。模糊数学方法是用精确的数学方法去处理很难描述的模糊事物，将定性描述转化为定量描述。模糊数学评价方法主要包含三个步骤：首先确定指标集合；然后分别确定这些指标的隶属度向量，获取模糊矩阵；最后通过模糊运算进行归一化得到评价结果。模糊数学评价方法能够评价信息不明确的资料，而且评价结果包含的信息丰富；但其计算非常复杂，而且在确定指标权重时也需要主观判断，不能够进行准确的定量评价。

（4）灰色系统方法。灰色系统理论由邓聚龙首先提出，其研究对象是信息未知的小样本，对试验观测数据及其分布没有什么特殊要求和限制。在灰色系统理论中，有白色系统、黑色系统及灰色系统，分别代表包含不同信息的系统。其中，那些已知信息和未知信息并存的系统被称为灰色系统。灰色系统方法从系统内部结构和参数变化中寻找发展规律，将未知事物用数学方法转换为已知信息。

我们可以看到，每种评价方法都有一定的优缺点，使用者需要根据不同的研究目的进行选择。然而，由于金融行业的特殊性，很多指标无法获取或者不方便度量，所以想要确定各指标的权重是有一定困难的。因此，无论使用哪种评价方法，关于金融产业集群竞争力的评价必然会存在一些不精确性。本书试图采用主成分分析法对金融产业集群竞争力进行评价。

2.主成分分析法简介

1901 年，皮尔逊（Pearson）将主成分分析法（Principal Component Analysis）应用在非随机变量上；1933 年，霍特林（Hotelling）又针对随机变量将主成分分析法推广。主成分分析法利用线性变换，用一组能够替代原变量的互不相关的少数综合变量研究目标问题，并根据实际需要尽可能多地反映原指标的信息；当需要研究的问题确定后，变量中所含信息的大小通常用离差平方和（或）方差来衡量。主成分分析法研究的是如何将多个变量间的内部结构用少数几个主成分来揭示。主成分分析法是构建评价指标体系的一种较为常用的统计方法，由于能够通过计算机软件实现，计算规范，确定权重客观合理，克服了其他评价方法在确定权重时的主观性，因此本书使用这一方法来对金融产业集群竞争力进行评价。

（1）主成分分析法的数学模型。假设某一系统中有 n 个样本，每个样本有 p 个指标（变量），即$X_1,X_2,\cdots,X_P$，其构成 p 维随机向量$\left(X_1,X_2,\cdots,X_p\right)'$，得到原始数据矩阵如下：

$$X=\begin{bmatrix}X_{11} & X_{12} & \cdots & X_{1P}\\ X_{21} & X_{22} & \cdots & X_{2P}\\ \cdots & \cdots & \cdots & \cdots\\ X_{n1} & X_{n2} & \cdots & X_{nP}\end{bmatrix}$$，设随机向量 X 的均值为 μ ，协方差矩阵为 Σ 。

用原始数据矩阵的 p 个向量$X_1,X_2,\cdots,X_p$作线性组合为：

$$\begin{cases}F_1=a_{11}X_1+a_{21}X_2+\cdots+a_{p1}X_p\\ F_1=a_{12}X_1+a_{22}X_2+\cdots+a_{p2}X_p\\ \cdots\\ F_p=a_{1p}X_1+a_{2p}X_2+\cdots+a_{pp}X_p\end{cases}$$

满足$a_{1i}^2+a_{2i}^2+\cdots+a_{pi}^2=1$。

上述系数要满足以下原则：

①F_i与$F_j(i\neq j;i,j=1,2,\cdots,p)$不相关；②$F_1$是$X_1$，$X_2$，…，$X_p$的所有线性组合中方差最大的；$F_2$是与$F_1$不相关的原始向量$X_1$，$X_2$，…，$X_p$的所有线性组合中方差最大的；$F_p$是与$F_1,F_2,\cdots$，$F_{p-1}$都不相关的原始向量$X_1,X_2$，…，$X_p$的所有线性组合中方差最大的。；

综上，符合以上原则的 p 个综合变量F_1，F_2，…F_p即为原始变量X的 p 个主成分，其系数向量$(a_{1i},a_{2i},\cdots,a_{pi})$则恰好是$X$的协方差矩阵Σ 的特征值所对应的特征向量。即可以证明，当系数向量为Σ的第一个特征值相对的特征向量时，$\mathrm{Var}(F_1)$最大；同理，当系数向量为Σ的第 p 个特征值相对的特征向量时，$\mathrm{Var}(F_p)$最大。第一个主成分在总方差中占比最大，其次为第二个主成分，以此类推，第 p 个主成分占比最小。

（2）主成分分析法的步骤。第一，在实际应用过程中，由于我们所使用的指标在单位和数量级上都有很大差距，直接使用这些原始数据可能会造成结果的不准确性。为消除不同量纲和正负指标的影响，首先需要将原始数据标准化。

原始数据矩阵为$X=\begin{bmatrix}X_{11} & X_{12} & \cdots & X_{1P}\\ X_{21} & X_{22} & \cdots & X_{2P}\\ \cdots & \cdots & \cdots & \cdots\\ X_{n1} & X_{n2} & \cdots & X_{np}\end{bmatrix}$，按下式进行标准化：

$$y_{ij}=\frac{X_{ij}-\bar{X}_j}{\sigma_j},\quad i=1,2,\cdots,n;\ j=1,2,\cdots,p;$$

其中，$\bar{X}_j=\frac{1}{n}\sum_{i=1}^{n}X_{ij}$，$\sigma_j=\sqrt{\frac{1}{n-1}\sum_{i=1}^{n}\left(X_{ij}-\bar{X}_j\right)^2}$，则$Y=(y_{ij})$为标准化矩阵。

第二，计算相关系数矩阵R，如下式所示：

$R=Y'Y=(r_{ij})$，其中$r_{ij}=\frac{\sum_{k=1}^{n}(X_{ki}-\bar{X}_i)(X_{kj}-\bar{X}_j)}{\sqrt{\sum_{k=1}^{n}(X_{ki}-\bar{X}_i)^2\sum_{k=1}^{n}(X_{kj}-\bar{X}_j)^2}}$。

第三，计算相关系数矩阵R的特征值和特征向量。求解相关系数矩阵R的特征方程$|\lambda I-R|=0$，求出特征值并按照大小顺序排序≥：

$\lambda_1\geqslant\lambda_2\geqslant\cdots\geqslant\lambda_p\geqslant0$，其所对应的特征向量分别为$e_1,e_2,\cdots,e_p$。

$$e_1 = \begin{pmatrix} a_{11} \\ a_{21} \\ \vdots \\ a_{p1} \end{pmatrix}, e_2 = \begin{pmatrix} a_{12} \\ a_{22} \\ \vdots \\ a_{p2} \end{pmatrix}, \cdots, e_p = \begin{pmatrix} a_{1p} \\ a_{2p} \\ \vdots \\ a_{pp} \end{pmatrix}$$

第四，确定主成分。首先按如下公式确定主成分累计贡献率：

$$\frac{\sum_{k=1}^{i} \lambda_k}{\sum_{k=1}^{p} \lambda_k}，i=1，2，\cdots，p$$

然后，通常选取累计贡献率达到 85%以上的 m 个特征值$\lambda_1, \lambda_2, \cdots$，$\lambda_m$所对应的标准化矩阵的 m 个线性组合为 m 个主成分$F_1, F_2, \cdots, F_m$。

$$\begin{cases} F_1 = a_{11}Y_1 + a_{21}Y_2 + \cdots + a_{p1}Y_P \\ F_2 = a_{12}Y_1 + a_{21}Y_2 + \cdots + a_{p2}Y_P \\ \cdots \\ F_2 = a_{1m}Y_1 + a_{2m}Y_2 + \cdots + a_{pm}Y_p \end{cases}$$

第五，将 m 个主成分组合成综合评价指标。

三、产业集群竞争力评价的相关研究成果

1.非金融产业集群竞争力的评价

如前文所述，现在关于产业集群竞争力的解释有三种主流观点，即要素观点、结构观点和能力观点。在对产业集群竞争力理解的基础上，很多学者们进行了对竞争力评价的研究，这些分析研究代表着产业集群竞争力研究已经逐渐由理论向实践、由定性分析向定量分析转变。

帕德摩尔（Padmore）（1998）建立了 GEM 模型，即基础-企业-市场模型（Groundings-Enterprises-Markets 模型），用以评价产业集群的竞争力，并以波特要素观点为理论基础。GEM 模型对每种因素进行赋值从而得到最后得分。GEM 模型在国内外学者对产业集群竞争力的研究中得到了广泛的应用。王尚君（2014）利用 GEM 模型分析了上海浦东会展产业集群的竞争力。孙慧（2011）从集群规模、集群效益、集群成长和集群环境四个层面构建评价指标体系，运用 AHP 层次分析法、专家意见法评价了新疆黑色能源集群的竞争力。

在国内外文献中，学者们针对不同的产业集群，选择了多种多样的实证方法评价其竞争力，如组合赋值法和熵值法等。由于本书研究的是金融产业集群，在研究过程中很多数据难以获得，因此这些需要主观赋值的方法不适用于本书，

在此不再一一列举。

2.金融中心的竞争力评价

里德（Reed.H.C.）（1981）使用 76 个城市 9 个变量的数据，利用成簇分析法对金融中心进行排名。刘（Liu）和罗杰（Roger）（1997）延伸了 Reed 等人的研究，利用层次成簇分析法和主要因素分析法对包括上海在内的亚太地区金融中心进行了评价及排名，并分析了其影响因素。

国内学者，如唐旭（1996）根据资金分布密度和金融机构分布等指标对我国主要城市进行排名并得出结论，认为北京、深圳和上海最有可能成为全国性的金融中心，武汉、成都、天津、广州、南京和西安都可能成为区域性金融中心。其研究只从单个指标进行比较，没有计算综合指数。胡坚和杨素兰（2003）通过考虑经济、金融和政治三方面因素构建了国际金融中心评估指标体系。殷兴山（2003）从金融聚集力、金融区位力以及金融资源力三个层面选取 12 个指标构建了衡量城市金融综合竞争力的指标体系，并进行实证分析。张泽慧（2005）从国内金融中心、金融中心流动性、金融集中度和资本安全性四个角度构建国际金融中心的评价指标体系。夏颢铨（2011）构建了以金融市场、经济基础、对外开放和城市发展潜力为准则层面的评价指标体系，并使用因子分析法进行实证分析。

3.金融产业集群的竞争力评价

连建辉等（2005）指出，金融产业集群能够产生三种竞争优势。第一，金融机构在一个地区的大规模聚集会使这个地区在金融创新方面相对更有优势；第二，金融机构的大量聚集会促进其信用水平的提高，并提高其防范风险的意识。因此，集群内金融机构的抗风险水平会得到整体提高，在金融风险的预防和缓解方面相对更有优势；第三，金融产业集群自身所具有的各种经济效应能够降低集群内金融机构的交易成本，并使各种金融资源被更高效率地利用起来，因此在经营效率提高方面相对更有优势。周璐（2010）运用层次分析法，从企业竞争力和结构竞争力两方面构建金融产业集群竞争力指标体系，将大连金融产业集群与其他城市金融产业集群进行对比，进而做出评价。崔明（2012）认为，金融产业集群的外部性和竞争力是通过金融效率提高、金融风险缓释以及区域金融创新三方面得以体现的。余丽霞（2012）从金融业发展、经济基础、基础设施和人力资本几个方面选取 13 个指标利用主成分分析法计算竞争力指数，并统计了样本城市在 2003 年到 2010 年间竞争力指数的最大值、最小值和平均值。

4.研究评述

在对以上国内外学者研究成果进行整理归纳后，我们可以发现，金融产业集群对经济发展的正向有利的作用已经被大多数学者所肯定。国外学者在理论研究和实证分析的方法使用上都比较成熟，值得我们借鉴。而国内学者对金融产业集群的研究发展较晚，也有一些不足之处，这主要体现在国内学者的理论研究在整体上不够全面。我国学者在对金融产业集群进行研究时，主要关注金融产业集群动因、协同演化以及金融产业集群的经济效应几个方面，而对于竞争力评价的研究多是从金融中心的角度出发；而且无论是对金融中心竞争力的研究还是对金融产业集群竞争力的研究，在指标选取上都没有从产业集群竞争力理论的角度出发，因此在指标选取上不够科学、系统。针对这些问题，本书将重新选取指标，构建金融产业集群竞争力评价指标体系，重新对金融产业集群竞争力进行分析探讨，试图弥补不足，拓展崭新的思路。

第二节　构建金融产业集群竞争力评价指标体系

本节将基于解释产业集群竞争力的三种主流观点，分析金融产业集群竞争力的影响因素，并构建金融产业集群竞争力评价指标体系。

一、金融产业集群竞争力的影响因素

根据要素观点，金融产业集群竞争力受到政治、经济以及自然因素的影响；根据结构观点，金融产业集群受到金融业发展的影响；而根据能力观点，创新能力也会对其产生一定的影响。因此，金融产业集群竞争力的影响因素包括政治因素、经济因素、自然因素、金融业发展以及创新能力。

1.政治因素

政治因素是影响金融产业竞争力的一个重要因素。一个国家中的所有产业都要受到该国政治环境以及政策条件的影响，而在金融无处不在的当今社会，金融业的兴衰发展与一国的政治政策更是息息相关。政治和社会的稳定性能够

维护金融市场参与者的信心，使得金融市场能够正常运行。政府机构所特有的外部效应往往使得政府机构所在区域具有巨大的外部经济效应，某一区域的政府行政级别越高，该区域基础设施就会越完善，外部经济效益就越强，这一区域内金融业的发展就越有有利条件，发展越迅速。此外，一个区域内金融产业集群的形成过程与发展水平在很大程度上取决于这一区域内政策的支持程度。宽松的政策环境、健全的法律制度对于金融产业集群的发展至关重要。

2.经济因素

经济因素主要是指金融产业集群的市场条件，包括金融市场的规模、结构以及消费者偏好等，它对于金融产业集群意义重大。首先，金融业的发展离不开经济基础的保障，一个地区有力的经济发展能够为金融业的发展创造有利的环境；其次，巨大的市场规模、完善的市场体系能够通过规模经济等经济效应进一步推动金融机构的发展；最后，强大的经济基础能够吸引其他地区金融机构的加入，完善该地区的金融产业集群。

目前，世界上一些高度发展的金融产业集群都定位在经济发达的国家或地区。美国是当今世界经济最发达的国家，而美国纽约国内生产总值（GDP）占全美 GDP 总量的 18.3%，这成就了纽约金融产业集群的巨大发展。2014 年，日本东京 GDP 位列世界城市之首，占比达到日本 GDP 总量的 60%。而伦敦也是“老字号”经济大国英国的经济中心。有力的经济背景支撑着金融产业的发展壮大，而发达的金融产业所在地区的金融体系较为健全，金融市场具有较强的流动性，能够提供优良的金融服务，也能够推动其他产业的迅速发展，反过来也促进了该地区的经济发展。金融产业集群的辐射效应推动着所在区域的各个产业与金融产业的共同发展，经济水平与金融产业集群竞争力的提升是相互促进、相辅相成的。

3.自然因素

自然因素是指金融产业集群所在的地理位置及自然资源等。金融产业集群在产生之初就进行了区位选择，这与国内外学者的理论和世界各地金融产业集群的实践是相符合的。世界上主要的金融产业集群基本都位于一国或一地区地理位置或自然资源优越的地区，比如地理位置重要、交通便利和商贸发达的地区。自然环境从多方面影响金融产业集群的形成与发展，良好的自然环境能够提高金融产业集群的竞争力。良好的自然环境体现在便捷的交通位置和广阔的经济腹地上面。便利的自然位置能够带来大量的贸易需求，进而促进资金流动和金融信息采集。例如，世界上典型的金融产业集群多半是港口城市，拥有便利的航运条件，充当了货物及信息的集散地。广阔的经济腹地也是金融产业集群形成和发展的必要条件。首先，经济腹地广阔，不仅可以拓展金融机构的需求规模，还能够从整体上提升金融产业集群的规模以及实力。我国上海的迅速崛起即得益于长三角的广阔经济腹地的支撑。因此，自然环境对金融产业集群竞争力的影响是很大的。

4.金融业发展

金融产业集群作为金融业的高度集聚形态，其所在地发达的金融业是必不可少的条件。首先，一个成熟的金融产业集群应该包含完整的金融系统，不仅拥有传统的金融机构，即银行类、证券类及保险类金融机构，还要有如基金管理公司、财务公司和消费金融公司等能够提供其他金融服务的新型金融机构；而且这些金融机构要来自国内外各地。完整的金融系统应该有较大数量的金融机构聚集，即达到一定规模，金融产业集群的规模越大，能够提供的金融服务就越多，资源配置能力就越强，也就拥有越高的竞争力。另外，金融机构的数量不是多多益善。如果一味追求金融机构数量的增加，却没有让金融机构提升服务质量和金融效率，那么这样的金融产业集群不仅不能有效提高竞争力，还有可能引发很多风险。只有高质量、高效率的金融机构才能够真正提高一个金融产业集群的竞争力。第二，一个富有竞争力的金融产业集群还要有成熟的金融市场作为支撑。这主要体现在金融市场结构完整以及交易规模较大等方面，成熟、发达的金融市场能够提供较高的流动性，利于资金的融通。第三，金融产业集群所在地还要有健全、高效的监管机制。健全的金融监管机制能够保障金融活动的有序进行并且能够防范不必要的风险，使金融产业集群的竞争力能够健康地得到提升。

5.创新能力

一个金融产业集群的创新能力是其独有的竞争力，也是金融产业集群以及一个地区持续发展的潜在动力。创新初期需要大量研发人才的加入，研发成本也比较高，但一旦获得创新成果，这些成果也能够为金融产业集群创造巨大的利益。创新程度高的地区通常拥有活跃的金融市场，汇集了大量新兴的金融机构。只有提高创新能力，才能够提高金融产业集群发展的潜在能力，从长远的角度提升金融产业集群的竞争力。因此，创新能力也是我们需要考虑的一个重要影响因素。

综上，我们可以发现，政治、经济、自然、金融业发展以及创新能力这几个因素都在不同方面、不同程度上对金融产业集群竞争力产生着一定的影响。接下来，本书将阐述评价指标的选取原则，并依据这几个影响因素选取指标，构建金融产业集群竞争力评价体系。

二、金融产业集群竞争力评价指标体系的构建

1.金融产业集群竞争力评价指标的选取原则

金融产业集群竞争力评价指标体系应尽量客观、全面地反映金融产业集群竞争力的影响因素。本书在选取金融产业集群竞争力评价指标时主要考虑以下几个基本原则。

（1）系统性原则。金融产业集群是一个复杂的网络结构，能够对其产生影响的因素有很多，所以任何一种单独的指标都无法反映金融产业集群竞争力的全部。因此，我们在选取构建评价体系的指标时不仅要尽量涵盖影响金融产业集群竞争力的方方面面，还要考虑到各个指标之间的逻辑关系，建立分层次的指标体系，从而使各指标之间能够相互关联又相互独立，自上而下，层层深入，构成一个系统、完整的统一体系。这样，才能保证对金融产业集群竞争力进行综合的评价。

（2）科学合理原则。构建金融产业集群竞争力评价体系的各个指标的设计和选择必须以科学性为原则，各评价指标应该具有代表性，计算方法简明易懂，计算过程科学合理。只有这样，才能够客观、合理地反映样本内各个金融产业集群的真实状况，使评价结果客观合理。

（3）可操作原则。一个评价体系的价值只有在付诸现实后才能够体现出来，因此在选取指标时要尽量使每一个指标都具有可操作性，即能够直接或间接地获得并收集到准确数据。

（4）可量化原则。为使评价结果保持客观性，选取指标应尽量减少主观性指标，考虑指标是否能够进行定量化处理，以便于计算分析。

（5）可比性原则。在评价金融产业集群竞争力时，应该保证同种指标在不同地区金融产业集群中含义相同且口径一致；不同指标要进行标准化处理，排除单位不同或数量级不同对各个指标数据进而对分析结果造成的影响。这样才

能使评价结果具有可比性。

2.金融产业集群竞争力评价指标的选取

在本书的金融产业集群竞争力评价体系中，目标层为本书研究对象——金融产业集群竞争力；其下设置准则层，包含要素层面、结构层面和能力层面三个层面；准则层下设置了7个因素层，包括经济实力、基础设施、生态环境、对外开放、金融规模、金融聚集度及创新能力7个因素，最后选择了26个具体指标构成指标层。

（1）要素层面。要素层面是指影响金融产业集群的经济、自然等外在环境。本书选取经济实力、基础设施、生态环境及对外开放来衡量这些影响因素。要素层面的基本框架如图4.1所示。

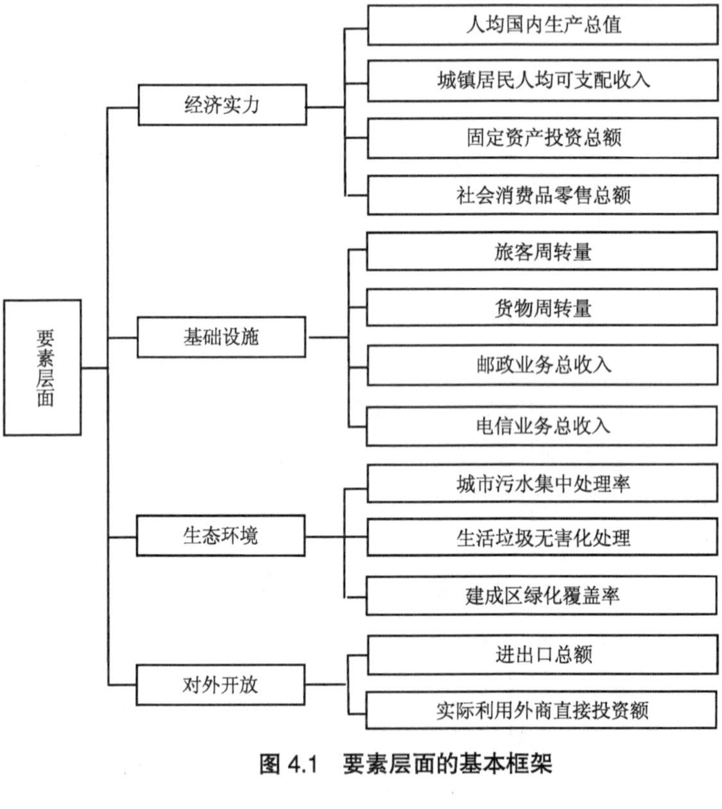

图4.1　要素层面的基本框架

资料来源：作者自制。

①经济实力。本书选择了4个指标衡量金融产业集群的经济实力，即人均

国内生产总值、城镇居民人均可支配收入、固定资产投资总额以及社会消费品零售总额。国内生产总值衡量一国或一地区在一定时期内生产的最终产品和服务的全部价值，是衡量一国或一地区经济状况的重要指标。人均国内生产总值是一国或一地区的国内生产总值与该国或该地区的常住人口相比得到，能够更加客观地衡量经济状况和居民生活水平。城镇居民人均可支配收入是一国或一地区居民在扣除税费及其他经常性转移支出后的可以自由支配的收入，反映了居民生活的平均水平。固定资产投资是实现经济发展的内涵因素。通过固定资产投资，一国或一地区能够不断调整经济结构，增强经济实力。社会消费品零售总额是各行业向一地区提供的生活消费品总量，直接反映了一地区的消费需求，是对居民生活水平、社会购买力和经济景气程度进行研究的重要指标。

②基础设施。一个地区良好、健全的基础设施可以为其金融业发展提供便利条件。本书选择旅客周转量、货物周转量、邮政业务总收入及电信业务总收入来衡量一地区的基础设施发展水平，旅客周转量和货物周转量衡量一地区的交通运输情况，邮政业务总收入和电信业务总收入衡量一地区的通信便利情况。

③生态环境。生态环境不仅能够为地区发展提供必要的自然要素，还能够依靠其本身的净化能力和还原能力使得该地区维持生态平衡，是人类赖以生存的基础。本书选择城市污水集中处理率、生活垃圾无害化处理率以及建成区绿化覆盖率来衡量生态环境质量。水污染会加重水资源的短缺，污水处理直接影响了城市环境、生活用水的安全以及城市居民的生活质量，进而影响着城市的经济发展。垃圾是城市代谢的产物，会给城市发展带来负担，但经过处理，垃圾却又能变成城市的资源。城市污水处理率和生活垃圾无害化处理率反映了城市生活质量和可持续发展的能力。建成区绿化覆盖率反映了城市生态环境能够提供的净化能力和还原能力。

④对外开放。对外开放程度一方面代表了一国或一地区积极主动扩大对外经济来往，是经济实力的体现；另一方面也体现了政策宽松，是政治环境的体现。本书选取进出口总额和实际利用外商直接投资额来衡量对外开放程度。进出口总额是实际进出口岸边境并能够引起境内资源增加或减少的进出口货物总额，是一国或一地区对外贸易总规模的体现。进出口总额越高，对外开放程度越高。实际利用外资是合同外资金额的实际到达款项，是外资利用水平的真实体现，实际利用外资金额也能够体现对外开放程度。

（2）结构层面。结构层面代表金融产业集群自身所在的金融业的发展对其产生的影响。本书选择金融规模和金融聚集度两个一级指标来衡量结构层面，并具体选取了 8 个二级指标。结构层面的基本框架如图 4.2 所示。

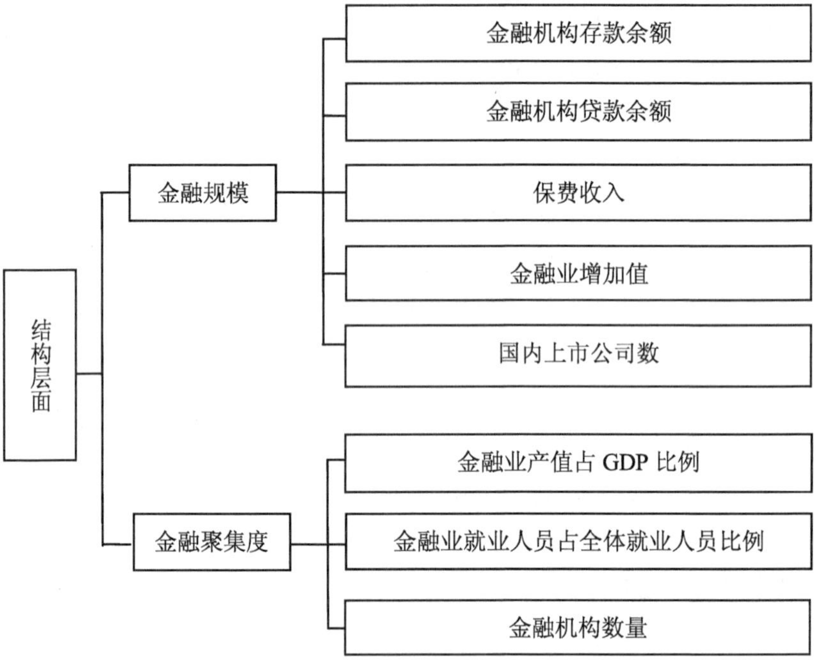

图 4.2 结构层面的基本框架

资料来源：作者自制。

①金融规模。金融规模是衡量金融业发展的重要指标，一个有竞争力的金融产业集群必定聚集了一定规模的金融总量。本书选取金融机构存款余额、贷款余额、保费收入、金融业增加值以及国内上市公司数来衡量金融规模。金融机构存款余额和金融机构贷款余额两项指标代表了一地区金融机构资金融通的规模和能力，反映了银行业金融机构的发展情况。保费收入是保险公司向投保人收取的对价收入以履行保险合同规定的义务，能够为保险公司带来资金流入，反映了一地区保险业的发展状况。国内上市公司数是该地区中通过国内证券交易所上市的公司数量，代表一个地区的经济实力和融资能力。金融机构存贷款余额、保费收入以及上市公司数量四项指标可以衡量一个地区银行业、证券业以及保险业的发展水平。金融业增加值是一国或一地区在一定时期内金融业全

部单位新创造出来的价值之和，代表其金融业价值创造的能力。金融业增加值计算公式如下：

金融业增加值（生产法）=总产出-中间消耗

金融业增加值（收入法）=劳动者报酬+固定资产折旧+生产税净额+营业盈余

②金融聚集度。金融聚集度反映了金融产业集群的发展水平，金融产业集群的形成需要有大量金融机构和金融人才的聚集。本书选取金融业产值占 GDP 的比例、金融业就业人员占全体就业人员的比例和金融机构数量来衡量金融聚集度。一个区域金融业发展水平越高，其金融业产值占 GDP 的比例就越高，金融业从业人员占全体就业人员的比例就越高，同时也会有更多的金融机构聚集在该区域从事金融业。金融机构包括各类银行业、证券业以及保险业单位。

（3）能力层面。能力层面代表金融产业集群的创新能力。本书选取研发支出占 GDP 的比例、研发人员占就业人员的比例、技术合同成交金额、专利授权数以及普通高等学校在校学生数五个指标将创新能力具体化。能力层面基本框架如图 4.3 所示。

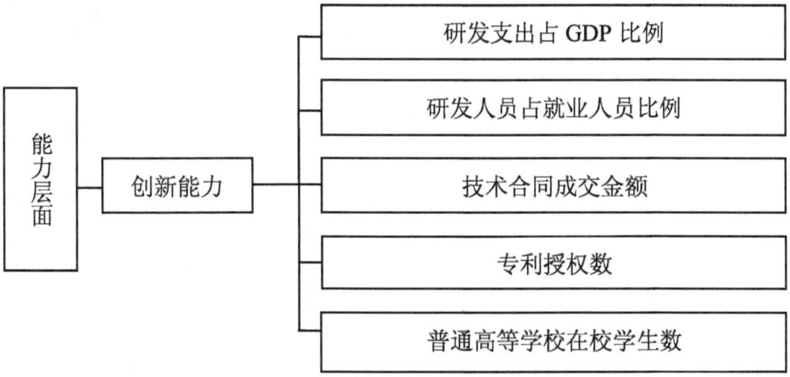

图 4.3　能力层面的基本框架

资料来源：作者自制。

金融产业集群的创新能力是反映金融产业集群竞争力的重要指标，它直接影响到金融产业集群的持续发展。研发支出占 GDP 的比例以及研发人员占就业人员的比例代表一地区对于科技活动的重视程度，能够反映该地区的创新能力。技术合同成交金额和专利授权数代表了该地区创新的成果。普通高等学校在校学生数代表了一个地区持续发展的潜力。

综上，本书构建的金融产业集群竞争力评价指标体系如表 4.1 所示。

表 4.1 金融产业集群竞争力评价指标体系

目标层	准则层	因素层	指标层
金融产业集群竞争力	要素层面	经济实力	人均国内生产总值
			城镇居民人均可支配收入
			固定资产投资总额
			社会消费品零售总额
		基础设施	旅客周转量
			货物周转量
			邮政业务总收入
			电信业务总收入
		生态环境	城市污水集中处理率
			生活垃圾无害化处理率
			建成区绿化覆盖率
		对外开放	进出口总额
			实际利用外商直接投资额
	结构层面	金融规模	金融机构存款余额
			金融机构贷款余额
			保费收入
			金融业增加值
			国内上市公司数
		金融聚集度	金融业产值占 GDP 比例
			金融业就业人员占全体就业人员比例
			金融机构数量
	能力层面	创新能力	研发支出占 GDP 比例
			研发人员占就业人员比例
			技术合同成交金额
			专利授权数
			普通高等学校在校学生数

资料来源：作者自制。

第三节　国内典型金融产业集群竞争力的实证检验

对金融产业集群竞争力进行实证分析，计算金融产业集群竞争力得分，有利于帮助我们把握每个城市金融产业集群的整体发展水平，并据此分析其处于当前发展水平的根本原因。

一、样本选择与数据采集

由于我国金融产业集群统计资料匮乏而且大多处于发展阶段，因此，本书在选择金融产业集群竞争力实证分析的研究样本时，通过行政区划来限定产业集群的边界。本书选取了我国具有代表性的 10 个城市为样本，使用本书构建的金融产业集群竞争力评价指标体系进行主成分分析，从而对其竞争力进行分析比较。接下来，本节将简单介绍这 10 个城市的现状。

（1）北京。北京是我国的首都以及直辖市，是我国政治、文化中心和经济决策管理中心，集结了中国人民银行以及众多金融机构的总部，在经济实力、金融规模以及聚集度等方面具有不可替代的优势。

（2）上海。上海市地处我国华东地区，是长江三角洲冲积平原的一部分，拥有长三角经济腹地优势。上海也是一个国际性港口城市，是我国经济贸易中心。2013 年 8 月，上海获批设立中国（上海）自由贸易试验区。上海自贸区以上海外高桥保税区为核心，将实行多项改革措施，并大力推动上海市的经济发展。上海市集聚了我国几乎所有的金融市场要素，有上海证券交易所、期货交易所、中国金融交易所、金融衍生品交易所、中国外汇交易中心等，是我国重要的金融中心，也是国际金融中心城市。

（3）深圳。深圳市位于我国广东省南部，地处珠江三角洲东岸，拥有广阔的经济腹地，是我国重要的交通枢纽和边境口岸，是我国首先进行改革开放的经济特区。深圳也是我国证券资本市场中心之一，拥有全国两家证券交易所之一的深圳证券交易所。金融业是深圳市的支柱产业，2013 年，深圳市金融业增加值达到2008.16亿元。

（4）广州。广州是我国华南地区融资能力最强的中心城市，地处珠江三角洲中北缘三江汇合处。由于拥有天然良好的地理位置，广州对外贸易发达，自秦汉至明清，一直是中国对外贸易的重要港口城市。“广交会”于每年春秋两季在广州举办，与世界二百多个国家和地区建立经贸联系。

（5）天津。天津是我国四大直辖市之一，位于华北东北部。天津拥有我国最大的人工港，与170多个国家和地区的300多个港口有贸易往来，在中国推进区域经济协调发展的战略布局中被定位为北方国际航运中心、国际物流中心和北方经济中心。2005年，天津滨海新区被纳入国家十一五规划和国家发展战略并被批准为国家综合配套改革试验区。2014年12月，位于天津滨海新区的中国（天津）自由贸易试验区正式获得国家批准设立，成为中国北方唯一的自贸区。2013年，天津市实现地区生产总值14370.16亿元，金融业增加值为1202.04亿元；截至2013年末，金融机构本外币各项存款余额为23316.56亿元，各项贷款余额为20857.80亿元；全年各类证券交易额为16696.40亿元，全年原保险保费收入276.80亿元。

（6）大连。大连位于我国辽东半岛南段，依靠东北腹地，是我国东北地区的中心金融城市，也是我国重要的东部沿海城市。2013年，大连实现地区生产总值7650.8亿元，金融业增加值占比7%；截至2013年末，全市金融机构本外币各项存款余额为11953.6亿元，本外币各项贷款余额为10185亿元；全年保险业原保险保费收入为176亿元，全年证券交易所各类有价证券成交金额13915.6亿元。

（7）西安。西安是我国西部地区的中心城市，是我国西北、西南地区与京津冀、长三角和珠三角联系的重要门户和交通枢纽。现代丝绸之路起于西安，特殊的地理位置与历史沿革使西安在逐渐汇聚金融资源，西安的金融聚集效应初步形成。

（8）重庆。重庆市是我国四大直辖市之一，地处我国西南长江上游地区，是我国中西部水陆空综合交通枢纽。良好的政策优势使得重庆金融业得到大力发展。

（9）武汉。武汉市地处我国腹地中心，长江中下游平原，是华中地区的中心城市。得益于其特殊的地理位置，武汉是我国水陆空综合交通枢纽，是我国的地理中心，是我国内陆地区与沿海地区沟通的枢纽。

（10）南京。南京市地处我国华东地区，依托长三角经济腹地，是国家综合交通枢纽和科技创新中心，在长三角地区有很重要的战略地位。南京确立了加强区域金融合作，探索建立区域性金融市场，建立服务于江苏省、依托长三角都市圈、辐射中西部的长三角区域金融中心城市。南京力争打造金融服务外包功能区，努力引进国内外金融机构的入驻，鼓励民间资本，发展资本市场。

本书实证分析使用的数据来自北京、上海、深圳、广州、天津、大连、西安、重庆、武汉及南京10个城市的2013年的统计年鉴、2012年的国民经济和社会发展统计公报，以及中国人民银行发布的2012年区域金融运行报告。

二、金融产业集群竞争力的主成分分析

1.金融产业集群竞争力的主成分检验

（1）原始数据标准化。本书构建的金融产业集群竞争力评价指标体系中含有26个指标，由于这些指标的原始数据的量纲不同，其在数量级上差异很大。因此，我们首先要对这些原始数据进行标准化处理，以消除不同量纲带来的差异化。为方便阐述，对26个指标进行如下标记：

地区人均生产总值（X1）；城镇居民人均可支配收入（X2）；固定资产投资总额（X3）；社会消费品零售总额（X4）；全社会交通运输客运量（X5）；全社会交通运输货运量（X6）；邮政业务总收入（X7）；电信业务收入（X8）；城市污水集中处理率（X9）；生活垃圾无害化处理率（X10）；建城区绿化覆盖率（X11）；进出口总额（X12）；实际利用外商直接投资额（X13）；金融机构存款余额（X14）；金融机构贷款余额（X15）；保费收入（X16）；金融业增加值（X17）；国内上市公司数（X18）；金融业产值占GDP比例（X19）；金融业就业人员占全体就业人员比例（X20）；金融机构数量（X21）；研发支出占GDP比例（X22）；研发人员占就业人员比例（X23）；技术合同成交金额（X24）；专利授权情况（X25）；普通高等学校在校学生数（X26）。

标准化后的数据如表4.2所示。

表 4.2 标准化数据

	ZX1	ZX2	ZX3	ZX4	ZX5	ZX6	ZX7	ZX8	ZX9
北京	-0.01966	0.57612	0.41212	1.67314	1.20397	-0.82197	0.17977	1.54108	-1.66403
上海	-0.09935	1.17563	-0.13548	1.52562	0.58570	2.56458	2.35435	1.26372	-1.20315
深圳	1.33651	1.26494	-1.52210	-0.20275	-0.14898	-0.58566	1.14300	1.25786	1.33173
广州	0.67920	0.83163	-0.81339	0.79688	1.99821	-0.08596	-0.40680	0.16695	-0.00714
天津	0.19636	-0.52693	1.50354	-0.24711	-0.72564	0.37560	-0.33906	-0.69704	-0.62704
大连	0.53920	-0.86343	0.04565	-1.10909	-1.13133	0.40204	-0.69011	-1.13266	1.12433
西安	-1.39618	-0.46961	-0.59360	-1.08885	-0.88113	-0.82923	-0.67578	-0.35630	-0.16385
重庆	-1.86067	-1.60029	1.73406	-0.19010	-0.19046	-0.44666	-0.27959	-0.41894	-0.27907
武汉	-0.32268	-0.94048	-0.23659	-0.49543	.04543	-0.43310	-0.65118	-0.69615	0.47909
南京	0.94727	0.55242	-0.39420	-0.66230	-0.75578	-0.13964	-0.63459	-0.92852	1.00911
北京	1.52091	1.39915	0.75280	1.71419	1.26328	2.79492	1.38343	-0.06327	
上海	1.35838	0.26491	0.11182	0.37482	0.20546	0.18840	1.43882	-0.33019	
深圳	1.22836	-0.38766	0.45443	0.38520	0.71403	-0.38395	1.28081	-1.85921	
广州	-0.76094	-0.51973	-0.29291	-0.76728	-1.44229	-0.40958	-0.19912	1.20443	
天津	-0.56591	-0.52750	2.39903	0.07891	-0.09968	-0.39202	-0.30979	-0.44902	
大连	-1.02423	1.98957	-0.71835	-0.89707	-1.33041	-0.44417	-1.03258	-1.19078	
西安	-0.48465	-0.91593	-0.77671	1.35598	1.50739	-0.20853	-1.22711	0.44101	
重庆	-0.49115	-1.15676	-0.72588	-1.14625	-0.27259	-0.32039	-0.28776	0.25007	
武汉	-0.93972	-0.32551	-0.57152	0.00623	-0.77099	-0.39540	-0.65972	1.23207	
南京	0.15895	0.17946	-0.63270	-1.10472	0.22580	-0.42928	-0.38699	0.76488	

资料来源：SPSS（18.0）输出结果。

（2）公因子方差分析。在对原始数据进行标准化处理后，利用统计产品与服务解决方案（SPSS）提取公因子方差如表 4.3 所示。

表 4.3 公因子方差

	初始	提取
X1	1.000	0.969
X2	1.000	0.943
X3	1.000	0.880
X4	1.000	0.992
X5	1.000	0.891
X6	1.000	0.892
X7	1.000	0.984

续表

	初始	提取
X8	1.000	0.940
X9	1.000	0.969
X10	1.000	0.929
X11	1.000	0.917
X12	1.000	0.978
X13	1.000	0.995
X14	1.000	0.991
X15	1.000	0.990
X16	1.000	0.998
X17	1.000	0.983
X18	1.000	0.983
X19	1.000	0.953
X20	1.000	0.778
X21	1.000	0.972
X22	1.000	0.811
X23	1.000	0.907
X24	1.000	0.978
X25	1.000	0.933
X26	1.000	0.932
提取方法：主成分分析		

资料来源：SPSS（18.0）输出结果。

从表 4.3 可以看出，除 X3、X5、X6、X20 和 X22 等个别变量之间的共同度较低外，其他变量的共同度都较高，因此是较适合做主成分分析的。

（3）特征值分析与主成分选择。将标准化后的数据利用 SPSS 进行主成分分析，可以得到图 4.4 和表 4.4。

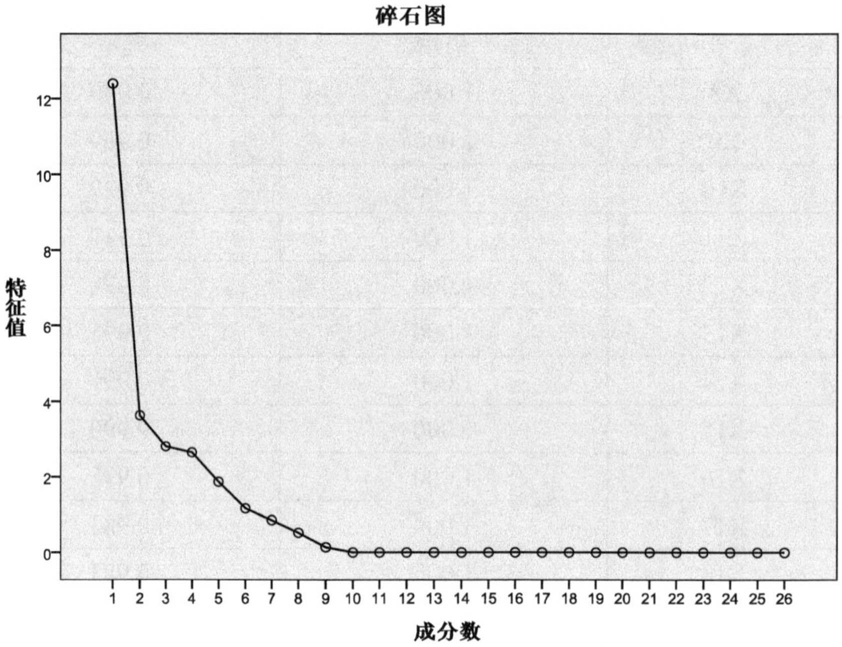

图 4.4 碎石图

资料来源：SPSS（18.0）输出结果。

表 4.4 解释的总方差

成分	初始特征值			提取平方和载入		
	合计	方差的 %	累积 %	合计	方差的 %	累积 %
1	12.398	47.687	47.687	12.398	47.687	47.687
2	3.622	13.931	61.617	3.622	13.931	61.617
3	2.804	10.783	72.401	2.804	10.783	72.401
4	2.640	10.153	82.553	2.640	10.153	82.553
5	1.861	7.158	89.712	1.861	7.158	89.712
6	1.161	4.465	94.177	1.161	4.465	94.177
7	0.852	3.276	97.453			
8	0.522	2.008	99.461			
9	0.140	0.539	100.000			
10	7.086E-16	2.725E-15	100.000			
11	5.563E-16	2.139E-15	100.000			
12	4.550E-16	1.750E-15	100.000			

续表

成分	初始特征值			提取平方和载入		
	合计	方差的 %	累积 %	合计	方差的 %	累积 %
13	3.429E-16	1.319E-15	100.000			
14	2.309E-16	8.881E-16	100.000			
15	1.697E-16	6.528E-16	100.000			
16	1.055E-16	4.058E-16	100.000			
17	6.745E-17	2.594E-16	100.000			
18	-1.485E-17	-5.712E-17	100.000			
19	-5.887E-17	-2.264E-16	100.000			
20	-1.280E-16	-4.922E-16	100.000			
21	-2.091E-16	-8.043E-16	100.000			
22	-2.294E-16	-8.824E-16	100.000			
23	-3.249E-16	-1.249E-15	100.000			
24	-3.805E-16	-1.463E-15	100.000			
25	-6.076E-16	-2.337E-15	100.000			
26	-7.583E-16	-2.917E-15	100.000			
提取方法：主成分分析						

资料来源：SPSS（18.0）输出结果。

通过观察图 4.4 的碎石图，我们可以得知，除了前六个成分之外的其他成分的特征值都比较低。因此，前六个成分已经涵盖了原变量的大部分信息。进一步观察表 4.4 主成分的贡献度，可以得知前六个主成分的特征值都大于 1 且累积贡献度到 94%。因此，我们可以确定提取前六个主成分来反映金融产业集群的竞争力，分别为 F1、F2、F3、F4、F5 及 F6，对应的特征值如表 4.5 所示。

表 4.5　主成分特征值

F1	F2	F3	F4	F5	F6
12.398	3.622	2.804	2.64	1.861	1.161

资料来源：作者根据 SPSS（18.0）输出结果整理得到。

进一步分析六个主成分与原始变量指标之间的对应相关性，结果如表 4.6 所示：

表 4.6 成分矩阵

	成分					
	F1	F2	F3	F4	F5	F6
X1	0.224	−0. 632	0.468	0.078	0.206	0.502
X2	0.709	−0. 595	0.098	−0. 175	−0. 089	0.195
X3	−0. 128	0.916	0.093	0.024	0.104	−0. 060
X4	0.886	0.160	−0. 093	−0. 356	0.205	0.073
X5	0.579	−0. 086	−0. 316	−0. 523	0.341	0.242
X6	0.331	0.152	0.668	−0. 489	−0. 058	−0. 266
X7	0.794	−0. 115	0.367	−0. 177	−0. 300	−0. 289
X8	0.941	−0. 154	−0. 128	0.019	−0. 119	−0. 027
X9	−0. 603	−0. 681	0.293	0.234	0.033	−0. 018
X10	−0. 092	0.634	0.124	0.682	0.129	0.145
X11	0.213	−0. 419	−0. 152	0.560	0.526	−0. 286
X12	0.930	−0. 190	0.202	0.146	−0. 116	−0. 008
X13	0.263	0.643	0.707	−0. 043	0.051	−0. 098
X14	0.942	0.187	−0. 157	−0. 039	0.206	−0. 004
X15	0.945	0.233	−0. 026	−0. 155	0.133	−0. 011
X16	0.961	0.127	−0. 104	−0. 106	0.167	−0. 095
X17	0.988	0.037	0.059	0.013	0.005	−0. 034
X18	0.969	−0. 161	0.026	0.107	−0. 040	−0. 061
X19	0.914	−0. 190	−0. 008	0.183	−0. 159	−0. 147
X20	0.291	−0. 024	0.288	0.412	0.663	−0. 007
X21	0.399	0.402	0.309	0.131	−0. 306	0.667
X22	0.564	0.136	−0. 445	0.329	−0. 379	0.155
X23	0.443	0.007	−0. 449	0.438	−0. 546	−0. 140
X24	0.725	0.274	−0. 427	0.303	0.311	0.076
X25	0.949	−0. 117	0.127	0.008	−0. 053	−0. 014
X26	−0. 303	0.087	−0. 616	−0. 644	0.183	0.069
提取方法：主成分。						
已提取了六个成分。						

资料来源：SPSS（18.0）输出结果。

从表 4.6 的成分矩阵可以发现，第一主成分 F1 与变量 X2、X4、X5、X7、X8、X12、X14、X15、X16、X17、X18、X19、X22、X24 及 X25 相关性较强，即城镇居民人均可支配收入、社会消费品零售总额、旅客周转量、邮政业务总收入、电信业务总收入、进出口总额、金融机构存款余额、金融机构贷款余额、保费收入、金融业增加值、国内上市公司数、金融业产值占 GDP 比例、研发支出占 GDP 比例、技术合同成交金额和专利授权数。第二主成分 F2 与变量 X1、X3 及 X9 相关性较强，即人均国内生产总值、固定资产投资总额和城市污水集中处理率。第三主成分 F3 与 X6、X13 相关性较强，即货物周转量和实际利用外商直接投资额。第四主成分 F4 与 X10、X11 和 X26 相关性较强，代表生活垃圾无害化处理率、建成区绿化覆盖率和普通高等学校在校学生数。第五主成分 F5 与变量 X20 和 X23 相关性较强，即金融业就业人员占全体就业人员比例和研发人员占就业人员比例。第六主成分 F6 与 X21，金融机构数量相关性较强。总之，六个主成分涵盖了 26 个变量的信息。

（4）主成分得分计算。这里需要说明的是，由于统计产品与服务解决方案（SPSS）软件的主成分分析过程是在因子分析模块中进行的，结果只能输出主成分载荷矩阵和因子得分值，而没有主成分的系数和主成分得分。因此，我们首先需要利用表 4.6 的成分矩阵和主成分的特征值（表 4.5）计算六个主成分的系数，得到表 4.7。

表 4.7　主成分系数矩阵

	A1	A2	A3	A4	A5	A6
X1	0.063616863	−0.332080151	0.27948391	0.048005672	0.151005912	0.465894569
X2	0.201358731	−0.31263875	0.058524409	−0.107705033	−0.065240418	0.180974982
X3	−0.036352493	0.481306042	0.055538469	0.014770976	0.076235994	−0.05568461
X4	0.251627413	0.084070924	−0.055538469	−0.219102811	0.150272874	0.067749609
X5	0.16443823	−0.045188122	−0.188711358	−0.321884186	0.249966097	0.224594593
X6	0.094005275	0.079867378	0.398921479	−0.300958636	−0.042516228	−0.246868437
X7	0.225499059	−0.060425977	0.219167938	−0.108935948	−0.219911522	−0.268214204
X8	0.267247625	−0.080918265	−0.076440044	0.011693689	−0.08723157	−0.025058074
X9	−0.171254323	−0.357826872	0.174976038	0.144017016	0.024190267	−0.016705383
X10	−0.026128354	0.333131038	0.074051292	0.419741902	0.094561955	0.13457114
X11	0.060492821	−0.220160733	−0.090772552	0.344656107	0.385578202	−0.265429973
X12	0.264123583	−0.099834223	0.120631944	0.089856771	−0.085032455	−0.007424615
X13	0.074693013	0.337860027	0.422211805	−0.026464665	0.037384959	−0.090951529
X14	0.267531629	0.098257893	−0.093758491	−0.024002836	0.151005912	−0.003712307
X15	0.26838364	0.122428284	−0.015526884	−0.095395887	0.097494108	−0.010208845

续表

	A1	A2	A3	A4	A5	A6
X16	0.272927702	0.066731296	−0.062107536	−0.065238477	0.122417414	−0.088167299
X17	0.280595806	0.019441401	0.035234083	0.008000945	0.003665192	−0.031554612
X18	0.275199733	−0.084596368	0.015526884	0.065853935	−0.029321536	−0.056612687
X19	0.259579521	−0.099834223	−0.004777503	0.112628692	−0.116553107	−0.136427294
X20	0.082645121	−0.012610639	0.171990099	0.253568422	0.486004464	−0.006496538
X21	0.113317537	0.211228197	0.184531043	0.080624911	−0.224309753	0.619027246
X22	0.160178173	0.071460286	−0.26574859	0.202485463	−0.277821556	0.143851909
X23	0.125813707	0.003678103	−0.268137341	0.269570312	−0.400238971	−0.129930756
X24	0.205902793	0.143971458	−0.254999209	0.186483572	0.227974945	0.070533839
X25	0.269519656	−0.061476863	0.075842856	0.004923659	−0.038851036	−0.012993076
X26	−0.086053167	0.045713565	−0.367867711	−0.396354523	0.134146029	0.064037301

资料来源：作者根据 SPSS（18.0）输出结果自制。

利用主成分系数矩阵和 26 个变量标准化后的数据按照以下公式计算，即可得到 10 个城市在六个主成分上的得分，如表 4.8 所示。

$$\begin{cases} F_1 = a_{11}Y_1 + a_{21}Y_2 + \cdots + a_{p1}Y_p \\ F_2 = a_{12}Y_1 + a_{22}Y_2 + \cdots + a_{p2}Y_p \\ \cdots \\ F_m = a_{1m}Y_1 + a_{2m}Y_2 + \cdots + a_{pm}Y_P \end{cases}$$

，在本书中，m=6，p=26。

表 4.8 各城市主成分得分

城市	F1	F2	F3	F4	F5	F6
北京	6.318893163	1.32054216	−2.156641359	1.755507556	1.495583299	0.540795744
上海	5.517495582	0.45700461	1.765826303	−2.172514529	−0.759046176	−1.349338718
深圳	2.452677999	−3.227617659	1.042569784	1.828948877	−1.444208092	0.270602597
广州	−0.352002268	−1.453439474	−0.706327172	−2.795157202	1.268582915	1.185494524
天津	−1.139456375	2.944770763	1.746050281	0.116888688	−1.3914687	1.892095507
大连	−3.194146815	0.018936392	2.35209075	1.844465794	2.019566758	−0.492556204
西安	−2.663168102	−0.046398919	−2.470077077	0.713193224	−1.986457988	−0.566892722
重庆	−2.105253134	2.192491655	−0.531340355	−0.170393615	0.23825491	−1.601677741
武汉	−2.840172743	−0.054220886	−0.953033467	−0.891223436	0.096543372	0.325705793
南京	−1.994867307	−2.152030579	−0.089117688	−0.229699107	0.462649701	−0.204239556

资料来源：作者自制。

（5）综合得分计算。根据表 4.5 中六个主成分的特征值，可得到金融产业集群竞争力综合得分 F 的计算公式如下：

$$F = 0.50633F_1 + 0.147921F_2 + 0.114514F_3 + 0.107817F_4 + 0.076003F_5 + 0.047415F_6$$

表 4.9 是根据表 4.8 中得到的六个主成分的得分及上述公式，计算得出的 10 个城市金融产业集群竞争力的综合得分 F 及排序。由于综合得分 F 是通过分析标准化数据而得到的一种相对衡量指标，因此会出现正值或负值。

表 4.9　金融产业集群竞争力得分

城市	F	排序
北京	3.476398885	1
上海	2.707586063	2
深圳	0.984079055	3
天津	0.055161738	4
广州	−0.622847601	5
重庆	−0.878689723	6
大连	−1.016141324	7
南京	−1.3378846	8
武汉	−1.628529518	9
西安	−1.739126104	10

资料来源：作者自制。

2.排名前五名城市的竞争力优势分析

从表 4.9 金融产业集群竞争力得分中可以看出，北京和上海两个城市的竞争力指数分别为 3.48 和 2.71，遥遥领先于其他城市。北京和上海是我国的中心城市，聚集了众多经济和金融资源，是我国金融产业集群竞争力最强的两个城市。排名第三的城市是深圳，深圳是我国首先进行改革开放的城市，在很多方面都有明显的优势。天津在金融产业集群竞争力排名中位列第四，并超过广州，这与近年来滨海新区的发展是密不可分的，天津的各项指标均得到了很大的提升。其他五个城市各有优势，其金融产业集群也在逐步发展阶段。

接下来，本书将根据竞争力排名前五名城市在经济实力、基础设施、对外开放、金融业发展和创新能力等几方面指标上的表现，分析其竞争力现状的成因，着重分析天津发展的不足，以为后文的对策建议提供依据。

表 4.10 给出了体现五个城市经济实力的几项指标的排名情况。

表 4.10　五个城市经济实力指标排名

	地区人均生产总值	城镇居民人均可支配收入	固定资产投资总额	社会消费品零售总额
北京	6	4	3	1
上海	7	2	8	2
深圳	1	1	9	8
天津	5	5	2	10
广州	3	3	7	3

资料来源：作者自制。

通过观察表 4.10，我们可以发现，天津地区人均生产总值已经超过了北京和上海的发展水平，固定资产投资总额更是高于其他四个城市；但城镇居民人均可支配收入处于五个城市的最低水平，而消费水平更是远低于其他城市。投资与消费发展不匹配，投资不能很好地转化为人均收入和消费水平是制约天津金融产业集群发展的重要原因。

表 4.11 给出了体现了五个城市基础设施建设水平的几项指标的排名情况。

表 4.11　五个城市基础设施指标排名

	旅客周转量	货物周转量	邮政业务总收入	电信业务总收入
北京	2	9	3	1
上海	3	1	1	2
深圳	5	8	2	3
天津	7	3	5	8
广州	1	4	6	4

资料来源：作者自制。

通过观察表 4.11，可以发现，北京和上海两个城市在基础设施的建设上发展水平总体最好。由于北京没有港口，在货物运输量上显现劣势。天津港是我国最大的人工港，在货物周转量上显现了一些优势，但在通信方面与其他城市相比差距较大。

由于本书选取的都是我国较为发达的城市，在生态环境建设上差距不大，此处不进行特别分析。

表 4.12 给出了体现五个城市对外开放水平的几项指标的排名情况。

表 4.12 五个城市对外开放指标排名

	进出口总额	实际利用外商直接投资额
北京	3	5
上海	2	1
深圳	1	6
天津	8	4
广州	4	7

资料来源：作者自制。

通过观察各个城市的对外开放指标情况，我们可以发现，天津实际利用外商直接投资有相对优势，而进出口总额的排名较为落后，这体现出了天津利用外资后的产业布局特征，天津的产业发展中心依然是对内经济占主体，外向型经济发展依然有着很大的空间。在天津自贸区设立后，希望这一指标水平能有所提高。

表 4.13 给出了体现五个城市金融业发展水平的几项指标的排名情况。

表 4.13 五个城市金融业发展指标排名

	金融机构存款余额	金融机构贷款余额	保费收入	金融业增加值	国内上市公司数	金融业产值占 GDP 比例	金融业就业人员占全体就业人员比例	金融机构数量
北京	1	1	1	1	1	1	2	2
上海	2	2	2	2	2	2	3	4
深圳	4	5	4	3	3	3	6	3
天津	5	4	6	4	7	7	8	1
广州	3	3	3	5	4	8	7	5

资料来源：作者自制。

从表 4.13 中，我们可以看出，北京和上海在金融业发展水平上的优势十分明显。金融业发展水平是金融产业集群竞争力的重要因素。对比天津该项指标，可以发现天津无论在金融规模上还是金融聚集上都有很大的发展空间。

表 4.14 给出了体现五个城市创新能力的几项指标的排名情况。

表 4.14　五个城市创新能力指标排名

	研发支出占 GDP 比例	研发人员占就业人员比例	技术合同成交金额	专利授权情况	普通高等学校在校学生数
北京	1	2	1	2	6
上海	4	5	2	1	7
深圳	3	3	5	3	10
天津	5	6	6	6	8
广州	7	10	8	4	2

资料来源：作者自制。

通过观察表 4.14，可以发现，北京在创新能力上的优势进一步巩固了其金融产业集群较强的竞争力，而广州创新能力不足的劣势抵消了其在其他指标上的优势，只能位列总排名第五。

综上，我们可以得出结论，金融产业集群竞争力评价指标体系的每个层面共同决定了金融产业集群的竞争力，在某一个层面明显的劣势会导致其竞争力的大大削减。其中，结构层面的金融业发展对于金融产业集群的竞争力至关重要。

第四节　天津发展金融产业集群的对策建议

随着天津滨海新区纳入国家发展战略，获批全国综合配套改革试验区，天津经济发展活力大增；加之一系列金融改革创新政策的落实，为天津金融产业的发展建设提供了良好的环境和资源，使得天津金融产业集聚中心建设机遇日益凸显。

一、天津金融产业集群竞争力不足之处

通过上一节对实证结果的分析，我们可以发现，影响天津金融产业集群竞争力进一步提高的问题主要有三个方面，即经济结构不平衡、金融规模不足以及金融创新没有取得有效成果。

1.经济发展速度快但经济结构不平衡

自2005年以来，天津滨海新区先后被纳入国家发展战略，获批全国综合配套改革试验区并被写入我国“十一五”计划和国务院政府工作报告。良好的政策条件大力推动了天津滨海新区的发展，2005年至2013年，滨海新区国内生产总值从1608.63亿元增加至8020.4亿元，年均增长21.7%，如图4.5所示。天津滨海新区的经济辐射效应大大推动了天津市的经济发展。

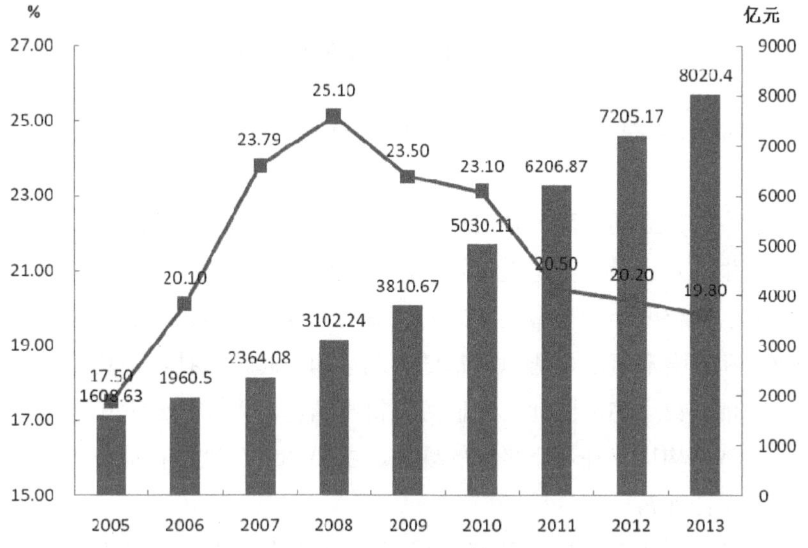

图4.5　2005—2013年天津滨海新区生产总值及增长速度

资料来源：作者根据天津市2014年统计年鉴自制。

天津滨海新区的高速发展推动了天津的经济发展，为天津建设金融产业集群提供了良好的经济环境。2005年至2013年，天津市国内生产总值从3905.64亿元增加到14370.16亿元，如图4.6所示。图4.6为天津市的生产总值，和天

津市国内生产总值不是一个概念。

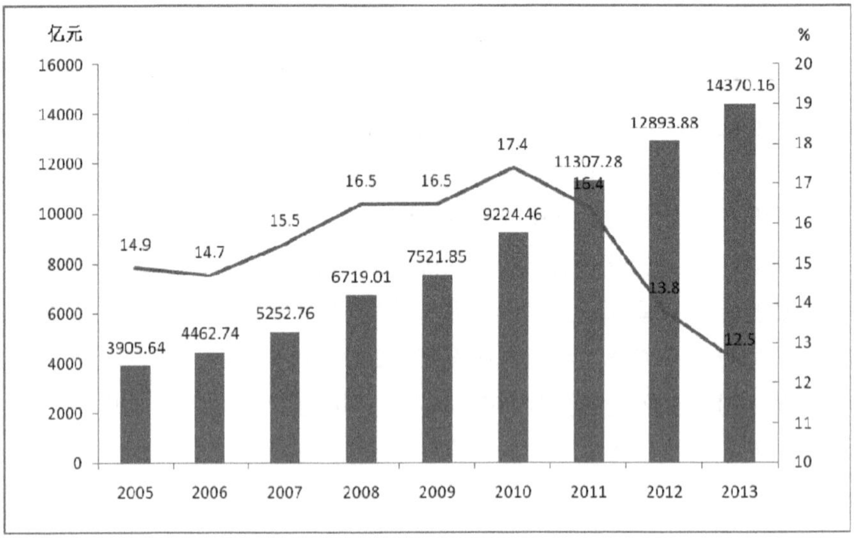

图 4.6　2005—2013 年天津市生产总值及增长速度

资料来源：作者根据天津市 2014 年统计年鉴自制。

通过本书建立的金融产业集群竞争力评价指标体系我们可以发现，天津的人均地区生产总值以及固定资产投资总额已经超过了北京和上海，尤其是固定资产投资水平位列十个城市的第二名。然而，我们也可以看到，天津的居民可支配收入和社会消费品零售总额都低于北京和上海，而社会消费品零售总额位列十个城市的第十名。因此，我们可以得出结论，天津虽然近年来经济增长迅速，但经济结构也存在着不平衡的现象，主要体现在投资和消费的不匹配上，具体可参见图 4.7。

通过观察图 4.7 中天津 2005 年到 2013 年的投资与消费情况，我们可以明显看到这种不平衡。2005 年，天津两项指标分别为 1516.84 亿元和 1190.06 亿元；此后，随着经济的快速发展，二者差距逐渐加大，2013 年，两项指标分别为 10121.21 亿元和 4470.43 亿元，固定资产投资总额已经超过社会消费品零售总额的两倍以上。属于中间需求的投资如果不能转化成最终需求的消费，那么这样的投资就不是最有效的。也就是说，投资与消费的不匹配会降低投资效率，并且带来产能的严重过剩，甚至引发经济风险。不够健康的经济环境也就不能为金融产业集群的发展建设提供良好的保障。

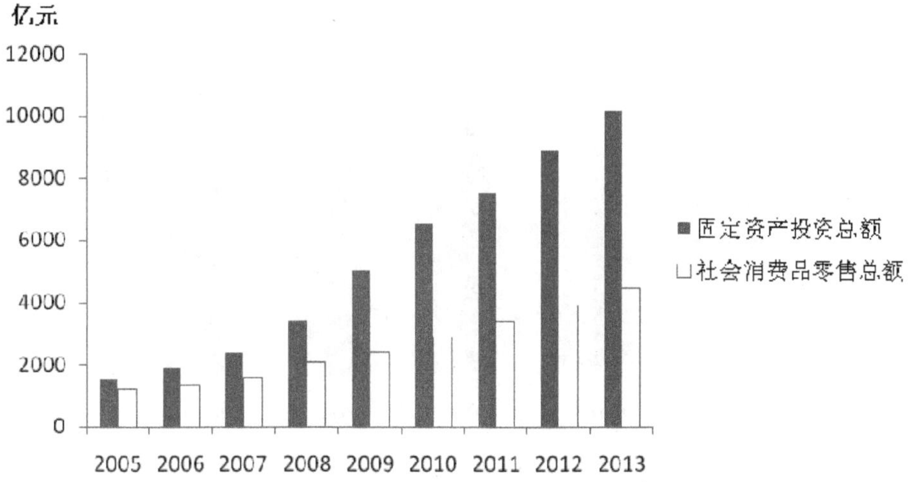

图 4.7 2005—2013 年天津投资与消费情况

资料来源：作者根据天津市 2014 年统计年鉴自制。

2.金融规模不足

尽管天津的金融业发展取得了不错的成绩，但与北京、上海等成熟的金融产业集群相比金融规模明显不足。通过观察图 4.8、图 4.9 以及图 4.10，我们可以发现，虽然天津金融规模的各项指标逐年稳步上涨，但其与北京、上海在金融机构存贷款余额和保费收入等方面一直保持着较大的差距。

2013 年，天津市金融机构本外币存款余额为 23316.56 亿元，同年北京和上海金融机构本外币存款余额分别为 91660.5 亿元和 69256.33 亿元；天津市金融机构本外币贷款余额为 20857.8 亿元，同年北京和上海金融机构本外币贷款余额分别为 47880.9 亿元和 39992.48 亿元；天津保费收入为 276.8 亿元，同年北京和上海保费收入分别为 994.4 亿元和 821.43 亿元；天津 2013 年实现金融业增加值为 1202.04 亿元，同年北京和上海金融增加值分别为 2822.1 亿元和 2823.29 亿元。金融规模不足使得天津无法进一步吸引更多金融机构和金融人才的聚集，限制了金融产业集群的发展。

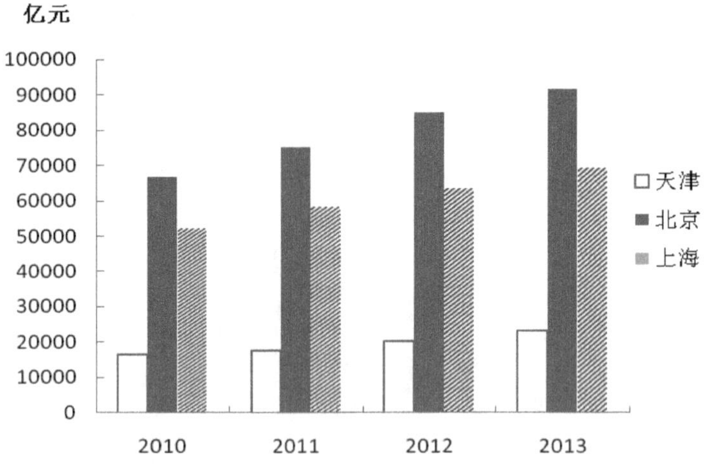

图 4.8　天津、北京及上海 2010—2013 年金融机构存款余额

资料来源：作者根据天津 2014 年统计年鉴、北京 2014 年统计年鉴和上海 2014 年统计年鉴绘制。

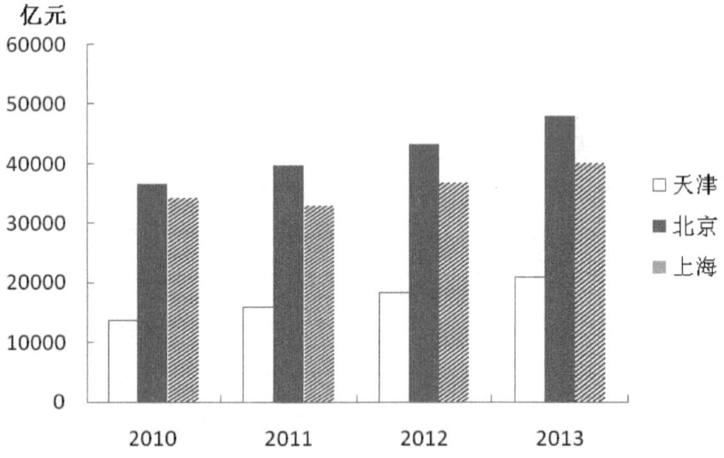

图 4.9　天津、北京及上海金融机构 2010—2013 年本外币贷款余额

资料来源：作者根据天津统计年鉴、北京统计年鉴和上海统计年鉴绘制。

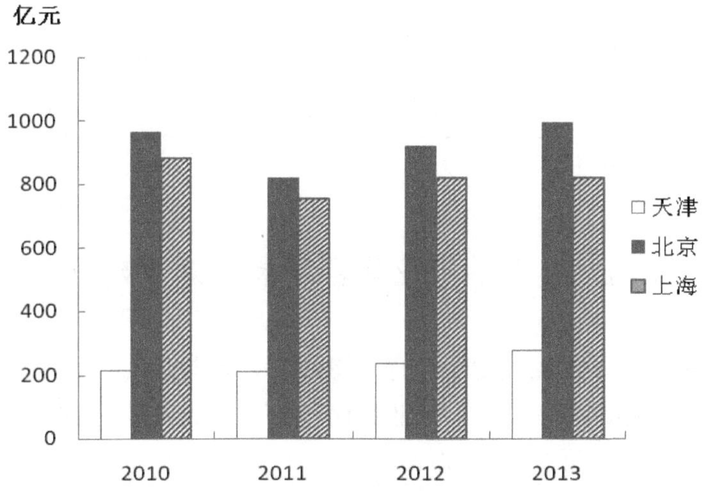

图 4.10　天津、北京及上海 2010—2013 年保费收入

资料来源：作者根据天津统计年鉴、北京统计年鉴和上海统计年鉴绘制。

3.金融创新获得有效成果不足

金融创新是金融产业集群可持续发展的潜在动力，是金融产业集群竞争力的重要影响因素，而天津作为中国金融改革的试验区，在发展金融产业集群上潜力巨大。天津滨海新区金融改革和创新“先行先试”政策的落实让滨海新区成为了金融创新的试验田。2006 年 12 月，我国第一支人民币产业投资基金——渤海产业投资基金成立。2008 年 9 月，天津股权交易所在天津滨海新区注册营业，为非上市公司股权流通提供了一个平台。之后，渤海商品交易所、天津贵金属交易所、天津金融资产交易所、排放权交易所、天津文化艺术品交易所、滨海国际股权交易所和矿业权交易所等一系列新型交易市场和创新型交易平台陆续获批成立。然而，通过观察天津市创新能力指标的排名情况，我们可以发现，天津各项金融改革和创新的成效并不显著（见表 4.15）。加快创新固然重要，然而如何让金融创新与改革转化为创新能力的提高才是我们需要思考的问题。只有提高创新能力，才能够提高金融产业集群发展的潜在能力，从长远的角度提升金融产业集群竞争力。

表 4.15　天津市创新能力指标在 10 个城市中的排名

	研发支出占 GDP 比例	研发人员占就业人员比例	技术合同成交金额	专利授权情况	普通高等学校在校学生数
天津	5	6	6	6	8

资料来源：作者自制。

二、强化天津金融产业集群发展的对策建议

在分析了天津金融产业集群的发展现状后，本书将针对天津金融产业集群的建设发展中存在的问题，即经济结构不平衡、金融规模不足以及金融创新有效成果不足三个方面提出一些对策建议。

1.平衡经济发展，提升经济实力

投资和消费不匹配是天津经济发展中存在的重要问题，投资和消费不匹配会带来产能严重过剩，降低投资效益，使投资不能得到应有的效果，并引发经济风险。平衡消费和投资才能使经济健康发展，为金融产业集群的发展提供良好的经济环境。

平衡投资和消费首先要进行产业结构调整，让消费成为经济增长的驱动模式。投资属于中间需求，消费属于最终需求，使中间需求转化为最终需求，这样的投资才是有效的。对我国而言，要转变这种投资消费不匹配的经济结构，除了要保证消费快速增长外，还要降低投资的增长速度。然而在经济增长中，一定的投资增长率是必不可少的。那么，转变经济结构，就需要有关部门加强监管，抑制不合理的、没有规划的投资。同时，需要持续提高居民收入水平和社会福利水平，从而促进居民的消费需求。

2.扩大金融规模，提高金融聚集度

金融业的发展水平决定了金融产业集群的竞争力水平，金融规模不足会限制更多金融机构的加入和金融人才的聚集，从而抑制金融产业集群的形成。首先，天津可以试图打造与北京金融街类似的金融商务区，同时有关部门应实施优惠政策，吸引国内外各种金融机构的加入。金融机构的入驻，特别是资产管理公司、融资租赁公司、企业集团财务公司等金融机构能够增强市场流动性和投融资功能，进一步扩大金融规模。其次，发展金融相关配套产业，建立金融机构服务中心。金融配套产业，如会计师事务所和咨询公司等中介服务机构以

及金融机构服务中心，如资金清算中心和数据中心等能够为天津的金融机构提供更好的服务，形成金融业和相关配套产业相互支持发展的局面，维护金融业的发展，而且在一定程度上能够防范金融风险的产生。

3.提高创新能力

加快创新固然重要，然而如何让金融创新与改革转化为创新能力的提高才是我们需要思考的问题。只有提高创新能力，才能够提高金融产业集群发展的潜在能力，从长远的角度提升金融产业集群竞争力。从表 4.15 中可以看出，天津创新能力的五项指标在 10 个城市中的排名都不在前列。对此，我们提出以下建议对其加以改善，从而提高天津金融产业集群的创新能力，提高天津金融产业集群的竞争力。

首先，想要真正提高金融产业集群的创新能力，就要使这种金融创新与改革能够有效转化。进一步讲，就是要使得金融创新成果得到金融市场的肯定，符合金融市场的需要。因此，天津应该继续发挥其在金融改革创新方面的优势，加快金融创新的脚步，同时也要根据市场需要调整其金融创新产品，从而促进其转化为有效成果。目前，京津冀一体化不断推进，天津应抓住机遇，加强与北京和河北的有效合作，为其金融创新开辟新的转化途径。

其次，天津高校云集，但与其他城市相比还有很大差距，在校学生数在 10 个城市中排名第八，这也直接造成了天津金融业从业人员和研发人员的不足。因此，天津应通过吸引人才与培养人才相结合来弥补这一不足。一方面，通过制定落户、纳税等方面的优惠政策，鼓励更多高素质、高学历的金融人才及研究人才来到天津，推动金融创新和科技研究的进程。另一方面，加大对天津各高校的资金投入，为其培养人才提供坚实保障；鼓励天津高校与金融培训机构创建高端人才培训中心，培养适合于金融机构的实践能力强、创新能力强的高质量金融人才。

再次，设立政府专项奖励基金，为金融创新机构和研发机构提供经费和补助，并加大对获得金融创新有效成果的机构及个人的奖励力度。

最后，金融创新在促进金融业发展的同时，也加大了各种风险。天津自贸区的建设会进一步放松金融管制，并加快金融自由化的进程，金融创新的风险防范成为了天津金融产业集群发展需要考虑的重要问题。对此，天津应完善金融监管。健全的监管机制是金融创新的基本保障，否则，金融创新会引发更多的风险，创新成果就无法保障。有效的金融监管可以维护投资者的利益，促进金融机构之间的公平竞争，使得金融市场得以良好运行。同时，天津的金融创新主体应加强内部管理。一是金融创新主体应建立并完善内控制度，明确金融创新相关人员的责任与义务以及金融创新相关人员的权限，并明确违反规定的相关处理办法，从而有效发挥内部监管的职能；二是金融创新主体应根据自身情况加强对表外业务的管理，预防潜在风险；三是金融创新主体需要建立完善的信息系统，对金融交易和金融风险进行动态监控。

第五章　滨海新区金融产业集聚动因研究

滨海新区在“十一五”规划中被列为国家发展战略，成了环渤海经济圈的经济引擎，金融产业开始在此集聚。2013 年滨海新区 GDP 已经达到 8020.40 亿元，超过浦东新区，而其中金融业增加值仅为 326.14 亿[①]，在京津冀协同发展、天津自贸区正式挂牌成立和“一带一路”国家战略等多重优惠政策叠加倾斜的背景下，研究如何促进滨海新区相对滞后的金融产业发展相关问题具有很高的价值意义。

第一节　滨海新区金融产业集聚状况

一、滨海新区金融产业集聚发展过程

1.起步阶段（1994—2005 年）

1994 年，天津市政府结合实际情况提出“用十年时间基本建设成滨海新区”的战略，以服务环渤海及我国北方经济的发展，从此，滨海新区的建设拉开序幕，至 2005 年形成了以滨海新区为核心区、汉沽新城和大港新城为三大城区的综合配套改革试验区。随着各项优惠政策的支持和滨海新区基础设施的不断完善，部分金融企业、机构开始迁移入驻新区。但在这一阶段中，金融产业之间的相互联系程度相对较低，发展较为缓慢。截至 2005 年底，滨海新区金融机构人民币各项存款总额为 102.6 亿元[②]。

---

① 数据引自《滨海新区金融发展报告（2014）》。

② 数据引自《天津统计年鉴（2006）》。

2.成长阶段（2006—2010 年）

2006 年“十一五”规划开局，同年国务院将滨海新区作为在金融企业、金融业务、金融市场和金融开放等方面先行先试区。滨海新区成为全国综合配套改革试验区和金融改革创新基地，金融租赁业在新区开始发展。2009 年国务院对天津行政区划进行调整，撤销塘沽区、大港区、汉沽区，设立继深圳经济特区、浦东新区后的中国经济第三增长极——滨海新区。滨海新区充分利用国家优惠政策，“十一五”期间，金融机构快速聚集，进一步完善了现代金融服务体系，国际经济金融仲裁中心落户；成立了天津排放权交易所；发展了天津期货市场；积极探索离岸金融业务。北京银行、渣打银行、花旗银行等中外资银行相继在滨海新区设立分支机构；天津银行、渤海银行的一级分行落户新区；此外，新区还积极引导金融机构总部入驻，中国农业银行设立了业务发展部；中国建设银行在滨海新区成立了国内第二呼叫中心并建立个人财务中心。截至 2010 年底，滨海新区银行业金融机构达 36 家，比 2006 年初增加近 1 倍；金融机构人民币各项存款总额 349.33 亿，GDP 为 5030.11 亿①，新区经济总量超过浦东新区。

3.快速发展阶段（2011 年至今）

从 2011 年至今，滨海新区加大了对金融产业政策、配套服务和风险防范的配套建设，逐步完善了体系架构。为了实现滨海新区全方面、立体化的金融机构集聚效应，通过金融产业链的建设带动了国际金融机构和财团、金融机构与创新类机构、服务性机构、交易市场和各类基金五大领域实现聚集效应，实现多元化的金融机构聚集效应。目前，滨海新区基本上形成了具有行业领先水平和国际竞争力的多元化金融机构体系。滨海新区大胆进行金融改革和创新，在产业投资基金、创业风险投资、金融业综合经营、多种所有制金融企业、外汇管理政策、离岸金融业务等方面进行改革试验，提升了金融服务功能，初步形成了要素市场、资本市场和排放权市场体系，形成了具有滨海新区特色的为科技企业服务的科技金融服务体系以及一系列交易与融资平台。截至 2013 年末，新区已经拥有 530 余家银行金融机构的网点，107 家保险分支机构，融资租赁公司超过 180 家，私募股权投资基金企业 1190 家，商业保理企业 102 家②，2013

---

① 数据引自《天津统计年鉴（2011）》。

② 数据引自《滨海新区金融发展报告（2014）》。

年底新区金融机构人民币各项存款总额为 4425.74 亿[①]。在这个阶段中，滨海新区金融产业发展的特征是金融机构的集聚效应凸显，金融创新步伐不断加快，金融核心功能逐渐显现。滨海新区作为我国区域性金融中心正逐步形成。

除了传统银行、证券、保险等行业外，依托滨海新区的区位条件，小额贷款公司、融资担保公司、财务公司等新型金融产业在滨海新区集聚并先后设立消费金融、汽车金融、金融外包、第三方支付等新型金融机构。其中，以融资租赁机构和保理机构发展最为迅速。

二、区位熵指标测量滨海新区金融产业集聚程度

区位熵指标是指某一要素在特定区域内的比重和这一要素总量占全国范围比重的比率，用于衡量这一要素在特定区域中的空间分布状况，用于评价这一产业部门的专业化程度的重要指标，该指标由哈盖特（P·Haggatt）最先提出，见式 5.1。

$$LQ_{ij} = \frac{e_{ij}/e_j}{E_i/E} \tag{5.1}$$

其中，i：第 i 个企业；j：第 j 个地区；e_{ij}：第 j 个区域的第 i 产业的产值指标；e_j：第 j 个地区的总产值；E_i：全国范围内第 i 个产业的产值指标；E：全国总产值指标。

区位熵指数的分子代表 i 产业经济产值占 j 地区经济总产值的比重，分母代表全国范围内 i 产业产值占全国范围内经济总产值的比重，该指标用于反映某一地区的某一产业的经营专门化程度和机构集聚水平与全国平均水平之间的差异，其比率越大，说明产业 i 向 j 地区的聚集程度越高。一般来讲，若区位熵＞1.5，则表明 i 产业在 j 地区的集群程度很高，该地区 i 产业集群的发展处于成熟阶段；若区位熵＞1，则表明该区域这一产业集群化程度高于全国平均水平，相对于大部分其他区域来讲有区位优势，其专门化程度高，处于蓬勃发展期；若区位熵＜1，则表明 i 产业在 j 地区的集群程度低于全国水平，该地区 i 产业集群还处于新兴或起步阶段。笔者根据 2000 年至 2014 年滨海新区和全国相关数据计算得出滨海新区区位熵，计算结果如表 5.1 所示。

---

① 数据引自《天津滨海新区统计年鉴（2014）》。

表 5.1 滨海新区 2000—2014 年区位熵

年份	2000 年	2001 年	2002 年	2003 年	2004 年	2005 年	2006 年	2007 年
滨海新区金融业增加值（亿元）	9.2	7.73	6.86	6.92	7.33	11.17	13.34	28.49
滨海新区 GDP	562.4	667.14	820.52	999.75	1250.18	1608.63	1960.5	2364.08
全国金融业增加值（亿元）	4836.1	5195.1	5546.5	6034.6	6586.6	7469.3	9951.4	15173.3
全国 GDP	99776	110270	121002	136565	160714	185896	217657	268019
区位熵	0.3375	0.246	0.1832	0.1561	0.1781	0.1717	0.1487	0.212
年份	2008 年	2009 年	2010 年	2011 年	2012 年	2013 年	2014 年	2015 年
滨海新区金融业增加值（亿元）	62.05	80.1	106.64	178.86	242.44	326.14	382.47	—
滨海新区 GDP	3102.24	3810.67	5030.11	6202.87	7205.17	8020.40	8760.15	9557.21
全国金融业增加值（亿元）	18312.9	21797.4	25679.7	30678.2	35187.7	41190.5	46572.7	57500
全国 GDP	316752	345629	408903	484124	534123	588019	635910	676708
区位熵	0.346	0.333	0.3376	0.4542	0.51	0.5857	0.6027	—

数据来源：2001 年至 2015 年历年《天津统计年鉴》《天津滨海统计年鉴》《中国统计年鉴》。

笔者根据表 5.1 数据绘制图 5.1，说明滨海新区区位熵走势。

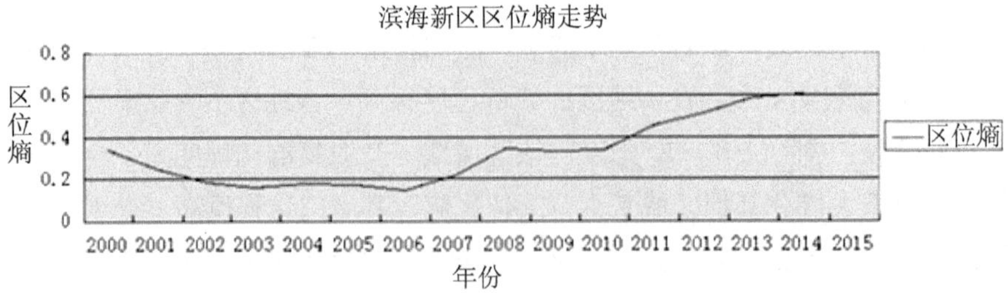

图 5.1 2000—2014 年滨海新区区位熵走势图

如图 5.1 所示，2000—2015 年间，天津滨海新区区位熵呈先下降后缓慢上升的走势，近年来约有三年保持在 0.5 左右，这表明滨海新区金融产业集群程度较低且低于国家平均水平，新区的金融产业集群处在初步发展阶段，距离建设国际型的金融中心还有很大差距，仍有很大的发展空间和较好的发展前景。

第二节　滨海新区金融产业集聚动因检验

一、模型构建

依据前文国内外学者对金融产业集聚动因的研究成果并结合滨海新区的实际情况，将金融产业集聚程度（区位熵）作为因变量，将金融产业增值作为衡量规模经济的指标、外国直接投资（FDI）和新区城镇居民储蓄余额作为衡量市场需求度的指标、政府支出和经济总量作为代表政府政策的指标，且将这些指标作为自变量，初步建立回归模型。

$$\ln LQ_t=\ln b_0+b_1\ln X_t+b_2\ln S_t+b_3\ln FDI_t+b_4\ln G_t+b_5\ln E_t$$

其中，LQ_t：区位熵测量值，是该区域金融业增加值占该区域生产总值的比例与全国金融业增加值占全国生产总值的比例的比值；X_t：地区经济总量与全国经济总量的比值；S_t：区域内居民储蓄余额与全国居民储蓄余额的比值；FDI_t：衡量区域内部对外开放程度和贸易需求量，是该区域内部外商直接投资额与全国外商直接投资总额的比值；G_t：该地区政府支出占全国政府支出总额的比例，用其大致测量政府行为在集聚过程中的参与程度以及对集聚结果的影响；E_t：滨海新区金融业增加值与全国金融业增加值的比，是衡量地区内金融业经济效益的重要指标，在一定程度上可以体现该地区内的金融业规模效应。

二、模型检验

运用最小二乘法对模型进行回归分析，得出模型相关系数及检验结果，见表 5.2。

表 5.2　模型相关系数及检验结果

变量	LQ_t	X_t	S_t	FDI_t	G_t	E_t
LQ_t	1.000000	0.666634	−0.071022	0.756415	0.692144	0.947523
X_t	0.666634	1.000000	−0.364592	0.773025	0.867942	0.868310
S_t	−0.071022	−0.364592	1.000000	−0.434154	−0.179222	−0.209708
FDI_t	0.756415	0.773025	−0.434154	1.000000	0.656570	0.833150
G_t	0.692144	0.867942	−0.179222	0.656570	1.000000	0.821632
E_t	0.947523	0.868310	−0.209708	0.833150	0.821632	1.000000

Variable	Coefficient	Std. Error	t-Statistic	Prob.
C	0.319909	0.425956	0.751038	0.4741
X_t	1.046007	0.074810	13.98214	0.0000
S_t	0.031093	0.058678	0.529890	0.0006
FDI_t	0.012475	0.034033	0.366564	0.0035
G_t	0.066811	0.052000	5.284831	0.0048
E_t	0.992713	0.032028	30.99563	0.0000

R-squared	0.997543	Mean dependent var	-1.130099
Adjusted R-squared	0.996007	S.D. dependent var	0.480255
S.E. of regression	0.030348	Akaike info criterion	-3.854665
Sum squared resid	0.007368	Schwarz criterion	-3.580784
Log likelihood	32.98266	F-statistic	649.5275
Durbin-Watson stat	1.231876	Prob(F-statistic)	0.000000

根据方程的显著性检验，在 95%的置信概率下，显著性表明，滨海新区 GDP、城乡居民储蓄、外商直接投资、政府支出和金融业增加值从整体上对天津滨海新区区位熵有影响，模型的线性关系成立。拟合优度检验结果非常接近于 1，表明滨海新区区位熵测量值中，有 99.75%的信息是由 GDP、城乡居民储蓄、外商直接投资、政府支出和金融业增加值做出解释，模型对样本观测点的拟合程度良好。

三、模型结果说明

根据回归分析可以得出预测模型和结论为：

$$\ln LQ_t = 0.3199 + 1.046\ln X_t + 0.0311\ln S_t + 0.0124\ln FDI_t + 0.0668\ln G_t + 0.9927\ln E_t$$

一方面，滨海新区区域经济总量和金融业规模对金融产业集聚度影响最为显著。区域经济强劲的增长势头和已有企业的集群规模为金融业的发展提供了更加广阔的市场，现阶段将持续吸引金融产业在此集群，并促进已有的金融产业不断发展壮大。

另一方面，区域内政府支持因素和居民储蓄余额对滨海新区形成集聚有一定的影响作用。滨海新区的集群类型属于政府主导型，区域居民的储蓄水平在一定程度上能促进金融产业集聚的发展。

另外，检验结果显示，虽然外商直接投资是集群形成的动因之一，但是影响力较小，表明外商对于新区的贡献度较小，外国资本支撑还有待加强。

第三节　滨海新区金融产业集聚存在的不足

一、外部环境层面

1.经济发展与金融业发展相脱节

依据市场与政府的关系，金融产业集群分为市场主导型和政府主导型两类。与由经济金融发展而自然形成的市场主导型金融产业集群不同，政府主导型是由政府政策导向支持，人为推动而形成的金融产业集群模式。纽约、伦敦金融产业集聚模式属于标准的市场导向型，而滨海新区属于政府导向型。滨海新区金融体系尚不完备，区域内金融产业集群的主要任务是带动滨海新区经济和金融的发展，集群轨迹也属于突变式。超前的资金支持并没有与区域内经济发展和金融发展水平相适应，所以导致区域内购买力不足，市场如何消化成为问题，后续持续发展乏力。

2.基础设施不完善

天津滨海新区基础设施建设相对薄弱，区域建设相对滞后。滨海新区交通不便，由市区到滨海新区的核心地区塘沽需要乘坐城际列车 22 分钟，而从天津到北京不过 30 分钟路程；且地产开发产品同质化严重，以商务酒店、写字楼为主，住宅及相关居住配套设施稀缺，且因新区购买力不足出现供应量过剩，大量楼房空置，进而投资力度也减弱，出现大规模停工、封盘现象。初级的基础设施也无法吸引杰出的金融人才落户新区，不愿意选择在新区就业，不利于金融产业产品的创新升级，也无法提升新区整体金融产业的竞争力。

3.监管体系不健全

2012 年天津私募股权基金公司诈骗案件爆发后，政府逐渐加强监管力度，阻碍了部分正常融资渠道。我国的监管体制采用的是“正向清单方式”，即“不允许的都是禁止的”，而英美法系在监管上采取的是“负向清单方式”，即“不禁止的都是允许的”，负向监管模式更有利于金融创新。我国监管机构众多，监管层次复杂，各级监管部门掌握的信息缺乏不沟通，出现问题后互相推卸责任，造成虽机构健全却执法效率低下的局面。复杂的监管体系制约着金融创新活动。

二、滨海新区金融产业自身层面

1.金融产业贡献度低

依据上文的计量结果可以看出，新区经济水平是促成金融产业在新区集聚的最重要的因素。图 5.2 给出了 2000—2014 年滨海新区和浦东新区的地区生产总值。

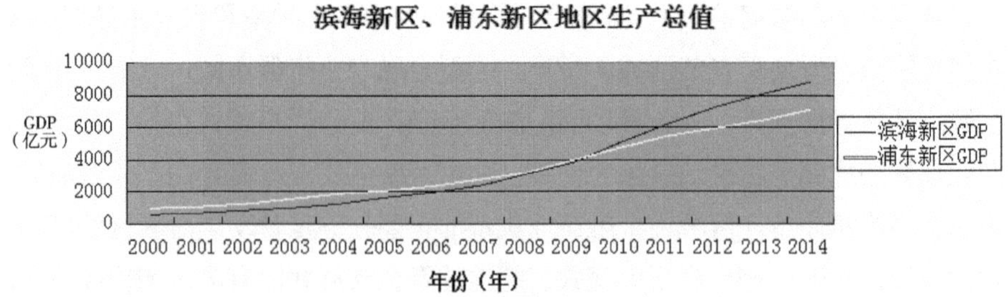

图 5.2　2000—2014 年滨海新区和浦东新区地区生产总值

数据来源：2001 年至 2015 年《天津统计年鉴》《天津滨海统计年鉴》《上海浦东新区统计年鉴》。

由图 5.2 可以看到，滨海新区的 GDP 在 2010 年超过浦东新区，滨海新区已然成为环渤海经济圈的经济增长点，成了“中国经济第三增长极”，对于周边城市的辐射功能逐渐加强。

金融业增加值与 GDP 之比能代表区域内金融产业发展对区域经济增长的贡献度，数值越高，表明区域内金融产业对当地经济的支持力越强，是主要产业。笔者根据 2000 年至 2014 年滨海新区和浦东新区的相关数据计算得出滨海新区和浦东新区金融业增长对经济发展的贡献度对比结果，见表 5.3。

表 5.3　2000—2014 年滨海新区和浦东新区金融业增长对经济发展的贡献度

年份	滨海新区金融业增加值（亿元）	滨海新区 GDP（亿元）	滨海新区金融业增加值/GDP（%）	浦东新区金融业增加值（亿元）	上海浦东新区 GDP（亿元）	浦东新区金融业增加值/GDP（%）
2000	9.20	562.4	1.64	55.62	960.63	5.79
2001	7.73	667.14	1.16	78.04	1082.36	7.21
2002	6.86	820.52	0.84	117.04	1253.13	9.34
2003	6.92	999.75	0.69	151.18	1510.32	10.01
2004	7.33	1250.18	0.59	202.96	1850.13	10.97
2005	11.17	1608.63	0.69	252.87	2018.13	12.35
2006	13.75	1960.5	0.70	310.01	2365.33	13.10
2007	29.83	2364.08	1.26	412.30	2793.39	14.76
2008	66.88	3102.24	2.16	500.06	3150.99	15.87
2009	80.10	3810.67	2.10	708.21	4001.39	17.70
2010	106.64	5030.11	2.12	823.82	4707.52	17.50
2011	178.86	6202.87	2.89	983.34	5484.35	17.93
2012	242.44	7205.17	3.36	1069.00	5929.91	18.03
2013	326.14	8020.5	4.07	1335.52	6448.68	20.71
2014	382.47	8760.15	4.37	1493.04	7109.74	21

数据来源：数据引自历年《天津滨海新区统计年鉴》《天津统计年鉴》《上海浦东新区统计年鉴》《上海统计年鉴》。

由表 5.3 可以看出，滨海新区相较于浦东新区的金融产业基础薄弱且起步晚，对区域经济增长的贡献程度低，且增幅低于浦东新区。由此可见，滨海新区金融产业发展相对落后，但是经济总量仍然持续增速，甚至超过了浦东新区，可以推测滨海新区的经济发展主要依靠政府财政支出的支持。

2.金融深化程度低

实现金融深化能够加速社会资金配置，促进金融业蓬勃发展。金融相关比率（FIR）是衡量深化程度的重要指标，是全部金融资产价值与实物资产价值之比。笔者根据 2000—2013 年两个新区金融相关比率整理其变化趋势，如图 5.3 所示。

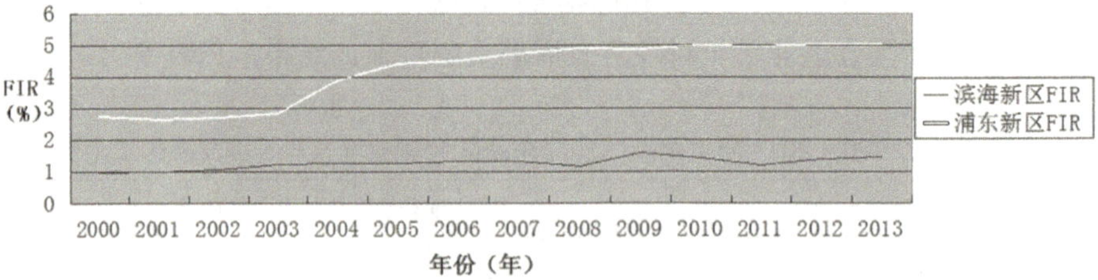

图 5.3　2000—2013 年两个新区金融相关比率走势图

数据来源：整理自 2001 年至 2014 年《天津滨海新区统计年鉴》《上海浦东新区统计年鉴》。

从图中数值来看，滨海新区与浦东新区相比金融产业发展处于一个较低的水平，并没有表现出和区域经济增长呈正相关的线性关系，基本维持在 1~1.5 之间，反复波动。由此可见，滨海新区的金融产业发展程度较低，金融产业所需资金并未通过区域内金融系统来满足。

3.金融产业人才集聚程度低

天津市高校数量较少，985 院校只有南开大学和天津大学两所，211 院校也仅有 4 所，远远低于北京（985 院校 8 所、211 院校 26 所）和上海（985 院校 4 所、211 院校 11 所）[①]。可见，天津市与北京和上海相比，仍旧存在教育水平低、学生整体水平差等问题，加之交通网络不健全，导致滨海新区金融专业人才极度稀缺，从根本上制约了滨海新区金融产业集群乃至整个天津经济的长足发展。

4.滨海新区处于后工业发展时期

从滨海新区的发展路径和经济发展来看，区域仍旧处于工业化后期，工业化比重大，产业结构相对稳定。2013 年新区第二、三产业的贷款余额占比分别为 34.4%和 65.0%，虽相较 2012 年的 21.4%与 78.0%[②]的占比有所提升，但是信

① 中华人民共和国教育部网站数据。

② 数据引自历年《滨海新区金融发展报告》。

贷投放结构不合理。笔者根据相关数据整理得出 2005—2014 年滨海新区第二、三产业的增加值，如图 5.4 所示。

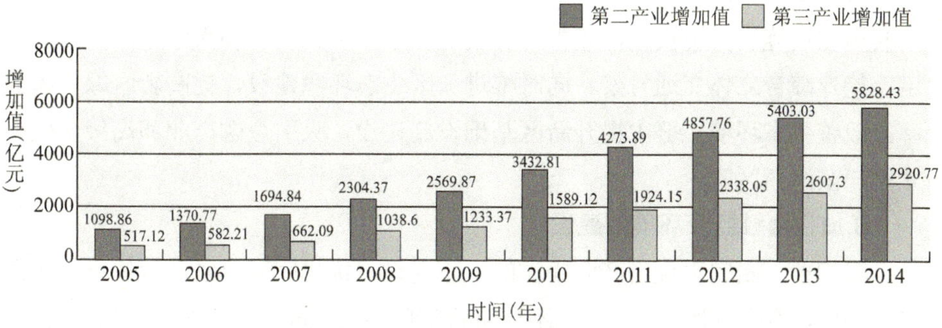

图 5.4　2005—2014 年滨海新区第二、三产业增加值

数据来源：2006 年至 2014 年《天津统计年鉴》。

虽然工业化规模增长强劲，但是大多数工业产品仍旧处于产业化低端，盈利水平低；虽然第三产业劳动生产力逐渐提高，但是仍明显低于第二产业。并且在未来一定时期内，第二产业依旧会是滨海新区经济发展的主要推力。

第四节　滨海新区金融产业集聚发展建议

一、外部环境层面

1.市场机制与政府扶持两手抓

以目前中国的经济发展状况，完全依靠市场机制形成区域性金融产业集群是难以完成的，但是就滨海新区的现状来看，虽然政策扶持是十分必要的，但是市场机制与政策扶持两者缺一不可，新区需要充分利用政策支持，重点推进多元化资本市场的建设，拓宽融资渠道，吸引更多的金融机构落户新区的同时，政府应该适量减少对天津滨海新区微观经济的干预，完善市场的价格机制、供求机制、竞争机制和风险机制以优化资源配置、增强市场活力，而不是一味地追求经济增长。

2.加快基础设施建设

我们要加快滨海新区城市建设，将滨海新区打造成宜居区域，规划完备的配套居住设施和公用设施，完善现有交通体系，加强新区和天津市区的联系，迅速构建综合立体交通骨架。同时推进新区生态环境建设，提高新区绿化覆盖率，改善生态环境。努力提升新区基础设施建设，吸引金融产业和高级金融人才落户滨海新区。

3.加强金融监管环境的建设

我们要不断完善金融产业集群的生态建设；优化完善金融监管体系，精简监管部门，落实监管责任，加强不同监管部门的沟通和联系，促进信息的交流；加快社会征信体系的建立，完善体制机制建设，规避道德风险；完善金融中介服务体系，进一步丰富和发展滨海新区的专业化服务，提升新区的竞争力和影响力；逐步减少政府的干预，由以政府为导向的金融集聚转向为以市场为导向的金融集聚，真正做到“可持续发展”。

4.抓住机遇，促进产业转型

在国务院批准滨海新区作为国家第一个综合改革创新区的时代背景下，滨海新区借助处于环渤海经济圈中心地带的地理优势，初步形成了功能区开发与优势产业集聚、产业布局优化同步提升的良好态势。滨海新区功能区定位应该区别于北京、上海，努力发展航空航天、电子信息等现代制造业，快速发展现代物流、现代金融、服务外包等现代服务业，进行产业优化转型。在京津冀协同发展、自贸区正式成立和“一带一路”国家战略的三大优势政策下，新区应抓住机遇，提高自主创新能力，加快工业转型和产业转移，以优化升级第二产业带动现代服务业务的发展和金融产业迅速集聚，并争取将“一带一路”丝路基金总部落户天津，加强新区金融产业实力。

二、滨海新区金融产业自身层面

1.抓住重点金融产业并加速其发展

滨海新区应稳步提升金融租赁规模，围绕自贸区实验创建，进一步完善融资租赁业务发展的环境，创新融资租赁产品，发展国际租赁；增强风险控制观念，形成统一的风险管理体系；完善金融租赁、内资租赁、外资租赁相互竞争、相互补充、共同发展的机制；推动建立融资租赁企业发展资金的持续供给机制并建立服务全国的租赁资产交易平台，提升租赁业的持续发展能力。

同时，尽管新区的保理业务走在全国前列，但因为我国保理业是新兴行业，所以还需要国家的宏观调控，需解决以下两个问题：第一是再融资困难，因为商业保理不被看作金融机构，所以信用评级比较低，融资成本相对较高，且不像传统制造业，没有固定资产和设备作为抵押，更多的是提供软性资本，所以银行对保理行业没有一个合理的评估体系，融资渠道打不开，保理业务规模就会受限；第二是风险控制问题，由于目前市场透明度不高，社会信用体系尚不完善，导致保理行业对信用风险出现担忧，而全面了解客户真实的背景信息需要高昂的成本，所以社会信用征信系统应该尽快完善。

2.提高金融产业运行效率

针对滨海新区金融产业运行效率低的现象应首先提升银行业的集聚程度，疏通间接融资渠道，滨海新区层级低、小而散的金融聚集形态不利于金融产业的高效运行，可以尝试建立滨海新区金融创新事业部或金融研发中心。同时，加深资本市场的参与程度，需要逐步改善滨海新区的直接融资环境，将原有“重资产、轻发展”的评级标准进行完善以鼓励滨海新区中小创新型企业的发展，可以设立配套的风险投资公司和风险投资基金，加强其应对风险的能力。将有条件的科技型中小企业实现“首次公开募股（IPO）”引入资本市场，拓展其直接融资的渠道，通过市场调节完善社会资源的再分配，提升金融运行效率。

3.优化金融人才结构

人才是金融产业集聚的灵魂。滨海新区应该吸引为日常金融服务提供相关支持的基础型人才、优化金融业务决策的中级人才以及加速金融产品创新速度、提升客户回报率的高级金融创新人才。新区首先应解决目前人才顾虑交通不便的问题，并着力完善打造优良的宜居环境和配套设施。通过政策吸引、机制创新、政府宣传、创新扶持等措施创造良好的配套政策，吸引高素质人才、领军人物向滨海新区聚集，提升新区软实力，打造“无形资产”和“商誉价值”，努力提升金融从业人员总数、外籍金融从业人员比重、国际金融财务证照持有者人数占金融从业人数比重、本科以上金融从业人员比重、金融从业人员工资水平以及青年金融人才公寓面积。

第六章　于家堡金融产业集聚区建设研究

于家堡金融区位于天津市滨海新区中心商务区，是滨海新区金融改革创新基地的核心功能区，也是目前全球在建规模最大的金融区。该区域整体规划突出滨水、人文、生态的特点，集金融办公、商业服务、配套公寓、文化娱乐、休闲旅游等功能于一体。以京津城际铁路引入为契机，于家堡金融区将实现与天津中心城区、北京协调互动发展，打造全国领先、国际一流、功能完善、服务健全的金融改革创新基地和国家级金融商务中心。于家堡金融区于2009年开工建设，目前基础设施建设逐步完成，并初步形成金融集聚规模。面对国内各大金融中心的竞争压力，该区充分发挥政策优势和产业优势，不断健全和完善产业金融服务体系，努力建设股权基金中心、融资租赁中心、要素市场中心、商业保理中心、结算中心，带动产业和金融融合发展。

第一节　于家堡金融产业集聚区建设的背景与规划设计

规划建设于家堡金融区是滨海新区“十大改革”中推进金融改革创新的主要内容，是建设与北方经济中心相适应的现代金融服务体系和金融改革创新基地的重大举措之一。

一、于家堡金融区的建设背景

近年来，中国经济区域增长中心持续北移，环渤海地区经济的快速增长有力地带动了中国北方的发展，区域影响力不断增强，形成中国区域增长和协调发展的新格局。环渤海经济圈包括辽东半岛、山东半岛、京津冀为主的环渤海经济带，占中国国土面积的12%、人口的20%，继长江三角洲、珠江三角洲经济圈大展活力后，将成为中国乃至东北亚地区极具影响力的经济板块。

天津位于环渤海经济圈的中心。近年来，按照中央对城市的定位，天津充分发挥制造业的雄厚基础和优势，加快提升经济实力和综合服务能力，全市经济持续健康发展，成为我国继续深入推进改革开放新的桥头堡。天津滨海新区位于天津市东部、海河沿岸，紧临渤海，规划面积2270平方公里，海岸线153公里，是全国唯一一个聚集了天津高新区、港口、国家级开发区、保税区、海洋高新技术开发区、出口加工区、区港联动运作区和大型工业基地的地区，具有体制创新的优势。自1984年改革开放以来，这里发生了巨大的变化，经济快速增长，外资大量进入，成为中国北方发展最快的地区之一。2006年5月，国务院发布了《关于推进天津滨海新区开发开放有关问题的意见》(简称《意见》)，《意见》指出："要鼓励天津滨海新区进行金融改革和创新"。按照意见精神，天津制定了一系列金融业及其配套产业的改革创新战略，促进天津金融业的跨越发展。2009年国务院批复《天津滨海新区综合配套改革试验金融创新专项方案》，明确加快天津滨海新区金融先行先试的步伐，努力建设与北方经济中心相适应的现代金融体系和全国金融改革创新基地。天津滨海新区通过在金融企业、金融业务、金融市场和金融开放等方面的先行先试，努力建设与城市定位相适应的现代金融体系和全国金融改革创新基地，为全国提供借鉴和示范，成为继深圳经济特区、上海浦东新区后，带动中国经济增长的第三极。

2012年5月，天津市第十次党代会中指出，加快建设现代金融体系、金融改革创新基地和金融服务区，积极推进于家堡金融区作为亚太经合组织首个低碳示范城镇建设。2012年8月，天津金融工作会议中指出，要建立符合绿色城市理念和集中聚集集约要求的金融服务区。要充分发挥比较优势和政策优势，突出自身特色，大胆先行先试，实现重点突破，着力打造一批金融改革创新发展的分中心。打造标志性金融服务区，建成于家堡金融起步区，实现金融业高度聚集发展。开发建设于家堡金融区是天津市委市政府贯彻落实中央部署，实现天津城市功能定位的重大举措。近年来，科学管理和量化评价方法在城区开发运营中应用日益广泛。2014年5月，市领导在中心商务区调研时指出，在中心商务区规划建设金融聚集区，是加快综合配套改革，推进金融改革创新，打造与北方经济中心和滨海新区开发开放相适应的现代金融服务体系的重要内容。并要求高水平规划金融聚集区，明确金融聚集区的功能定位，突出体现金融功能。按照以人为本的理念，在科学规划硬件设施的同时，依据金融业发展的自身特点，科学规划配套、服务、业务开展等软件设施，切实满足金融业发展的实际需求。

在国家和地方政府相关政策的支持下，滨海新区借鉴国内外成功经验，在金融企业、金融业务、金融市场和金融开放等方面进行大胆改革，经济持续快速发展，吸引了大量的金融机构。新区积极引导金融机构的总部业务部门，如工商银行将国际结算中心、民生银行将总行投资银行部和贸易金融部都迁至滨海新区；农业银行和建设银行分别在滨海新区设立业务发展部和全国第二呼叫中心并提供信用卡后台服务。同时充分利用现有资源，加快金融企业在滨海新区设立分支机构。例如：天津银行在滨海新区成立滨海分行，渤海银行、天津银行、北京银行、光大银行、兴业银行、深圳发展银行等相继在滨海新区新设和增设分支机构。此外，新区还努力吸引外资金融机构。目前已经有国际经济金融仲裁中心和排放权交易所相继在滨海新区聚集。同时天津滨海新区积极发展离岸金融市场。在国家相关政策的大力扶植下，滨海新区金融聚集不断发展，并且已经初具规模。到目前为止，滨海新区已经逐步形成以中外银行、保险公司、期货公司、证券公司、基金公司、金融租赁公司为主的金融机构体系，成为我国北方投资投机集中、要素市场完备、资本集散功能于一体的金融聚集区。滨海新区成为我国继深圳经济特区和上海浦东新区之后的第三大经济特区，这必将带动该区域乃至环渤海地区经济的持续快速发展。随着经济规模的不断扩大、产业结构的不断优化升级，滨海新区必将建设成为一个具有较强竞争力的国际金融中心。

二、于家堡金融区的总体规划和设计特征

1.于家堡金融区的总体规划

于家堡金融区是目前世界上规划面积最大的金融区，东西宽约 1.2 公里，南北长约 2.8 公里，建设用地面积为 3.86 平方公里，规划建设 120 座楼宇，地上建筑面积 968 万平方米，地下建筑面积 400 万平方米，区域体积、项目规模

超越纽约曼哈顿、伦敦金融城和巴黎拉德芳斯。工作人口 30 万人，常住人口 6.7 万人。它的西侧是已经开工建设的响螺湾商务区，南侧是未来将要规划建设的生态居住区，东侧为形似鲸鱼的岛屿蓝鲸岛生态区。

（1）用地布局。于家堡金融区协调各类用地布局，设置综合用地，形成高密度的中心区。区域内商业金融用地主要分布在规划区中部和北部，总占地面积为 141.94 万平方米，占总建设用地面积的 36.77%；规划小学用地为 4.36 万平方米，占总建设用地面积的 1.13%；文物古迹主要为塘沽南站、亚细亚小楼和塘沽协定旧址等用地，总占地面积为 1.33 万平方米，占总建设用地面积的 0.34%；公共绿地面积为 97.83 万平方米，占总建设用地面积的 25.34%；市政设施用地面积为 4.58 万平方米，占总建设用地面积的 1.19%。

（2）建筑规模。金融办公场所规模上，规划建设金融办公场所建筑面积 560 万平方米，占总建筑面积的 58%。商业、酒店规模上，规划建设商业、酒店建筑面积 150 万平方米，占总建筑面积的 15%。酒店型公寓规模上，规划建设酒店型公寓建筑面积 100 万平方米，占总建筑面积的 10%。配套型公寓规模上，规划建设配套型公寓建筑面积 145 万平方米，占总建筑面积的 15%。其他公共设施规模上，规划建设其他公共设施建筑面积 17 万平方米，占总建筑面积的 2%。

（3）道路交通系统。于家堡金融区交通便利，周边空港、海港、铁路、高速铁路、公路、城市轨道交通兼具，同时也是滨海新区的交通枢纽之一。于家堡金融区距离天津滨海国际机场 20 公里，距离天津港 5 公里、天津南港 20 公里。高速铁路于家堡站，位于于家堡金融区的北部，是天津滨海新区最大的地下高速铁路枢纽，与天津站、天津西站、滨海站并称为天津铁路四大主客运枢纽，预计 2015 年建成，是津滨城际铁路（京津城际铁路延长线）位于天津滨海新区的终点站。同时，地铁市域 Z1 线、滨海 B2 线、滨海 B3 线将在此相汇，构成了于家堡的立体交通结构。

于家堡金融区正在建设功能完善、高效便捷的综合交通运输系统。道路规划上，规划区的道路有城市主干路 7 条、城市次干路 7 条，路网结构呈方格网状；交叉口规划上，根据行人优先的原则，共规划 7 处分离式立交；铁路规划上，京津城际铁路于家堡站位于规划区北侧，在规划区北侧地下铺设通过；轨道规划上，规划 4 条地铁线路；地面快速公交规划上，快速公交干线布设在中央大道和新港二号路上，可开行大站快车或快速公交系统（BRT 系统）系统；

地面常规公交规划上，分为普通公交系统和内部中巴接驳系统两种；水运公共交通规划上，在海河两岸设置过江渡轮码头以及公共旅游渡轮码头，增设观光游览船码头以促进旅游业的发展。

（4）地下空间系统。于家堡金融区地下空间规划主要指公共地下空间规划，包括地下人行系统、地下车行系统、轨道交通系统、共同沟、中央大道隧道、地下公共停车场等内容。地下空间分为三层：地下一层主要为地下公共停车场、中央大道隧道、地下人行系统、地下车行系统、共同沟及地铁站厅、公交首末站等设施；地下二层主要为南北向地铁、共同沟、中央大道隧道、城铁站台、地铁站厅通道等设施；地下三层主要为东西向地铁、地铁站台通道等设施。

2.于家堡金融区的规划设计特征

于家堡金融区经过 8 年的开发建设，基础设施和重点项目基本建成，具备规划设计要求的现代化设施和国际化服务功能，初具全国领先、国际一流、功能完善、服务健全的金融改革和创新基地雏形。全区集约利用和开发有限的土地资源和地下空间，建设慢行交通系统，倡导绿色出行，打造生态宜居、可持续发展的世界级金融区。

（1）地面、地下综合开发利用。于家堡金融区汇集了金融会展、现代金融、传统金融、教育培训、商业商住等业态，重点建设金融会展中心、金融博物馆、金融总部大厦、非上市公众公司股权交易所、期货交易所、基金公司大厦、证券大厦、金融培训中心、商业服务中心、商务酒店及高档公寓。区域内各地块在竖向功能布置上基本一致。地上部分主楼四层以下为商业、银行，四层以上为办公、会议、行政；裙楼为商业、餐饮、办公、会议并均设有交易大厅；地下部分三层，地下一层为商业及相关辅助用房、地下二层为停车库、地下三层为设备用房，同时与轨道交通工程同步建设。

于家堡金融区城市功能不仅仅局限于地面上的高楼大厦，通过地下空间的合理开发，在充分利用地下空间资源的同时，也打造了一个不受气候影响、不被机动车所阻隔的人性化的地下空间网络。通过连接城际枢纽车站及 4 个地铁站，于家堡金融区在地下设置了商业步行街、人行通道、车行通道，并连接所有地块的地下停车场，使地下资源以最合理的方式进行配置。目前，京津城际延伸线于家堡枢纽工程车站的主体已经完工，进入内部装修阶段。建成后，于家堡金融区到市区仅 15 分钟车程。在设计上，与普通高铁站房不同，除了露出地表的贝壳形穹顶外，于家堡站房 90%的主体结构都在地下。建成后，于家堡车站将成为国内最大、最深的全地下综合性交通枢纽工程。

（2）建设慢行交通系统。于家堡金融区坚持“倡导公交、鼓励步行”的理念，“窄街廓、密路网”的规划设计原则得到了充分体现，同时规划设计的两纵两横共4条地铁线和1条连接北京、天津的城际高速铁路为于家堡金融区提供了便捷顺畅的公共交通环境。区域中配套设计了完善的慢行交通系统，地下商业街以及丰富的地下空间，楼与楼之间、组团与组团间实现了公共交通与办公、商业的紧密对接，最大限度地便利了出行，减少了机动车的使用，打造了高品质的城市空间。

于家堡金融区依托地铁车站，设置了丰富的地下人行系统；为了缓解地面交通压力，还设置了地下车行系统；为了满足分区、分期开发以及市政基础设施升级，规划了管网共同沟系统。于家堡金融区整体实现了“依托轨道综合开发，核心商业外围停车、人车分流各成系统、结合地面复合利用”。同时，为了避免地下空间开发对已建成项目造成的不良影响，金融区地下空间开发建设遵循“五同期”原则，即“同期规划、同期设计、同期建设、同期投入使用、同期预留建设地铁工程”，实现了土地集约利用、项目低碳运行、交通绿色出行。

（3）坚持可持续发展。于家堡金融区域内的生态景观资源非常丰富，除了占总用地面积的1/3为公共绿地、堤岸公园外，环绕半岛的海河岸线有8公里长。此外，周边的东西沽生态居住区和蓝鲸岛生态区，都使于家堡的景观环境成为中心商务区中的佼佼者。

于家堡金融区综合利用城市电厂余热、峰谷电力、冰蓄冷等低碳能源和技术，在城市开放空间和公共绿地，结合地下停车规划设计了若干个能源中心，取代了在单体建筑物内设置供冷供热机房的传统模式，最大限度地集约利用能源和土地，为金融区提供绿色能源。同时，积极引进专业化的管理机构，利用合同能源管理，从运行管理上进一步实现节能减排，提高能源利用效率。

2014年上半年，于家堡金融区推出涵盖低碳交通出行、低碳经济发展和低碳城市运行6个维度的低碳指标体系，获得APEC第47届能源工作组会议认可，并开始复制推广。在建设过程中，于家堡金融区在低碳招商方面也成效显著，体现了APEC低碳示范城镇在低碳经济发展方面强大的聚集效应。中国金融租赁、银河达华低碳产业基金、新金融低碳研究院、苏伊士能源等机构纷纷落户于家堡金融区。在2014年11月召开的亚太经合组织第二十二次领导人非正式会议上，首个APEC绿色供应链示范中心获批落户天津于家堡金融区，是继天津于家堡金融区 2010 年被确定为 APEC 首个低碳示范城镇后，天津市在 APEC 框架下的又一重大成果。

第二节　于家堡金融产业集聚区的功能定位与发展战略

于家堡金融区开发建设的功能定位，是紧密围绕天津滨海新区开发开放战略、切实服务于天津、实现城市功能定位的重大举措。

一、于家堡金融区的功能定位

根据天津市委市政府对于家堡金融区开发建设的要求，于家堡金融区的功能定位为：滨海新区中心商务区的核心区，国家级产业金融中心，全国领先、国际一流、功能完善、服务健全的金融改革创新基地，APEC 首个低碳示范城镇。于家堡金融区拥有宏大的发展蓝图和丰富的内涵，其功能定位是一个渐进的实现过程，区域功能作用逐步显现。伴随着于家堡功能定位的实现，一个与北方经济中心相适应的金融改革创新平台和载体将屹立于滨海新区。于家堡金融区将朝着区域金融中心乃至国际金融中心的目标继续发展。

1.滨海新区中心商务区的核心区

于家堡金融区是中心商务区乃至滨海新区空间位置的中心区，位于滨海新区“一轴”“一带”的交汇点，交通便捷，区位优势突出。于家堡金融区是中心商务区经济功能的核心区，作为以创新型金融服务为主导的现代综合金融区，将以其金融主业地位提升滨海新区的经济功能。

2.国家级产业金融中心

于家堡金融区将建成国家级产业金融中心，成为我国金融业支持实体经济发展的创新区。区域内将逐步建成国家级要素交易市场中心、国家级股权投资基金中心、国家级金融租赁业发展中心和国家级海洋金融创新中心等。伴随着一系列国家级产业金融市场和机构汇集于家堡，金融区将成为我国乃至全球产业金融资源和人才的聚集地，以及产业金融社会资本的重要载体。

3.全国领先、国际一流、功能完善、服务健全的金融改革创新基地

于家堡金融区将建成全国领先、国际一流、功能完善、服务健全的金融改革创新基地。该定位是于家堡金融区奋斗目标的凝练和诠释，涵盖并超越滨海新区中心商务区核心区、国家级产业金融中心等目标。

作为该定位的落脚点，"金融改革创新基地"旨在突出于家堡金融区在滨海新区综合配套改革，特别是金融先行先试中的核心地位，是滨海新区金融改革创新的实践基地和试验平台。作为该定位的具体要求，"全国领先"旨在强调于家堡金融区争创金融体制机制活力、破解金融重点难点问题等方面的先行地位，及其建设发展的若干成绩达到国内领先水平；"国际一流"旨在明确于家堡金融区在城区开发运营理念和基础设置建设等方面坚持与国际接轨的超前意识，及其建设发展的若干成就达到国际先进水平；"功能完善"旨在突出于家堡金融区现代金融体系和专业服务体系，特别是金融创新体系的成熟发展及其对应的完善的现代金融和经济功能；"服务健全"强调于家堡金融区在营造金融生态、营商环境、人文环境、低碳环境等方面的高水准服务理念和措施。

在此定位的指引下，于家堡金融区将建成金融总量巨大、金融机构集聚、金融市场深化、金融人才云集、金融创新活跃、金融生态良好、金融开放包容，且与北方经济中心定位相适应的金融改革创新平台和载体。

4.亚太经合组织（APEC）低碳示范城镇

于家堡金融区是亚太经合组织全球首个低碳示范城镇和世界上第一个低碳中心商务区（CBD），并获批建立首个 APEC 绿色供应链示范中心。于家堡金融区在国家能源局、天津市、滨海新区等有关部门的支持下，按照绿色城市理念和集中、集聚、集约的要求，实践全方位、全领域、全过程的低碳、绿色、循环建设发展方式，为全球新兴低碳 CBD 的开发建设、运营管理积极探索实践。环境优美、生态宜居的办公环境，低碳环保、亲近自然的生活方式，是于家堡金融区的低碳标志。

二、于家堡金融区的发展战略

加快建设发展于家堡金融区，是新时期天津金融改革创新的重点工作，是滨海新区金融先行先试的重要任务。于家堡金融区应从以下三个方面充分发挥金融区硬性和软性基础设置优势，推动金融体系深化发展，大胆实践金融改革创新，为早日基本建成全国领先、国际一流、功能完善、服务健全的金融改革创新基地而不懈奋斗。

1.依托软硬基础设置优势，培育滨海金融体系成长

作为未来中国最具潜力、最具活力、最为开放的金融集聚区之一，于家堡金融区需牢牢把握滨海新区开发开放的历史机遇，构建并夯实本地区硬性和软性基础设置优势，主动吸引和承接国际、国内先进地区金融业及相关配套服务产业向该地区转移，加快金融区金融资源、金融机构、金融市场、各类人才、中介机构聚集，尽快形成金融总量巨大、金融机构集聚、金融市场深化、金融人才云集、金融创新活跃、金融生态良好、金融影响显著的发展局面。

一是顺应京津双城互动趋势，承接北京金融业转移和服务外包。加强金融区与周边地区金融业联系，特别是突出天津与北京双城金融业的优势互补、协调互助，在推动区域金融一体化上发挥积极作用。充分发挥金融区轨道交通发达、商务（金融）楼宇供给充沛、各类配套设施齐全、金融及专业服务业人才充足、地区拥挤程度（人口密度）低、优惠创新政策灵活、周边市场潜力提升的优势禀赋，着力在扩大市场规模、提升运营效率等一系列北京或周边地区可能不能很好满足的需求上下功夫，积极争取成为北京金融业和专业服务业向外转移和服务外包的优先承接地。进而加快本地区金融机构体系成长以及金融市场体系深化发展，增强金融区的金融规模效应和溢出效应，提高包括金融技术、隐性知识、商业网络等在内的社会资本存量，增强金融区内生发展能力。

二是明确金融区功能定位，加快金融及配套产业向于家堡不断集聚。根据“十二五”时期天津金融改革创新“一个体系、一个基地、一个集聚服务区”的发展思路，按照绿色城市理念和集中、集聚、集约的要求，推动于家堡金融区建设发展。需要尊重现代服务业“集中、便捷、易达”的发展规律，在持续推进于家堡各项配套设置建设的同时，加快释放金融区的集聚效应和示范效应。首先，明确于家堡金融区功能定位，突出于家堡作为天津现代金融服务体系和全国金融改革创新试验基地核心枢纽的地位；其次，制定实现于家堡金融区功能定位的时间表和路线图；最后，真抓实干、高效落实各项工作，高水平实现于家堡金融区的定位目标。此外，借鉴上海陆家嘴金融贸易区开发股份有限公司成功上市的经验，可以考虑积极推进于家堡金融区开发运营企业的跨越式发展，通过资源整合、资本运作（上市）等创新措施，提高于家堡开发运营主体的融资能力，提高资产运营效率。

三是以突破性金融改革创新，高水平实现于家堡金融区的奋斗目标。于家堡金融区定位于国家产业金融中心，全国领先、国际一流、功能完善、服务健全的金融改革创新基地，将成为与城市定位相适应的金融改革和创新的平台与载体，这一定位符合天津城市定位的核心内涵。从战略上明确于家堡金融区作为全国金融改革创新试验基地的平台和载体，将有助于从国家、区域的层面集聚金融资源和各类人才，为实现金融区系统性和全局性的重大金融创新创造条件。从集聚能力、辐射范围和市场潜力看，大型金融市场对于家堡金融区的成功崛起意义深远，需要尽一切努力争取将一些全国性、创新型的大型金融市场（例如场外交易市场、碳金融交易中心）落户于家堡金融区，这不仅符合天津城市定位的要求，而且符合中央对于滨海新区开发开放的战略安排。以大型金融市场为代表的重大金融创新，将成为高水平实现于家堡金融区奋斗目标的基石。

2.加快金融发展方式转变，提高金融服务辐射范围

转变经济发展方式，提高经济增长质量是后危机时代世界各国发展的新主题。全球金融业也开始向支持实体经济并增加行业内就业机会的传统定位回归。在此背景下，于家堡金融区需要加快金融发展方式转变，切实提升本地区金融业服务实体经济的效率和范围，积极发挥金融业增加就业机会、提升人力资本存量的作用。

一是加快软性基础设置建设，为促进天津创新驱动、内生发展树立榜样。以国际金融中心等先进地区为师，高效快速地借鉴并引进成功地区的软性基础设置（如优惠政策、金融体制机制创新等），使之与硬性基础设置（人才公寓、宜居环境）一道，为吸引人才聚集、实现人才松绑、形成“求真务实”“创业干事”的土壤创造良好条件，在于家堡形成银行家、金融工程师、精算师、律师、会计师的优先聚集地。第一，加强现有优惠政策落实力度，向服务型社会管理方式转型；第二，加快实施金融改革创新奖、金融人才（青年人才和高端人士）公寓等规划内容；第三，借鉴其他国家或地区的创新扶持政策（例如浙江省的“青蓝计划”

等），为实现创新型金融机构、高素质创新人才、领军人物向于家堡金融区聚集创造良好的配套政策和环境；第四，充分重视创新实践，设计激励制度，对各类创新型金融人才和社会管理人才给予重视和支持；第五，加强金融司法制度建设，维护金融权益，打击各类金融犯罪，使金融区形成良好的法治秩序；第六，积极借鉴伦敦金融城和上海陆家嘴的经验，不断完善金融区的管理和服务体系。

二是持续优化地区经济结构，提升金融区的竞争力以及影响力。以金融改革创新为主线，不断调高调优本地区的经济结构，增强金融服务实体经济的能力，释放于家堡金融区在国内外的品牌效应。第一，鼓励引进和扶持会计、法律、资产评估、管理咨询、会展业、教育培训等专业服务业，积极推动本市中介服务机构总部向于家堡金融区集聚，形成天津最大的中介服务聚集区和服务外包基地；第二，秉持包容性发展理念，落实促进非公有制经济发展的各项政策措施。支持民营和外资金融机构和专业服务机构的发展，充分发挥其在隐性知识、运营效率和创新活力方面的优势，支持实体经济尤其是中小和微型企业的发展；第三，吸引国际著名信用评级机构以及大型财经资讯公司落户于家堡，利用信用和财经讯息发布能力，扩大于家堡的影响力和知名度。第四，借鉴上海陆家嘴在金融市场登记、托管、清算、结算等金融市场后台支持体系建设方面的经验与思路，加快于家堡全国或地区性的金融市场后台支持体系建设。

三是依托地区禀赋优势，确保金融改革创新重点领域实现突破。第一，积极发展国际金融保险创新。国际金融中心国际贸易和金融保险的共生现象十分显著，这些经验表明于家堡金融区需要依托天津国际港口城市优势和东疆港保税区向自由贸易港转型机遇，积极开展国际金融保险业务创新。提高跨境人民币结算规模和外汇交易量，推动离岸金融业务发展，在人民币国际化战略中实现跨越式发展。紧密结合涉外金融保险发展与对外贸易、国际投资发展方式转变，增强涉外金融的服务能力和辐射范围。第二，加快现代产业金融的发展。于家堡需要依托滨海新区大型优质项目和现代制造业的优势，加快发展融资租赁业务、私募股权投资、要素交易市场、海洋金融和科技金融等现代产业金融业务，尽快使金融区成为国家级现代产业金融中心。第三，加快金融区资产管理业务发展。这需要立足环渤海经济优势，大力发展资产管理业务，使于家堡成为国内乃至亚太地区领先的资产管理中心。第四，依托金融区空间载体大、运营成本低、设施配套先进的优势，大力发展金融后台服务业务。例如，可以积极借鉴北京在科技金融发展方面的成功经验，主动参与和服务北京的科技金融业务，在合作发展中壮大金融区的科技金融，进而更好地服务国内科技型中小企业。第五，构建风险预警系统和应对金融风险的长效机制，实现金融风险可控条件下的金融改革创新发展。

四是加强政企合作，共同谋划于家堡金融区发展蓝图。国际金融中心的公共管理部门和开发运营主体历来重视全球金融服务业专业人士（及金融监管人员）优先考虑的因素，并将这些因素视作评估和保持本地区综合竞争力的基础。以新加坡为例，该国政府成功采取政企合作方式，共同制定新加坡金融中心的重大战略规划。于家堡金融区需要借鉴先进地区的经验，加强政府和企业的合作，在重大决策中广泛倾听国内外金融业和专业服务业人士的意见，共同谋划于家堡金融区的发展蓝图。

3.坚持人与环境和谐相处，实现城区低碳示范发展

于家堡金融区是全球先进理念和设计方案指导下的新兴金融区，在未来发展于家堡金融核心功能的过程中，需要坚持和发扬本地区空间和环境领域的优势。

一是坚持绿色持续发展理念，搞好APEC首个低碳示范城镇建设。坚持把可持续发展理念贯穿于金融区核心功能形成、城区开发运营和低碳示范发展的全过程。第一，坚持能源集约使用，着力优化能源结构，降低商业办公楼宇和公共空间的能耗水平。在金融区积极开展绿化工程，建设大型公共绿地，确保金融区发展进程中人均绿地面积和建成区绿化率始终处于较好水平。第二，增创生态环境新优势，大力推动于家堡金融区作为APEC首个低碳示范城镇的建设，使金融区成为绿色技术应用和低碳循环发展的示范区。第三，提高水资源利用效率，持续优化水资源的利用结构，提高非传统水资源的利用比重。

二是提升城区运营管理水平，不断完善金融区的功能体系建设。以科学规划引领发展，以低碳模式贯穿始终，以知识交流促进进步，以创新环境提升活力。积极加快“智慧城区”建设，大力推进“三网融合”，实现金融区有线、无线、宽带全覆盖，实施物联网示范工程；加快金融区轨道交通网路建设，优化升级地区公交网络，倡导绿色出行，大幅提升公共交通分担率，有效缩短平均通勤时间。统筹考虑金融区发展潜力、承载能力、保障能力、运转能力，从产业、交通、建筑、消费等多方面入手，建立低碳发展长效机制，实现金融区绿色运营。

三是坚持以人为本的发展观，提升金融区对各类人才的吸引力。第一，不断提升金融区的人才聚集度。创新人才引进和培养机制，不断扩大国内外人员往来，鼓励外籍人士到金融区发展，提升金融区国际化人才的比重，优化金融区人文和生态环境，提高金融区参观旅游者的人数。第二，不断完善金融区的公共服务体系。借鉴先进国家和地区的经验，在户籍管理、住房条件、子女教育、医疗保障、父母养老等方面为金融业和专业服务业等各类人才提供保障，建立起专业规范、高效落实的全方位服务体系，提升金融区人才的福利水平。第三，牢固树立法治理念，维护金融区和谐安宁，最终将金融区打造成为人们向往、生机盎然、独具特色的国际化、现代化金融特区。

第三节　于家堡金融区产业金融中心的建设与发展

产业金融是中国产业转型和产业升级背景下产生的新理念，在中国正处于形成和发育阶段。产业金融可以理解为根据不同的产业发展需要而出现的适合本行业的金融业态，要求产业和金融高度融合。金融对产业发展的主要功能是融通资金、整合资源和价值增值。于家堡金融区是目前全球最大规模的金融商务区，是滨海新区国际金融、国际贸易和现代服务业的聚集区，将实现金融业的高度聚集发展。天津也正在建设面向世界的现代加工制造基地、国际物流中心和国际港口大都市。天津制造业的快速发展需要于家堡金融区提供融资、优化资源配置等一系列金融服务，这也是于家堡金融区打造国家级产业金融中心的优势。

一、于家堡金融区打造国家级产业金融中心的可行性

于家堡金融区自 2009 年全面启动规划建设以来，在基础设施建设和招商进展方面取得了显著的成绩，已吸引了大量国内外极具影响力的知名企业进驻，涉及金融、地产、能源、文化、传媒等多个领域。目前，落户于家堡金融区的金融机构已经开始为滨海新区的企业提供融资等金融服务，产业金融中心规模初现。

1.于家堡金融区建设国家级产业金融中心的背景

2014 年以来，天津迎来了京津冀协同发展、建设自由贸易区的优势叠加机遇，构建与滨海新区开发开放相适应的现代金融服务体系和金融创新运营基地恰逢其时。2014 年 10 月 30 日发布的天津商业发展指数显示，天津及滨海新区

的商业发展正迎来一轮全新的发展机遇。

滨海新区被国务院定位为中国经济第三增长极后，国务院给予滨海新区在金融企业、金融业务、金融市场和金融开放等领域重大改革方面多种先行先试政策。目前，滨海新区正在加快建设具有行业领先水平和国际竞争力的多元化金融机构体系，在综合配套改革试验项下金融改革创新也取得了重要成果。滨海新区凭借良好的政策优势和产业发展环境，新型金融业态和中小企业加快聚集，目前已有数万企业在滨海新区注册，形成了全国最大的融资租赁聚集地。于家堡金融区是滨海新区国际金融、国际贸易和现代服务业的聚集区，也是目前全球最大规模的金融商务区。于家堡金融区的建设将进一步提升滨海新区市场资源配置、金融服务功能和中心商务区服务水平，为环渤海乃至全国企业提供畅通的金融服务渠道，以金融服务支持实体经济发展。

2.于家堡产业金融的发展情况

在产业金融中，资金是产业发展必不可少的部分，而金融在提供资金来源方面起到了决定性作用。产业是基础平台，金融是催化剂和倍增剂，金融与产业互动可以创造出新的价值，大大加快产业的财富累积。在我国重点产业融资结构中，来自金融机构的融资数量占据首位，成为产业融资的重要支柱。所以，于家堡国家级产业金融中心的建设离不开金融机构的支持。

（1）吸引了大量金融机构入驻。目前，天津农商银行、滨海新区行政审批中心等机构将进驻于家堡金融区，还有中信银行等多个项目正在洽谈。洛克菲勒财团、铁狮门集团、THL 基金、华夏人寿、天津农商银行等大批国内外金融机构纷纷进驻。于家堡金融区还吸引了大量北京金融机构入驻，推进京津冀协同发展。滨海新区中心商务区将成为推动京津双城联动发展的主力军，于家堡金融区在承接创新型金融机构及传统金融创新型业务等方面有着自己特有的优势。在京津冀协同发展的大背景下，2014 年前 4 个月，滨海新区中心商务区新增注册的 245 家企业中，有 63 家为北京企业，涉及文化传媒、金融、商业保理和会计师事务所等领域。2015 年 8 月，京津城际延长线将延伸至滨海新区，从北京南站出发 45 分钟可直抵于家堡。目前，很多注册在于家堡的金融企业都在京津两地设机构，在北京发挥总部决策作用，在天津拓展发展空间，既可享受北京靠近金融总部的优势，又可享受天津的优惠政策。于家堡金融区将主要从三方面“互补”北京金融业：一是金融机构中创新金融部分。于家堡金融区作为天津市金融改革创新基地，具有“先行先试”的优势，尤其适合银行等金融机构创新金融板块。二是传统金融服务中的增量部分。在现有存量资源下，增量部分可在这里实现。三是成为金融机构的行政总部和运营研发中心。

（2）于家堡商业联合会成立。2013 年 12 月，于家堡商业联合会成立，初期吸纳了包括洛希尔银行、罗斯洛克集团、铁狮门集团、感知集团、宝龙集团、英蓝置业、华夏人寿、升龙集团、厦门建发、天津农商银行、中汽创投等在内的 30 家知名企业成为会员。于家堡商业联合会计划通过一系列策划活动，整合区域内资源，充分发挥桥梁纽带作用，搭建驻区企业之间交流沟通和咨询平台，为于家堡打造国家级产业金融中心打下基础。商联会可以拓展招商渠道，吸引更多企业投资落户于家堡金融区和商业街区，尽快实现区域聚集效应。商联会也将通过设立行业委员会，整合区域间产业资源和项目资源，推动金融、地产、能源、文化、传媒等各个行业的良性发展。

（3）国内最大的金融商业综合体——于家堡金融区商业街区开区。2015 年底开区的于家堡金融区商业街区规划面积 30 万平方米，是国内最大的金融商业综合建筑群，是金融商业综合体中的文化街区，是于家堡金融区的重要组成部分，将打造成为国内首个融合时尚生活及文化创意社区的体验式商业街区。于家堡商业街区填补了滨海新区的市场空白，同时也为天津市的商业发展树立了全新的风向标。于家堡商业联合会届时还将配合商户入驻商业街区以及为整体招商工作提供配套支持，分别从产权、规划、定价、物管、商管、推广等多个方面进行实质性沟通研究，在提升各地块商业氛围的同时扩大于家堡金融区的影响力，加速推动各投资主体项目的知名度，实现共赢。

二、于家堡金融区打造国家级产业金融中心的优势

于家堡金融区是国际商务中心区（CBD）的后来者，面临着来自国内外 CBD 和区域性金融中心的竞争压力。目前，我国已经形成了北京、上海、香港三个金融中心鼎立的格局，三大国际金融中心有效辐射、影响、带动了长三角、泛珠三角、环渤海乃至东北亚地区的经济发展，对中国成为世界大国起到了极大的推动作用。于家堡金融区建立国家级产业金融中心，面对着北京、上海和香港三大金融中心的激烈竞争，需要深入发掘自身独有的优势，培育核心竞争力。

1.北京、上海、香港金融中心优势简析

北京建设有国际影响力的金融中心最大的优势是政策。北京是中国的政治文化中心，是中国金融决策和管理的神经中枢，集中了全国大部分信贷资金和保险资金，是内地最大的信贷资本和金融结算中心。同时，北京还是中央金融经济决策中枢所在地，拥有“一行三会”主体、“四大国有银行”总部、两大投行及国内大型期货公司等国家级决策机构、监管机构，有着其他城市无法比拟的中央金融政策优势和国际金融总部资源优势。北京靠近决策中心，金融企业能尽早发现微小的政策变化，并提前应对。

上海拥有国内最完整的金融市场体系，包括证券市场、货币市场、外汇市场、黄金交易市场和商品期货市场等全国性金融市场。各个金融市场之间互相补充，不断优化市场结构体系。上海金融市场交易活跃，是全国金融交易中心。20 世纪 90 年代初，上海开始开发浦东新区，政府出台了多项优惠政策吸引中外资金融机构落户，尤其是重视引入外资金融机构。外资银行的入驻，不仅完善了市场结构，还进一步增强了上海对金融机构的吸引力。

香港地区成为区域金融中心是出于历史原因。第二次世界大战摧毁了上海远东金融中心地位后，香港抓住机遇，在经济发展的基础上，建立了比较完善的基础设施和健全的银行业体系，采取了一系列推行金融自由化的措施，直接推动了香港金融业的国际化进程。香港还凭借独特的地理位置，吸引了大量国际资本流入。目前，香港是世界上重要的国际银行中心、亚洲主要的基金管理中心、世界第五大外汇交易中心、世界主要黄金交易市场和金融衍生品交易市场。

2.作为金融改革试验区，于家堡金融区拥有先行先试的政策优势

与北京相比，天津是中国金融改革的试验区，拥有政策先行先试的特权。天津市政府和滨海新区政府为于家堡金融区吸引金融机构入驻，提供了大量的优惠扶持政策，同时专门成立了天津新金融投资有限责任公司。除了税收优惠政策外，政府还对在金融区设立总部或地区总部的企业，进行不同幅度的补助，购买、租用办公用房也享有补助和补贴。凭借政策优势以及与滨海新区整体金融服务功能不断融合，于家堡金融区的资源配置能力和金融服务能力不断提升，极大地提高了区域的吸引力。在推进京津冀协同发展、调整北京的城市功能后，企业进驻北京的门槛和费用将会提高。于家堡距北京的交通距离近，基础设施条件水准较高，有较高水平的公共服务能力，成了承接北京企业的理想之地。

于家堡金融区在企业注册政策方面，对总部或地区总部给予一次性资金补助。其中，注册资本 10 亿元以上的，补助 2000 万元；注册资本 10 亿元以下、5 亿元以上的，补助 1500 万元；注册资本 5 亿元以下、1 亿元以上的，补助 1000 万元。在组建政策方面，对总部或地区总部构建的自用办公用房，按每平方米 1000 元的标准给予一次性资金补助；租赁的自用办公用房，3 年内每年按房屋租金的 30%给予补贴。若实际租赁价格高于房屋租金市场指导价的，则按市场指导价格计算租房补贴。在税收政策方面，对总部或地区总部，自开业年度起，由同级财政部门前两年全额返还营业税，后三年减半返还营业税；自获利年度起，由同级财政部门前两年全额返还企业所得税地方分享部分，后三年减半返还企业所得税地方分享部分。对新构建的自用办公房产，免征契税，并免征房产税三年。在个税政策方面，对总部获地区总部聘任的境外、国外高级管理人员缴纳的个人所得税，地方分享部分的 50%给予五年奖励。在户籍政策方面，对入驻企业高管等人员办理天津市户籍。国家大力支持、天津市政府多项政策同步实施、于家堡敢为人先，使于家堡金融区金融业起步早、起点高，规模迅速扩大，逐渐形成了集聚效应，为产业金融打下了基础。

3.天津的产业结构有助于于家堡建立国家级产业金融中心

与北京和上海等地相比，天津在制造业方面具有集聚优势。这类企业的融资渠道尚未打通，金融服务的需求强劲。天津的产业结构与北京、上海等金融中心有明显不同。目前，北京、上海国民生产总值中第二产业的发展速度和规模低于当地第三产业，而天津第二产业尤其是制造业近年来飞速发展，大量的融资需求成了金融业发展的推动力量。滨海新区开发开放被纳入国家发展战略后，滨海新区被定位为我国高水平的现代制造业和研发转化基地。滨海新区以此为契机大力发展工业，坚持“抓大不放小”，既发展航空航天、石油化工等大型工业企业，也扶植科技型中小企业，形成工业全面腾飞的局面。滨海新区区域内自然资源优势超过北京和上海，不仅有沿海港口城市特有的海洋化工资源，还有充足的地热和油气资源，为区域内工业发展提供了大量生产原料。天津位于环渤海经济带和京津冀城市群的交汇点，腹地辽阔，是我国北方国际航运中心，服务于蒙古和哈萨克斯坦等内陆国家，还拥有我国面积最大、政策最优、通关最快的保税港区——东疆保税港区。核心的地理区位、广大的服务受众、独特的保税港区和集中的高新技术为天津工业发展打下了良好的基础，拉动了工业全面升级。工业发展的同时，也产生了大量的融资需求。

目前，于家堡金融区已经初步成为天津金融业聚集地，大量的金融机构可以为工程机械制造业等大型企业和科技型中小企业提供融资服务，顺应了天津第二产业快速发展的大环境。金融业与实体经济相互促进，使于家堡具备了建立国家级产业金融中心的条件。

三、于家堡金融聚集区金融生态环境的完善

于家堡金融聚集区金融改革的创新发展，离不开金融生态环境的支持。于家堡金融聚集区将营造卓越的金融生态环境，为金融改革创新创造条件。

1.依托政策优势，完善金融区法制环境

在市场经济体制下，面对巨大的金融市场规模、复杂的金融交易，金融聚集区必须具有完善的法律制度作为发展的保障。从长远角度来讲，法律制度的优劣，会对金融活动产生巨大的影响，以致影响滨海新区金融产业发展的进程。因此，针对于家堡金融聚集区发展规划的需要，在法律制度的制定、完善和执行方面，需要结合自身实际情况，并不断借鉴相关金融聚集区建设的成功经验和失败教训，制定出一套适合自身长远发展的法律体系，为于家堡金融聚集区的建设和发展营造一个良好的外部法律氛围。

2.健全信用体系，打造金融区信用品牌

尽管近年来滨海新区在社会信用体系建设方面取得了一些成绩，但目前的社会信用体系建设水平仍与金融聚集区的发展水平不适应，与发达金融中心的信用体系相比，差距更为明显。因此，滨海新区政府应吸取国内外信用体制建设的成功经验，为于家堡金融聚集区的发展提供可靠保障。滨海新区政府应结合地区实际情况，制订新区社会信用体系建设实施方案。根据职责分工，充分发挥行业管理优势，逐步推进行业信用建设。一方面，建立更加透明的信用体系以有效控制风险。通过社会信用机构建立个人和企业的信用档案，对个人和企业的信用缺失行为进行记录，从而对个人和企业形成无形约束。二是加强社会滨海新区信用体系建设相关法律制度的研究，逐步完善有关滨海新区社会信用体系建设的相关法律制度，切实提高滨海新区的社会信用水平，为实现于家堡金融聚集区的高度市场化创造必要的法制条件。

3.构建国际化金融制度，鼓励国际交流合作

我国市场经济制度起步较晚，随着我国加入世界贸易组织，国际化程度的

提高，很多法律制度与国际化标准还有一定差距。市场经济的有效运行，离不开健全的制度约束，在经济金融全球化发展的今天，任何一个地区都不可避免地与外界紧密联系。随着于家堡金融聚集区的建设，大量外资金融机构的不断集聚，金融法规、会计准则等很多方面不能很好地与国外接轨，在很大程度上制约了金融聚集区的发展。因此，新区政府应借鉴发达金融中心的经验，结合于家堡金融聚集区的定位，出台和完善相关金融制度，构建国际化的金融体系制度，为于家堡金融聚集区的进一步发展提供制度保证。此外，于家堡金融区的金融市场对内、对外开放正在稳步推进，但其辐射范围仍然较窄，影响力不大。因此，必须积极开展与国内外成熟金融中心的交流与合作，切实提高于家堡金融聚集区的竞争力和影响力。通过交流与合作，金融区的金融企业和金融机构不仅可以学习先进的经验和技术，加快对国际先进技术、先进理念、管理体制等各方面优势的引进和消化，进而不断推进自主创新。开展国际合作，创新和推广的同时，应不断推进机制和体制改革，提高金融产业的效率和竞争力；还可以吸引多种形式的参与者，增强市场的影响力，因此应不断拓宽渠道，推动集群内的金融企业、金融机构与外界形成多层次的交流合作格局。要进一步实施“走出去、引进来”的发展战略，积极推进国际合作的平台建设，加快于家堡金融区金融产业的可持续发展。

4.完善金融监管，强化金融区监管体系

随着金融改革和金融开放的日益深化，以及外资金融机构和金融资本比重的不断增加，加强金融监管更加重要，由于于家堡金融聚集区处于正在建设阶段，在金融监管方面仍然存在着缺陷，因此迫切需要建立一个良好的金融发展环境，全面实现金融市场的有效运行和依法监管。在金融监管理念方面，在确保金融稳定的基础上，应不断进行金融创新，完善金融监管的法律框架。各监管部门应积极配合，充分发挥滨海新区政府与金融监管部门和金融企业管理机构的协调作用。按照相应的标准，对金融机构实施监管，切实防范和化解各种金融风险，为于家堡金融聚集区发展提供保障。此外，滨海新区政府的相关部门要建立健全符合国际化标准的金融风险预警体系，认真分析、研究金融运行的情况，以及存在的问题，及时预警，促进各类金融机构的风险评估制度和信息披露制度的不断完善，如完整的进入退出机制、早期金融风险预警指标、存款保险制度等应急处置预案。

四、于家堡金融区产业金融体系的建设策略

产业金融是通过资源、资产、知识产权和未来价值的资本化，实现产业与金融的融合，促进其互动发展，从而实现价值的增值。资源、资产、知识产权和未来价值的资本化，是将要素在合理的交易机制下进行转换和转移，实现资本化和市场化，优化资源配置。这要求金融市场能够对资源、资产等进行合理的分配和利用，发现其价值，并实现价值最大化。也要求企业通过融通资金，培育核心能力，通过资本运作放大价值。于家堡金融区打造国家级产业金融中心，需要健全和完善产业金融服务体系，通过建成“五个中心”，即股权基金中心、融资租赁中心、要素市场中心、商业保理中心和结算中心，促进产业与金融一体化发展，促使资源整合和价值增值。

1.加快市场体系建设，夯实实体经济基础

实体经济的发展是于家堡金融聚集区发展的基础动力，尽管滨海新区以及环渤海经济圈与实体经济相关的产业发展很快，但多数企业仍处于产业链的低端，容易受到通货膨胀的影响，加之当前国际经济环境复杂多变、2008年经济危机的阴影尚未消失，外部需求依然很弱，劳动力价格和原材料成本不断上涨，以及货币政策从紧等一系列因素影响，使实体经济面临诸多挑战。因此，滨海新区以及环渤海经济圈应把经济转型和产业升级作为发展实体经济的首要任务。应加快调整产业结构步伐，大力推进工业结构优化升级，努力将滨海新区建设成为国际先进制造业基地，不断提高实体经济相关产品在国际市场上的附加值。同时，提高金融开放速度，吸引外来资本，将于家堡金融聚集区建立在亚太地区甚至全球经济的基础之上，不断促进现代金融体系与实体经济协调发展。

2.引进重组各类金融机构，形成功能齐全的金融机构体系

在健全产业金融服务体系的初始阶段，于家堡金融区需要继续加强招商引资工作，制订相关政策措施，吸引各类金融机构在于家堡金融区设立总部、地区总部和分支机构。在制订于家堡金融区快速发展阶段的相关政策时，需针对各类金融机构、不同金融人才的特点继续细化和完善各项鼓励优惠，为产业金融营造优质的发展环境。支持具备条件的国内大型金融机构和企业集团参股地方法人金融机构。支持各类金融机构和金融新兴业态发展，基本形成以银行、租赁、信托、财务、保险、证券、期货、基金、信用评级和资产管理等机构为主体，门类较为齐全的金融机构体系。

要努力营造于家堡金融区自由开放、宽松有序的经营环境，加强宣传，扩大对国内外金融机构的吸引力。于家堡区域内金融机构需要更加综合化，不仅需要大型国有银行等产业集中度高的金融机构，也要积极引入中小信贷机构和金融中介服务机构等，形成以金融总部机构为主体，各类创新金融机构共同发展的集聚态势。积极促进金融机构“与市场交易、产品创新、资产管理、财富管理紧密连接”的市场类、创新类业务管理总部的进驻；依托资本市场发展，大力促进PE/VC企业与金融租赁公司等新兴金融机构的大规模聚集；积极吸引跨国外资金融总部进驻，提高金融区的国际影响力。

3.加速金融创新，构建高效的产业金融产品体系

于家堡金融区定位于全国领先、国际一流、功能完善、服务健全的金融改革创新基地。于家堡金融区要集聚优质创新资源，推动金融改革创新核心基地建设。应加大政府对金融创新的推动力度，以金融市场的创新带动新的产业金融需求，激发金融机构的创新动力。继续在融资租赁、私募基金、产业金融、航运金融、科技金融、外汇改革、保险改革、离岸金融和综合经营等产业金融领域深化改革创新，并取得突破。鼓励金融主体以制度创新和科技进步为突破口，加大对科技金融的投资力度，并力争成为金融创新和知识产权保护的先行试点。围绕人民币国际化战略，大力发展面向海外的人民币相关金融产品，加强人民币业务的发展，使于家堡成为人民币国际金融产品开发和交易中心。

加大融资支持力度，大力发展融资贸易，积极扩大信用出口保险业务规模和服务项目。引导金融机构创新金融产品，丰富产品结构，加大对滨海新区楼宇经济和科技小巨人企业的金融服务力度；组织银行、信托、租赁、保险、证券、担保等金融机构展开业务合作，共同研发推广跨机构、跨市场的结构化融资产品。需要增强区域承载和金融服务能力，实现登记、托管、支付、结算、清算等金融系统服务互联互通，放宽审批权限，有效降低交易成本，提高金融交易效率。

大力发展各类债券产品，助力企业进行投融资业务。创新发展资产支持债券和项目收益债券，推进外币债券和其他债券品种的创新和发展。研究促进私人银行、券商直投、离岸金融、信托租赁和汽车金融等业务发展的措施，探索建立股权投资和银行信贷之间的投贷联动机制，有序开发跨机构、跨市场、跨产品的金融业务。发展知识产权质押贷款，开展信用保险保单融资、小企业网络联保贷款、证券公司专项资产管理业务，探索开展期货特定客户资产管理等业务。大力发展海洋金融创新，探索金融创新支持海洋经济的新模式。

4.支持配套产业发展，完善金融中介服务体系

为建立和完善中介服务体系，政府应创造良好的行政和法治环境，大力发展包括资信评级、投资咨询、资产评估和信用担保等在内的中介服务体系，鼓励和引导民间资本积极参与建立和发展信用评级等中介机构；同时要适度引进国际知名中介机构，建设完备的中介服务体系，优先引进托管结算、资产评估、信用担保以及信用评级等评估机构以及投资咨询和金融信息等领域相关的国际知名中介服务机构，尽快建立和完善金融产业服务体系。要加大力度支持金融中介服务机构开展新的金融业务，不断促进高端金融中介服务业务的发展，加强金融中介服务机构运作的规范性，支持金融中介服务机构通过收购兼并等措施做大做强。根据经济发展的需要，积极发展企业贷款担保机构，建立规范的企业担保体系。不断发展和完善证券投资咨询、保险经纪专业理财服务代理、离岸业务、船舶基金、飞机租赁基金和航运金融等机构。不断改善中小金融企业之间的信息交流、业务合作的载体和平台，增强金融企业之间或金融企业与非金融企业之间的联系，为滨海新区金融创新提供必要条件。

5. 汇聚各类专业人才，健全金融人才体系

于家堡金融区在健全完善金融服务体系的过程中，要努力建成国内外高端金融人才聚集地，构建良好的人才环境。目前，于家堡金融区金融人才远远不能满足金融聚集区建设的要求，尤其是高端金融人才严重缺乏。针对目前高级金融资金运作人才、高级管理人才以及新产品研发人才的紧缺现状，于家堡金融区需积极引进跨国人才，完善海外金融人才招聘制度，建立国际互认的执业资格制度和金融人才智库基金，鼓励国内外高级研究人员来金融区交流和工作。同时，应健全金融人才培养培训体系，建立面向金融服务业为主的职业教育体制，进一步完善国际化人才培养的激励机制，同时依托京津冀及周边地区高校丰富的教育资源，建设国际金融人才认证中心，加快金融人才教育和培训资源的整合。此外，政府部门还需要进一步加强对金融人才吸引和相应的配套机制的建设，包括税收制度、医疗和子女教育等。

五、于家堡金融区建立“五个中心”推动产业金融发展

于家堡金融区发展产业金融，需要以产业为基础，充分发挥金融的支持作

用。在健全和完善产业金融服务体系的基础上，进行产业结构调整，发展优势产业，实现产业和金融的互相融合。具体来说，可以通过建成股权基金中心、融资租赁中心、要素市场中心、商业保理中心、结算中心，奠定于家堡金融区国家级产业金融中心的地位。

1.股权基金中心

近年来，凭借注册门槛低、政府鼓励扶持、税收优惠政策丰富，滨海新区股权投资行业快速发展，吸引了众多投资机构前来注册，在全国处于领先地位。但于家堡金融区要建成股权基金中心，需要私募投资与实体经济进一步结合。

对于私募股权投资基金来说，优质项目是投资成功的一半。在投资方向上，股权基金一般要求企业具有高成长性、在行业领域处于领先地位，企业家素质高、信用良好，估值和预测回报在25%~30%，企业产权明晰、财务规范。但目前，我国完全符合以上要求的优质投资项目数量少，导致少数优质项目受追捧，股权基金投资利润缩减。并且，滨海新区多数中小企业缺乏对基金行业的认识，排斥利用股权基金融资，或因产权不明晰、财务记录不合格等原因不能进行股权基金融资，出现股权投资基金与企业间投融资渠道不畅通的问题。

于家堡建立股权基金中心，要在现有股权基金全国领先的基础上，加快基金与产业的互动。利用招商引资的优势，与国家相关部委加强交流沟通，对国内外优质项目资源保持关注，将“基础优势”转化为“质量优势”。于家堡金融区要扩大项目集聚，促使于家堡金融区股权基金优先在天津市寻找到优质投资项目，改善当前“注册在天津，项目在外省”的不利局面。可以先凭借于家堡金融区大型基础设施建设项目集聚的优势，结合十大产业振兴计划，大力引导股权基金投资天津项目，再辐射京津冀、环渤海，最终服务全国。并且，基金在IPO及创业板等场内交易的退出渠道容量有限，需要消除并购退出的法律障碍。于家堡金融区需建立并完善并购方面的法律法规，拓宽基金退出渠道。

2.融资租赁中心

近几年，我国融资租赁业快速发展。滨海新区依托东疆保税港区的政策优势，融资租赁业发展呈现井喷式增长，目前已成为我国最大的融资租赁聚集地。截至2014年5月末，总部设在天津的融资租赁公司达到240余家，约占全国融资租赁企业的17.8%；融资租赁合同余额约7700亿元，占全国的29.6%。2013年全国金融租赁、内资租赁和外资租赁前10强企业中，天津分别占3席、4席和5席。2013年，天津还利用拥有空客320飞机组装项目的优势，将空客320

飞机以融资租赁的方式销往海外，实现了国际租赁业务的突破。

发展融资租赁业，可以促进中小企业资产轻量化发展，盘活制造商企业存量，有利于产销、产融结合，推动实体经济发展。天津滨海新区利用金融改革的政策优势，大力发展融资租赁业，带动了天津进出口贸易的发展。目前，天津融资租赁潜力巨大。滨海新区不仅开创了我国特色的飞机保税进口租赁模式，在飞机租赁业领先全国，还加快创新租赁产品，完成国内首单跨境、跨关区海关异地监管船舶出口租赁业务、国内第一例国际船舶租赁登记业务等多项突破，并探索出特殊目的载体（SPV）租赁、进口租赁、出口租赁和人民币跨境结算租赁等 26 种租赁方式，为租赁产业发展提供持续动力。

目前，于家堡金融区建立融资租赁中心仍面临政策优势不明显、企业创新能力不足的挑战。于家堡金融区需要完善法律法规，出台政策为融资租赁企业拓宽融资渠道，制定税收方面的优惠扶持政策，并完善保险政策，降低企业经营风险。还需要完善融资体系，鼓励融资租赁与商业保理融合发展，完善融资体系。于家堡金融区在建立融资租赁中心时，要争取在滨海新区建立中国融资租赁业协会，培育二手设备交易市场，保障天津融资租赁公司的利益。

3.要素市场中心

要建成要素市场中心，于家堡金融区需要继续建设多层次的要素市场体系。要素市场包括金融市场、劳动力市场、房地产市场、技术市场、信息市场和产权市场等。生产要素需要通过市场机制进行配置，健全的要素市场是优化资源配置的基础。于家堡金融区正在打造国内权威的要素市场中心，增强区域辐射能力，带动相关产业扎根。于家堡金融区已经吸引了矿业权交易所、金融资产交易所、滨海柜台交易市场和文化艺术交易所等 4 家交易市场注册发展，实现了要素交易市场初步聚集，未来于家堡还将吸引渤海商品交易所、天津股权交易所、中国汽车材料交易所和中国电影版权交易中心等各具特色的新型交易市场落户。

首先，建立健全综合性金融市场。于家堡金融区要将金融市场作为建设发展的核心，在建设货币市场、外汇市场、股票市场、债券市场、金融衍生品市场等传统金融市场的同时，大力发展基金市场、期货市场、保险市场和产权市场等新兴资本市场。以资本市场为突破口，增大直接融资比重，更好地为实体经济服务。完善金融要素市场的建设，推动在岸和离岸财富管理业务的发展进程。

其次，推动要素市场业务创新。支持天津股权交易所、滨海国际股权交易所、排放权交易所、矿业权交易所和铁合金交易所等要素市场发展，扩大交易品种、业务规模和辐射范围；引入天津滨海柜台交易市场，开展信贷资产挂牌交易，积极建设成为全国最大的柜台交易市场；引导和鼓励航空航天、石油化工、电子信息、装备制造、金融服务等优势产业在境内外资本市场主板上市融资，支持和培育科技型中小企业、战略性新兴产业在创业板和中小企业板块上市融资，逐步形成有影响力的上市公司板块。

4.商业保理中心

天津商业保理行业的发展一直走在全国前列。目前，在天津市注册的保理公司有百余家，占全国总数量的一半，而其中50余家坐落于中心商务区，占据全国保理企业总数的四分之一。2012年10月，商务部批准同意天津市在滨海新区开展商业保理试点的实施方案后，中心商务区作为滨海新区的重点开发区域，制定了一次性注册补贴和税收奖励等一系列优惠政策，促进保理企业在中心商务区的落户及发展。2013年7月，中心商务区在金融先行先试的政策创新环境下，建立了商业保理创新发展基地。通过设立商业保理公共信息服务平台，为保理企业提供公共信息服务，为商业保理会员企业、中小企业和金融机构提供应收账款的转让信息服务，后续平台将实现商业保理公司与银行、信托公司、证券公司、基金公司、保险资产管理公司等资金提供方的对接。中心商务区聚集了银利（天津）商业保理、天津瑞茂通商业保理、方正国际保理、鑫银国际保理、快钱商业保理和杉杉富银商业保理等大批保理企业，被誉为我国“保理之都”。

天津是我国北方最大的沿海开放城市和港口城市，近年来港口运输和进出口贸易的快速发展，为开展商业保理业务提供了地缘基础、发展条件和市场需求。但天津商业保理企业仍存在融资渠道不畅通、行业管理不规范和人才匮乏等全国发展的共性问题。商业保理公司虽然从事金融业务，但一直未被认定为非银行金融机构，无法通过银行间同业市场等资金拆借方式融资，导致商业保理公司融资难、融资贵，无法做大做强。

于家堡金融区在建设商业保理中心的过程中，需要搭建商业保理公司与银行间沟通交流的平台，收集并发布业务供求信息，促使双方有针对性地合作开展业务，同时，充分发挥专项资金的引领作用，通过贴息贷款或风险补偿的方式降低商业保理公司的融资成本。于家堡金融区还需通过招商引资和宣传推介等多种形式，吸引国内外有实力的跨国公司来津设立商业保理公司，为供应链上下游企业提供保理服务，形成示范带动作用。

5.结算中心

2010年，天津滨海新区成立跨境人民币结算试点。至今，滨海新区跨境人民币结算突破性发展，在全国外汇改革发展创新中处于领先地位。于家堡金融区建立结算中心的过程中，仍要提升外汇管理能力建设和协同效应，整合货物贸易和服务贸易管理资源，提升监管效果。还需加强服务贸易外汇管理体制机制建设，堵住监管漏洞。加强与金融监管及自律部门沟通配合，规避制度套利。

六、于家堡金融聚集水平综合评价体系的构建

金融聚集实际内涵了集聚水平的非均衡性。国内金融中心、金融增长极以及落后地区存在聚集水平上的差异，金融聚集的核心范围、附属范围以及边缘范围在聚集水平上也呈现梯队结构差异。在对金融聚集的研究中，对区域金融聚集水平进行测度的综合评价指标体系的构建并未取得广泛认同的标准。因此，构建于家堡金融聚集区还需在金融聚集理论的研究基础上，尝试构建一个科学、系统的综合评价指标体系。

1.构建原则

指标体系的构建原则具有一定的共性，可以通过五项指标来刻画：

（1）科学性。指标的选择采用科学的方法，在理论上支持基本的金融聚集理论框架，在实践上保证指标之间的逻辑关系严谨，在内容上指标的选择需严格围绕评价目标。

（2）全面性。综合评价体系应尽量囊括评价客体的各个侧面，详尽地展示评价客体各方面的水平，绝不能刻意隐瞒评价客体的劣势指标。

（3）独立性。独立性是指各个评价指标应该在全面的基础上做到不交叉，以避免指标重复刻画评价客体的某些特征，从而人为地增加了该项特征的权重。

（4）系统性。评价指标之间的关系并不是简单累加的，指标之间需要有机结合，评价不能存在任何倾向性，需要做到一致可比。

（5）可操作性。即指标的数据能够取得或者取得的成本在可承受的范围内。在全面性的原则下，存在一些指标，它们能够体现指标的重要性质，但是在实践中不能给出一个较为准确的度量结果，如果不能选择替代方案，我们不得不

将其舍弃。

（6）与评价方法的协调性。不同的评价方法对指标体系的设置具有不同的要求，因此指标体系的构建要具体情况具体分析，即便是同一个评价客体，在不同的评价方法下，其指标体系的构建也不能一概而论。

2.指标构成

金融区建设发展评价指标体系的全部指标可以直接或间接地反映于家堡金融聚集区功能定位。遵循突出重点、把握主线的原则，重点选取金融产业、金融生态、开放程度和经济增长 4 个一级指标之下的金融总量、金融市场、金融机构、金融人才、金融创新、金融影响、金融稳定、金融中介、经济总量、经济结构、人口规模、产出状况、外商投资、人员往来、国际会展和货币通兑等 16 个二级指标（如图 6.1 所示），反映全国领先、国际一流、功能完善、服务健全的金融改革创新基地定位的核心内涵，呈现于家堡未来成为金融总量巨大、金融机构聚集、金融市场深化、金融人才云集、金融创新活跃、金融生态良好、金融开放包容，且与北方经济中心定位相适应的金融改革创新平台和载体的宏大愿景。

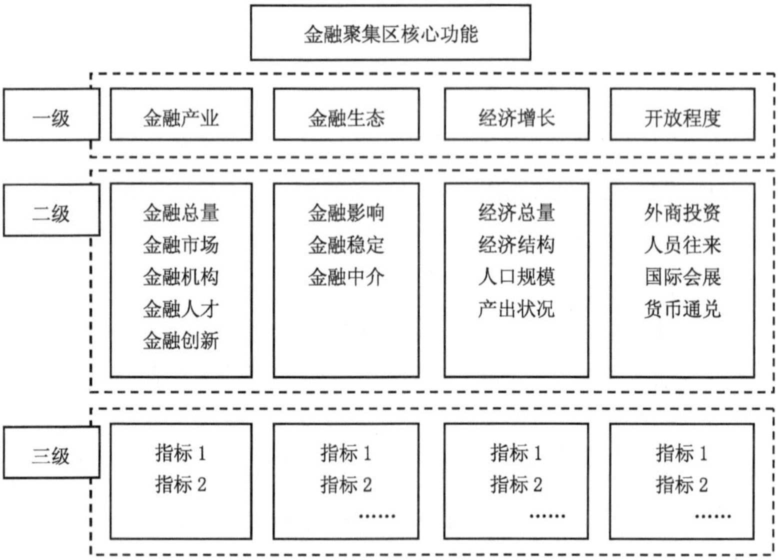

图 6.1　金融聚集区发展评价指标体系的分类框架

资料来源：课题组整理。

（1）经济增长类指标。金融的发展与聚集只能形成于经济相对发展的基础之上，只有经济增长达到一定水平，才会形成对金融的需求。能够反映经济增长的指标很多，考虑到指标的相关性，于家堡金融聚集区的经济增长指标体系主要从经济总量、经济结构、人口规模和产出状况四方面来评价（如图 6.2 所示）。

- 经济增长
  - 经济总量
    - 区域生产总值
    - 服务业增加值
    - 固定资产投资额
    - 区域内资资产总额
    - 区域外资资产总额
  - 经济结构
    - 区域生产总值占天津市比重
    - 区域生产总值占滨海新区比重
    - 区域生产总值占中心商务区比重
    - 服务业增加值占天津市比重
    - 服务业增加值占滨海新区比重
    - 金融业增加值占天津市服务业比重
    - 金融业增加值占滨海新区服务业比重
    - 文化产业增加值占服务业比重
  - 人口规模
    - 区内常住人口
    - 区内从业人员总数
  - 产出状况
    - 利润总额
    - 上缴税费总额

图 6.2　于家堡金融聚集区经济增长指标体系

（2）金融产业类指标。此类指标是金融产业聚集指标体系的核心。金融聚集在一定程度上反映为金融资源在“质”与“量”上的扩张，此处的产业在一定程度上反映“量”的扩张。因此金融机构数量、金融从业人员数量、金融业产值占 GDP 的比重、居民储蓄存款、金融机构存款、金融机构贷款、保费收入是金融产业指标体系中重点考核的指标（如图 6.3 所示）。

- 金融产业
  - 金融总量
    - 金融机构个数（含创新类机构）
    - 金融资产总额
    - 证券市场交易额
    - 金融业增加值
    - 存款余额
    - 贷款余额
    - 保费收入
    - 融资租赁资产规模
  - 金融市场
    - 股票市场融资额
    - 债券市场融资额
    - 债券市场交易额（银行间债券市场）
    - 货币市场交易额（同业拆借+回购交易）
    - 期货市场交易量
    - 外汇市场交易额（日均交易额）
    - 黄金市场交易量（日均交易量）
  - 金融机构
    - 银行机构个数
    - 银行机构总部个数
    - 证券公司个数
    - 保险公司个数
    - 期货公司个数
    - 基金个数
    - 依托公司个数
  - 金融人才
    - 金融从业人员总数
    - 外籍金融从业人员（含港澳人员）比重
    - 国际金融财务证照持有人数占金融从业人数比重
    - 本科以上金融从业人员比重
    - 金融从业人员工资水平（年薪）
    - 青年金融人才公寓面积
  - 金融创新
    - 创新型金融机构个数
    - 金融机构种类个数
    - 外资银行个数
    - 非银行外资金融机构及代表处个数
    - 融资租赁公司个数
    - 股权投资和创业投资基金（公司）个数
    - 国家级要素交易市场个数
    - 离岸金融市场交易额
    - 跨境人民币结算总额
    - 碳排放交易量
    - 金融产品创新个数
    - 金融法规和政策改革（创新）个数
    - 金融机构数字化管理程度（问卷）

图 6.3　于家堡金融聚集区金融产业指标体系

（3）金融生态类指标。金融生态环境是指和金融机构、金融市场生存发展具有互动关系的各种因素的总和。金融生态环境的内容十分广泛，既包括经济环境、法律环境、信用环境、政策环境等，也包括政治、社会、文化、地理、人口、中介服务体系等（如图 6.4 所示）。金融生态环境构成金融机构和金融市场的服务对象和活动空间，它决定着金融主体的生存条件、健康状况、运营方式和发展方向。从生态学的观点来看，通过完善金融生态环境来提升金融效率和管理金融风险，具有更为根本的意义。于家堡金融区位于天津滨海新区九大功能区之一的中心商务区的核心区。因此，天津市以及滨海新区金融生态环境的建设与优化，为于家堡金融区的建设发展提供了良好环境，提高了于家堡的聚集效应。

- 金融生态
  - 金融影响
    - 国际政府及学术会议、论坛永久性会址个数
    - 全球财经金融资讯公司个数
    - 官方信息对外发布能力（问卷）
    - 对外宣传投资预算比重
  - 金融稳定
    - 风险预警系统建设程度
    - 商业银行不良货款率
    - 信用数据企业覆盖率
    - 信用数据居民覆盖率
  - 金融中介
    - 金融中介服务机构个数
    - 外资金融中介服务机构个数
    - 国际三大信用评级机构进驻个数
    - 金融中介服务从业人数占区内从业人数比重
    - 金融中介服务业增加值占区域生产总值比重

图 6.4　于家堡金融聚集区金融生态指标体系

（4）开放程度类指标。金融业是由市场配置资源的产物，开放程度越高，金融资源的配置越优化，金融聚集的水平也越高。开放程度指标反映了于家堡金融改革创新基地建设发展过程中的开放包容程度（如图 6.5 所示），体现了于家堡全国领先、功能完善的发展要求。

- 开放程度
  - 外商投资
    - 外国直接投资（FDI）占本地投资比重
    - 外商投资项目数量（1000万美元以上）
  - 人员往来
    - 常驻人口中外国常驻人口比重
    - 接待入境国际旅游者人数
    - 接待国内旅游者人数
  - 国际会展
    - 会展个数
    - 国际高水平会展个数
  - 货币通兑
    - 国际主要货币通兑率（经常项目）
    - 国际主要货币通兑率（资本项目）

图 6.5　于家堡金融聚集区开放程度指标体系

第七章　自贸区背景下的滨海新区金融产业发展策略

2013 年 9 月 29 日，我国大陆境内第一个区域性自由贸易区——中国（上海）自由贸易试验区正式挂牌成立。经过一年多时间的运行，上海自贸区建设取得了一定成绩，部分改革措施和经验已经在全国范围内推广。2014 年 12 月 12 日，国务院召开常务会议，决定在更大范围推广（上海）自由贸易试验区建设经验，在广东、天津和福建特定区域再设三个自由贸易园区，进而推动实施新一轮高水平对外开放。自贸区扩围标志着自贸试验的复制推广正在“换挡加速”，自贸区建设已经成为“新常态”下中国经济发展的又一重要战略和举措。

作为中国北方首个自贸区，天津自贸区几乎全部位于天津滨海新区范围内，占地 119.9 平方公里，涵盖天津港、天津机场和滨海新区中心商务三大片区。而滨海新区作为中国经济新的增长极，一直是我国金融改革创新的前沿阵地，融资租赁业也在全国处于领头羊地位。如何抓住自贸区建设的历史机遇，进一步加快滨海新区金融改革创新的步伐，提升金融服务经济社会发展的能力，对全面推动滨海新区经济转型具有重要的意义。

第一节　天津自贸区建立的环境与背景

一、全球经济环境

2008 年美国次贷危机的爆发对全球经济造成了重创，使世界经济进入了低迷状态。经过各国不断的政策调整，世界经济开始步入温和复苏期，经济形势逐步好转。与此同时，世界经济发展也呈现出新的变化。

1.全球经济增长缓慢，增长格局发生变化

2014年以来，全球经济活动弱于预期，IMF和世界银行等国际组织和机构不断下调世界经济增速预期。按汇率法GDP加权汇总，联合国2014年12月份预测，2014年世界经济将增长2.6%，增速比上年小幅加快0.1个百分点，但比7月份预测值下调0.4个百分点；世界银行2015年1月份预测，2014年世界经济将增长2.6%，增速比上年小幅加快0.1个百分点，比6月份预测值下调0.2个百分点；共识公司2014年12月份预测，2014年世界经济将增长2.6%，增速与上年持平，比11月份预测值下调0.1个百分点。

与此同时，全球经济增长格局又出现新变化。发达国家经济一改前两年经济低迷状态，复苏速度有所加快，但发达经济体内部出现分化。美国经济表现出较强的韧性，呈现先抑后扬的趋势。受严寒天气影响，一季度GDP下降2.1%。但受商业投资和国内需求快速增长的影响，二季度GDP增长4.6%，创2013年三季度以来最快的扩张速度，三季度GDP增速也达到3.5%。重视实体经济发展是美国复苏的重要原因，为提升国际竞争力，次贷危机后奥巴马提出重振制造业和能源自给等计划，再工业化步伐虽然缓慢但已初现端倪。而欧元区和日本经济则基本上陷入了停滞状态，欧元区一季度GDP环比增长只有0.2%，二季度为零增长，三季度略有改善，但也只有0.2%。欧元区经济停滞的主要原因在于投资不足和出口不旺，这些因素在短期难以改观，因此未来增长前景并不乐观。日本经济的走势与美国恰好相反，一季度GDP增长1.5%，折合成年率增长6%；二季度GDP环比萎缩1.8%，折合成年率为萎缩7.1%，创2009年一季度以来的最大降幅；三季度继续下滑1.6%。而从新兴经济体经济发展情况看，经济增速则进一步放缓，一季度多数新兴国家经历了资本外流导致的金融动荡，受此影响上半年新兴国家经济增长普遍疲软。但在金融动荡结束之后，不同国家之间再度出现分化趋势。印度一季度GDP同比增速回落到4.6%，但二季度则迅速上升到5.7%，与此同时，上半年利用外资同比增长38%。受国内需求不足的影响，一季度巴西GDP同比增长1.9%，但二季度则下降0.9%。受地缘政治紧张局势对外国投资、国内生产和信心的影响，俄罗斯和独联体国家经济疲软，前三季度俄罗斯GDP分别同比增长0.9%、0.8%和0.7%。不过，俄罗斯三季度的经济增长已高于市场预期。

2.全球贸易低速增长

从 21 世纪以来全球经济和贸易增长的关系可以看出，在经济繁荣时期，世界贸易以更快的速度增长，但在经济萧条时期，世界贸易则以更低速度增长甚至出现衰退，这在 2001 年和 2009 年尤为明显。2014 年，世界贸易略有改观，但仍以较低的速度增长。据 IMF 预测，2014 年全球贸易将增长 3.8%，虽然较去年加快 0.8 个百分点，但仍比 2000—2007 年 5.9%的增速低 2.1 个百分点。

贸易增速下降的原因主要有如下几个方面。一是各种贸易保护措施制约了贸易增长。在经济疲软的背景下，一些国家为了维护本国产业的国际市场份额，采取了形形色色的贸易保护主义方式，不仅发达国家层层设置贸易壁垒，一些新兴国家也频频出台新的贸易限制措施。二是地缘政治的影响。乌克兰危机不仅直接影响了俄罗斯和乌克兰两国的外贸，而且其外部效应还不断向中亚和独联体地区扩散，欧美国家对俄罗斯的经济制裁更是将影响扩大到发达国家。三是美国再工业化政策逐步发挥作用，再工业化导致部分生产环节回流国内，加上新兴产业进入生产阶段，能源自给战略导致石油进口减少，这在一定程度上减少了美国进口，贸易逆差不断降低。四是发展中国家内需下降，在经济繁荣时期，发展中国家投资和消费需求旺盛，由于国内生产能力不足，进口大幅增加；在经济低迷时期，投资快速回落，与之相关的进口也随之下滑。

3.区域经济一体化加速

自 20 世纪 90 年代初以来，尤其是最近 10 年，以有关经济体签订区域贸易协议和建立自由贸易区为代表的区域经济一体化成为世界经济发展的一大显著特征，而且，这种区域主义的发展呈现出多边化趋势，并主要体现在美国等国的战略动向之中。继在北美先后于 1989 年建立美加自由贸易区（CUSFTA）和 1994 年建立北美自由贸易区（NAFTA）之后，美国目前正在亚太地区积极推动实施“跨太平洋伙伴关系协定”即 TPP 及其扩容。TPP 的贸易自由化程度大大高于目前以 WTO 为代表的多边贸易自由化的程度。与此同时，2013 年 2 月 13 日，美国总统奥巴马、欧洲理事会主席范龙佩和欧盟委员会主席巴罗佐发表联合声明称，双方将在 2013 年 6 月正式展开“跨太平洋贸易与投资伙伴协定”即 TTIP 的谈判，以最终建立美欧自由贸易区。如果把 TPP、TTIP 和 NAFTA 加起来的话，那么我们就会看到一个庞大的、由美国等发达经济体主导的自由贸易区集团，这将是一个崭新的、更加开放自由的准多边体制。如果这一格局最终成型的话，那么目前的 WTO 体制必然会被这些国家抛弃或被作为最低限度开放平台。因此，美国等国的区域主义多边化战略动向意味深长。与此同时，美国还着力推动“国际服务协定”（ISA）的达成，以替代目前的“服务贸易总协定”（GATS）。深度开放、全方位自由化将成为世界经济开放发展的新特点。

二、国内经济环境

1.中国经济步入“新常态”

改革开放三十年来，高储蓄率和高投资、海外投资和技术驱动、低要素成本、政府调节经济增长的政策优势等因素支撑了我国经济的持续高速增长。但是2008年危机之后，所有这些支撑经济发展的要素都发生了变化：要素成本逐渐上升，引进海外技术越来越困难，新的消费热点和有回报的投资机会越来越少，政府启动内需调节经济增长的空间也大大收窄。这些变化导致“旧常态”可能被打破了，我国经济进入一个新的发展阶段。

进入“新常态”，中国经济发展也呈现出新的特征。首先，虽然我国经济增速确实在放缓，但是与发达经济体相比，仍然保持在相对较高的水平上。不过，产能过剩的矛盾越来越突出。其次，经济增长模式和推动经济增长的主要动力发生了很大的变化。过去，经济增长主要是靠要素和投资驱动，现在可能要靠创新和消费驱动。再次，经济结构发生了变化。一方面，投资比重会越来越低，从2014年到2018年，我国名义固定资产投资的增长率将会从16%下降到8%。另一方面，服务业的比重会越来越高，现在我国的服务业比重已经超过了第二产业。

在“新常态”下，市场在资源配置中应该起决定性作用。在过去的30年里，中国经济遇到的三次周期性波动，主要依靠政府启动内需、加大投资，来熨平波动。在“新常态”下，既然市场在资源配置中起决定性作用，一方面，政府主导应该让位于市场；另一方面，政府也不能无所作为，政府需要制定出能够顺应客观经济规律的政策，同时扎扎实实地推动改革。

2.自贸区建设成为推动我国改革开放的又一战略举措

三十多年的改革开放不断取得突破和进展，逐步铸就了较为坚实的发展基础。从总体上看。我国的改革开放可以分为四个阶段：第一阶段开始于20世纪80年代末、90年代初，我国先后在深圳、珠海、汕头、厦门和海南岛设立了经济特区，并将大连、秦皇岛、天津、烟台、青岛、连云港、南通、上海、宁波、温州、福州、广州、湛江和北海等14个沿海城市批准为全国首批对外开放城市；第二阶段是20世纪90年代，我国开始设立“海关特殊监管区”，截至目前，我国已批准建成一百多个海关特殊监管区域，基本涵盖了沿海、沿江、沿边、内陆地区的重要港口和中心城市；第三阶段开始于2001年中国加入WTO，在很大程度上推动了国内有关领域的改革与发展，但十多年后，中国“入世”的红利正在逐步消失。

2013年3月，李克强总理在考察调研上海外高桥保税区期间，表示支持上海积极探索建立一个自由贸易园区试验区，进一步扩大开放。同年8月，国务院正式批准建立“中国（上海）自由贸易试验区”。上海自贸区的建立成为中国“入世”以来的又一项重大举措，标志着中国改革开放进入了一个新的阶段。

三、天津发展面临的历史机遇

1.京津冀协同发展的重大机遇

近几年来，京津冀交流合作频繁，围绕协同发展形成了多个合作发展协议。国家“十二五”规划提出推进京津冀区域经济一体化发展，打造首都经济圈。但是，与我国的长三角、珠三角等区域相比，京津冀区域合作仍有较大的潜力可以挖掘。党中央从国家战略高度出发，提出京津冀协同发展的重大战略。2013年5月，习近平总书记在天津市考察时指出，要积极推进京津冀区域合作，谱写新世纪社会主义现代化的“双城记”。2013年8月，习近平总书记主持研究河北发展问题，强调指出要推动京津冀协同发展。2014年2月26日，习近平总书记在北京专题听取京津冀协同发展工作汇报时，强调要着力加大对协同发展的推动，自觉打破自家“一亩三分地”的思维定式，抱成团朝着顶层设计的目标一起做，充分发挥环渤海地区经济合作发展协调机制的作用。

从现实条件看，京津冀不仅有着特殊、密切的历史渊源，而且在社会经济发展方面具有梯次性、互补性和共生性的特征，这就为合理配置要素、纠正市场失灵、实现区域协同发展创造了基础。从梯次性看，参照世界银行（Word Bank）对国家收入分组的标准，京津两地的人均收入水平已达富裕国家水平，而河北省尚处于中等收入水平。2013年北京市第三产业比重达到76.9%，而天津市和河北省分别为 48.1%和 35.5%，经济社会发展存在一定差距，梯次性为推动产业有序转移、实现三地互利共赢提供了前提条件。从互补性看，京津冀要素禀赋不同，北京市教育、科技和文化资源丰富，天津市具有航运、物流和制造业优势，河北省拥有劳动力、土地等成本优势。加强京津冀合作将形成有效互补，突破资源环境瓶颈，实现区域共同发展。从共生性看，京津冀地区之间存在着相互依赖的特性。当前，空气污染严重、水资源紧缺等成为京津冀面对的共同问题，亟待加强区域合作，有序推进区域整体发展。

2.自由贸易区试验的崭新机遇

2007 年 12 月，天津东疆保税港区一期封关后，天津就将建设自由贸易港区作为未来发展方向，并将提上重要的议事日程。2008 年 3 月，国务院批复的《天津滨海新区综合配套改革试验总体方案》明确表示，东疆保税港区在“条件成熟时,进行建立自由贸易港区的改革探索”,为天津建设自由贸易区开辟道路。2011 年，国务院批复的《天津北方国际航运中心核心功能区建设方案》，再次重申在天津东疆保税港区进行自由贸易区改革探索的目标。2012 年天津市委十届二次会议，以及 2013 年初天津市推进滨海新区新一轮开发开放的十大任务，均将建设自贸区列为 2013 年市委市政府的重点工作。

党的十八届三中全会《中共中央关于全面深化改革若干重大问题的决定》明确提出“在推进现有试点基础上，选择若干具备条件的地方发展自由贸易园(港)区”,建立中国天津自由贸易试验区是落实上述要求的一项重大举措。2013 年 6 月，商务部收到国务院办公厅批转的天津市人民政府建设自由贸易园区的有关请示。张高丽、汪洋等国务院领导同志先后批示要求商务部研究办理。2013 年 12 月 27 日，李克强总理在天津听取建设自由贸易园区的有关汇报后表示，天津具备探索促进投资和服务贸易便利化的条件。2014 年 12 月 12 日国务院召开常务会议，指出党中央、国务院已决定在更大范围推开（上海）自由贸易试验区建设经验，在广东、天津、福建特定区域再设三个自由贸易园区，进而推动实施新一轮高水平对外开放。至此，经过两年多的紧张筹备，天津自贸区各项准备工作已经就绪，于 2015 年正式挂牌。

3.“一带一路”国家战略

习近平总书记在 2014 年 9 月和 10 月分别提出建设“新丝绸之路经济带”和“21 世纪海上丝绸之路”的战略构想，强调相关各国要打造互利共赢的“利益共同体”和共同发展繁荣的“命运共同体”。“一带一路”战略对推进我国新一轮对外开放和沿线国家共同发展意义重大。

天津在“一带一路”战略中占有非常重要的地位，主要表现在天津的核心战略资源上，天津港是国内唯一同时拥有四条铁路通往欧洲陆桥的港口。天津港通往满洲里、二连浩特、阿拉山口、霍尔果斯的运距分别为2165公里、976公里、3966公里、3912公里，其中在国内较大的港口城市中，除去大连离满洲里较近外，天津港至四个口岸的运距全部为最短。而“一带一路”战略中的丝绸之路经济带就是依托亚欧大陆桥来运行的。既然天津港具有这么重要的战略地位，而天津自贸区又主要是依托天津港来建立和发展的，中央批准天津自贸区建立的重要战略意图也是希望天津自贸区能发挥好带动中西部地区经济发展的作用，因此，天津自贸区自然应更好地融入“一带一路”国家战略，与这一战略叠加运行。这不仅能促进天津港口经济和天津经济更好更快发展，而且能充分发挥天津港沿着丝绸之路经济带辐射带动中西部经济快速发展的作用。

4.综合改革创新区的重大机遇

2006年5月，国务院发布《关于推进天津滨海新区开发开放有关问题的意见》，该意见指出:“要鼓励天津滨海新区进行金融改革和创新”。按照意见精神，天津制定了一系列金融业及其配套产业的改革创新战略，促进天津金融业的跨越发展。2009年国务院批复《天津滨海新区综合配套改革试验金融创新专项方案》，明确加快天津滨海新区金融先行先试的步伐，努力建设与北方经济中心相适应的现代金融体系和全国金融改革创新基地。2013年12月，李克强总理在天津视察时，提出将天津建成我国第一个政策优于上海自贸区并富有天津特色的综合改革创新区。2013年中共天津市委十届四次全会提出，要大力推进投资与服务贸易便利化，加快投资、贸易、金融、监管等领域制度创新，建立贸易自由、投资便利、金融服务完善、高端产业聚集、法制运行规范、监管透明高效、辐射带动效应明显的综合改革创新区。立足天津的金融创新和运营中心功能，2014年5月，孙春兰同志在全市加快现代服务业发展工作会议上前瞻性地提出了“构建与北方经济中心和滨海新区开发开放相适应的现代金融服务体系和金融创新运营中心”的思路。2014年7月，孙春兰同志在中共天津市委十届五次全会上提出，按照中央统一部署，积极参与顶层设计，完善我市功能定位，突出北方经济中心、现代制造中心、国际航运中心和金融创新运营中心等功能。

四、滨海新区在天津自贸区建设中的重要地位

滨海新区位于天津东部沿海地区，环渤海经济圈的中心地带，总面积 2270 平方公里，人口 263 万人，是中国北方对外开放的门户、高水平的现代制造业和研发转化基地、北方国际航运中心和国际物流中心、宜居生态型新城区，被誉为“中国经济的第三增长极”。作为天津自贸区的主要组成部分，滨海新区在天津自贸区的建设过程中占据重要的地位。

天津自贸区 2014 年 12 月 12 日获得批准，于 2014 年 12 月 28 日经国务院正式批准设立试验区，总面积为 119.9 平方公里，主要涵盖 3 个功能区——天津港片区 30 平方公里、天津机场片区 43.1 平方公里、滨海新区中心商务片区 46.8 平方公里。由此看出，滨海新区将是天津自贸区的最主要载体。

2006 年，党中央、国务院从我国经济社会发展全局出发做出推进天津滨海新区开发开放的重要战略部署。2008 年，国务院批复《天津滨海新区综合配套改革试验总体方案》，指出要不断提高滨海新区的创新能力、服务能力和国际竞争力，在带动天津发展、推进京津冀和环渤海区域经济振兴、促进东中西互动和全国经济协调发展中发挥更大的作用。在这些政策红利的带动下，滨海新区的经济实现了飞速增长，2014 年预计全区生产总值 9000 亿元，增长 15.5%以上。滨海新区已经成为我国经济新的增长极，滨海新区通过行政体制改革，提高政府效率，在创新行政管理体制方面进行了不少尝试，为自贸区的建设积累了经验。

天津自贸区的建立是中央赋予开发开放的滨海新区一项新的“国家任务”。与上海自贸区相比较，天津自贸区依托滨海新区两千多平方公里面积，发展空间更大。在滨海新区多年的改革试验中，行政体制改革一直比较大胆，这对自贸区的建设也是一个良好的条件，而上海自贸区试验的一个目的就是行政体制简化。在上海自贸区对自贸区进行一般性探索的基础上，滨海新区的自贸区探索应该呈现出差异化探索的特点。第一，在一般化探索方面，滨海新区应该比上海自贸区更进一步，否则就失去了探索的意义与价值；第二，要结合滨海新区地方特点充实新的试点内容，从而实现自贸区战略与京津冀发展战略和“一带一路”战略的叠加。

第二节　天津自贸区建设与滨海新区金融改革的主要成就

一、天津自贸区建设的总体思路

2007 年 12 月，天津东疆保税港区一期封关后，天津就将建设自由贸易港区作为未来发展方向，并将其提上重要的议事日程。2008 年 3 月，国务院批复的《天津滨海新区综合配套改革试验总体方案》明确表示，东疆保税港区在“条件成熟时，进行建立自由贸易港区的改革探索”，为天津建设自由贸易区开辟道路。2011 年，国务院批复的《天津北方国际航运中心核心功能区建设方案》，再次重申在天津东疆保税港区进行自由贸易区改革探索的目标。2012 年天津市委十届二次会议，以及 2013 年初天津市推进滨海新区新一轮开发开放的十大任务，均将建设自贸区列为 2013 年市委市政府的重点工作。2013 年 6 月，商务部收到国务院办公厅批转的天津市人民政府建设自由贸易园区的有关请示。张高丽、汪洋等国务院领导同志先后批示要求商务部研究办理。2013 年 12 月 27 日，李克强总理在天津听取建设自由贸易园区的有关汇报后表示，天津具备探索促进投资和服务贸易便利化的条件。2014 年 12 月 12 日，天津自贸区正式获得批准建立。

1.指导思想

高举中国特色社会主义伟大旗帜，以邓小平理论、“三个代表”重要思想、科学发展观为指导，紧紧围绕完善和发展中国特色社会主义制度、推进国家治理体系和治理能力现代化的总目标，坚持以开放促改革、促发展、促转型的方针，着力推进体制机制改革创新，发挥市场在资源配置中的决定性作用，探索转变政府职能新途径，探索进一步扩大开放新模式，探索形成区域经贸合作新引擎，为我国新一轮改革开放积累有益经验，为实现中华民族伟大复兴的中国梦做出贡献。

2.基本原则

第一，坚持深化改革与扩大开放更好地结合。按照转变政府职能的要求，加快推进经济体制改革和行政管理体制改革，加快完善现代市场体系，构建开放型经济新体制，营造对各类投资主体公平透明的制度环境，形成改革开放新高地。

第二，坚持按照国际标准建设高水平试验区。借鉴《京都公约》、世界贸易组织自由贸易原则和相关规则、多双边自由贸易区政策设计与安排，以贸易自由、投资便利、金融开放为方向，实施国际自由贸易园区通行的制度、政策与措施，提升试验区的国际竞争力，助推中国经济和世界经济的深度融合。

第三，坚持先行先试打造改革创新试验田。按照明确重点、分步推进、逐步完善、风险可控的路径看，在转变政府职能、创新管理模式、扩大投资领域开放、促进产业转型升级、深化金融领域改革等方面，探索新思路和新途径，形成可复制、可推广的经验与模式。

第四，坚持发挥区域开放引领带动作用。立足环渤海地区，面向世界，打造世界北方对外开放新平台，加强区域经济合作，推进京津冀地区加快优化产业布局，科学调整城市功能，推动内陆腹地在贸易、投资、技术创新等方面协调发展，深入参与国际分工，加快经济转型升级。

3.总体目标

中国天津自由贸易试验区经过三至五年的改革探索，将试验区建设成为贸易自由、投资便利、高端产业集聚、金融服务完善、法制环境规范、监管高效便利、辐射带动效应明显的国际一流自由贸易园区，在我国经济转型发展中发挥示范引领作用。

4.主要特征

天津自贸试验区具有以下特征：第一，体制机制创新。切实转变政府职能，深化行政体制改革；试点负面清单管理模式，推进投资体制改革；借鉴国际自由贸易园区和国内特殊经济区域的建设经验，提出有利于促进贸易转型升级、提升人员资金等要素流动便利化程度的制度创新措施；推进金融领域开放创新；结合天津特色着力发展租赁业和国际航运业等；复制、推广部分中国上海自由贸易试验区内有利于实现中国天津自由贸易试验区建设目标的举措。第二，投资领域开放。结合天津产业基础和发展导向，扩大金融业等服务业领域开放，同时放宽先进制造业准入限制。第三，强化区域辐射带动功能。通过密切区域经济合作、大物流体系建设、构筑科技创新和人才聚集高地，带动环渤海协同发展和实现京津冀地区优化产业布局，科学调整城市功能，带动内陆腹地深入参与国际分工，加快经济转型升级。第四，加强监管防控风险。就试验区全区域和区内海关特殊监管区域，分别设计监管措施，创新监管模式。结合金融领域改革创新的内容，专项设计建立健全金融风险防控体系的有关内容。

二、滨海新区金融改革创新的基础条件

1.稳定的经济社会发展环境

天津滨海新区自2009年设立行政区以来，以“十大战役”和“十大改革”为突破口，全区经济社会发展取得令人瞩目的成就。全区生产总值由2009年的3810亿元增长到2014年的9000亿元以上，增长1.5倍，较上年同期增长15.5%以上；规模以上工业总产值1.73万亿元，增长10%；一般公共预算收入1028亿元，增长17%；全社会固定资产投资5780亿元，增长15%；社会消费品零售总额1227亿元，增长3%；实际利用外资123亿美元，增长12%；实际利用内资892亿元，增长20%；外贸进出口总额959亿美元，增长6%，其中出口329亿美元，增长5.5%。城乡居民人均可支配收入分别增长10%和12%。万元生产总值能耗下降4%，节能减排完成年度目标任务。

滨海新区始终坚持发展实体经济，产业水平不断提升。2014年全年实施重大工业项目286个，大众变速箱等68个项目竣工投产，天冠能源等103个项目开工，腾讯数码云计算基地等115个项目加快建设。天津港货物吞吐量5.4亿吨，集装箱吞吐量1430万标箱；机场旅客吞吐量1200万人次，货邮吞吐量25万吨。新引进中集物流和神州汽车租赁等18个总部项目，总部企业超过260家。亿元楼宇达到12个。方特欢乐世界、东方书画院等一批项目竣工运营，高银117、东疆游艇俱乐部等一批项目顺利推进。全年旅游接待量2200万人次，举办大型展会85场。现代都市农业加快发展，新增设施农业201.7公顷，16个市、区农业园区带动作用明显增强。

2.良好的科技创新氛围

2015年2月26日，致力于打造京津冀科技干线新节点的天津国家自主创新示范区正式揭牌成立。天津国家自主创新示范区将以滨海高新区为核心，广

泛聚集国内外科技资源与创新要素，加快推进科技型中小企业发展，大力培育战略性新兴产业集群，培养引进高水平的创新人才队伍，构建富有活力的创新生态系统，努力建设具有国际影响力的产业创新中心和国家级区域创新中心。近年来，滨海新区科技创新能力持续增强，2014 年成功实施 40 项自主创新重大项目，飞腾 CPU、海燕水下滑翔机等高端科技成果落地转化，成功研发国内首款 28 纳米手机芯片。同时，滨海新区加快推进科技型中小企业的成长，新增科技型中小企业 3854 家、小巨人企业 218 家，截至 2014 年底，全区科技型中小企业累计达到 18201 家，科技小巨人企业达到 964 家，国家级高新技术企业达到 894 家，促成一大批重点项目落户，新增市级认定撒手锏产品 20 个，9 个项目获得国家科技奖，创下了历史新高。

在机制体制创新方面，启动了京津冀通关一体化试点，“三个一”通关模式成为贸易便利化新亮点。创新行政审批模式，成立行政审批局，将原由 18 个部门管理的 216 个事项集中统一管理，实现“一颗印章管审批”，审批效能全国领先。

三、滨海新区金融改革创新的主要成就

按照国务院批复的《天津滨海新区综合配套改革试验总体方案》和天津市委市政府统一部署，在中央和市有关部门的大力支持下，滨海新区各地区、各部门大胆探索、积极实践，推进金融企业、金融市场、金融业务、金融开放等方面的先行先试，初步实现融资租赁、私募基金、外汇改革、综合经营等重点领域的率先突破，现代金融体系和全国金融改革创新基地建设取得重要成果。

1.现代金融体系逐步完善

党的十八大报告指出，要深化金融体制改革，健全促进宏观经济稳定、支持实体经济发展的现代金融体系。作为全国金融改革创新基地，滨海新区不断增创体制机制新优势，在重点难点领域先行先试，构建一个崭新的现代金融体系。第一，金融机构体系逐步完善。滨海新区不断设立和引进新型金融机构，使得区内金融机构层级、业态类别和机构数量显著提升。截至 2014 年末，滨海新区拥有 1 家地方法人银行，4 家一级分行（渤海银行天津滨海新区分行、天津银行滨海分行、天津农商银行滨海分行、瑞穗实业银行天津分行），18 家二

级分行在内的560余家银行网点，形成了包括信托、汽车金融、融资租赁、商业保理等在内的多元化业态体系。其中，总部在滨海新区的母公司类和单一项目类融资租赁公司共计817家，租赁合同余额约8000余亿元，约占全国的四分之一，成为全国最大的融资租赁聚集区。第二，金融市场体系更为深化。滨海新区规范建设了11家创新型资本及要素交易市场，分别是天津股权交易所、渤海商品交易所、滨海柜台交易市场、滨海国际股权交易所、排放权交易所、贵金属交易所、金融资产交易所、铁合金交易所、滨海国际知识产权交易所、矿产权交易所、文化艺术品交易所。截至2014年末，天津股权交易所累计挂牌企业达474家，挂牌企业覆盖29个省市，融资总额突破300亿元。第三，金融业务体系更加丰富。中新天津生态城16家企业实行意愿结汇。中海油服等企业开设离岸账户，相继开展离岸金融业务和跨境人民币结算业务，在全国率先进行外汇资本金意愿结汇试点。在全国率先开展单机、单船公司改革试点，天津渤海租赁成为融资租赁业第一家上市公司，完成35架飞机和22艘离岸船舶的租赁业务，租赁资产20亿美元。多家特许机构开展本外币兑换特许业务。

2.全国金融改革创新基地建设加快

滨海新区金融改革创新，依托新区在区位、资源、产业等方面的比较优势，全面快速推进全国金融改革创新基地建设，前瞻性地把握了后金融危机时代全球金融业向支持实体经济这一传统定位回归的趋势。滨海新区通过金融机构、要素市场和配套服务的聚集跟进，实现错位发展，在航运金融、融资租赁、私募基金、产业金融等重点领域和关键环节取得重大突破。第一，凭借现代制造业中心和研发转化基地优势，率先设立了渤海产业基金、船舶产业基金、航空产业基金、物联网产业基金、生物医药产业基金等多支产业基金，扩宽了滨海新区优势产业的金融服务渠道。第二，借助大飞机、大造船及战略新兴产业优势，加快新区融资租赁业务发展。截至2014年 11月底，滨海新区已汇集母公司类和单一项目类融资租赁公司共计817家，租赁合同余额8000余亿元，约占全国的四分之一；在我国融资租赁十强（按注册资本排序）中，总部注册在新区的融资租赁企业达4家，分别为工银租赁有限公司、天津渤海租赁有限公司、民生金融租赁股份有限公司和业金融租赁有限公司，而工银金融租赁有限公司以110亿元的注册资本位居榜首。滨海新区已经成为国内最大的融资租赁聚集地和示范区。第三，加快股权投资基金的规范发展。2006年，我国第一只契约型产业投资基金——渤海产业投资基金在滨海新区成立，开创了我国资本市场直接投融资的新模式和新渠道。此后，我国第一只合伙制船舶产业投资基金和第一只航空产业基金也相继落户滨海新区。截至2014年末，在滨海新区注册的私募证券基金12家，包括自主发行和8家顾问管理；私募股权基金22家，创业投资基金7家以及3家其他私募基金，其中聚集了包括鼎晖、弘毅等一批知名基金，加快了股权投资基金由量增模式向质优模式的转变。

3.于家堡金融区功能定位逐渐实现

于家堡是目前世界上规划面积最大的金融区，于家堡金融区位于滨海新区中心商务区的中心，是滨海新区开发开放的标志性区域，东西宽约1.2公里，南北长约2.8公里，规划建设用地面积为3.86平方公里，规划建设120座楼宇，地上建筑面积968万平方米，地下建筑面积400万平方米，区域体积、项目规模超越纽约曼哈顿、伦敦金融城和巴黎拉德芳斯。工作人口30万人，常住人口6.7万人。于2009年开工建设，规划10至15年基本建成。根据天津市委市政府对于家堡金融区开发建设的要求，于家堡金融区的功能定位为：滨海新区中心商务区的核心区，国家级产业金融中心，全国领先、国际一流、功能完善、服务健全的金融改革创新基地，APEC首个低碳示范城镇。于家堡金融区“9+3”项目进展顺利，铁狮门金融广场和罗斯洛克金融中心等项目开工建设。楼宇投资单位或使用单位有渤海银行、天津农商银行、厦门建发、矿业权交易所、股权交易所、宝龙集团和英蓝国际等，银行类机构和企业集团总部及高等级商务商业是金融区起步区入驻客商的显著特点。经过10年的开发建设，于家堡金融服务区基础设施和重点项目将基本建成，达到规划设计要求，具备现代化设施和国际化服务功能，初步建成全国领先、国际一流、功能完善、服务健全的金融改革和创新基地。

4.滨海新区金融生态环境持续优化

滨海新区在推进金融先行先试的过程中，始终坚持金融改革创新与生态环境建设相结合。第一，加强金融制度建设。滨海新区及其功能区积极推进体制机制创新，成立了滨海新区行政审批局，对企业设立实行“一口式”审批，显著提升了金融及相关机构登记注册和项目审批的效率。与此同时，出台众多优惠政策和鼓励措施，鼓励金融机构和金融人才加快向滨海新区集聚，为滨海新区金融改革创新培育了极具竞争力的制度环境。第二，金融基础设施建设不断完善。2013年，滨海新区中心商务区围绕“一个基地，五个中心”的定位，加快金融改革创新基地、融资租赁中心、商业保理中心、股权基金中心、要素市场中心、资金结算中心的建设，加强招商引资力度，形成产业聚集，发挥集聚效应。作为滨海新区金融改革的核心区域，于家堡金融区在 2013 年进一步完善基础设施和相关配套设施建设，尽快建成一期工程起步区。滨海新区通过一系列政策优惠，鼓励于家堡金融区实施高质量招商引资，吸引广泛的高端金融企业和金融从业人才。第三，创新税收制度支持融资租赁业务发展。按照税法规定，融资租赁货物出口贸易不满足出口退税条件，因此抬高融资租赁的成本，融资租赁业务只能局限于国内贸易，这成为融资租赁发展的一大掣肘。2012 年出台的东疆港融资租赁退税改革条例，无疑是给滨海新区的发展释放了枷锁。通过整合纳税申报系统和出口退税的交叉集合比对系统等，融资租赁的出口退税办公效率取得历史性突破。此外，滨海新区积极利用“营改增”后的政策优势，将融资租赁业纳入营业税改征增值税试点。“营改增”后，新区财税部门明确规定，改革前后的税收优惠政策将延续下去。这对于生产性企业的积极性的提升大有裨益，将为做大做强滨海融资租赁高地添砖加瓦。第四，完善金融中介服务体系。在全球重要的金融中心城市，金融业与专业服务业的互利共生现象十分明显。为推动金融改革创新发展，滨海新区出台了一系列优惠政策，设立和引进了包括会计师事务所、律师事务所、信用评级机构、资产评估机构、管理咨询机构、融资担保机构、理财咨询机构等多样化的金融中介服务机构，进一步丰富和发展了新区的专业服务业。

第三节　上海自贸区金融开放创新的实践经验

中国（上海）自由贸易试验区是中国政府设立在上海的区域性自由贸易园区，也是中国大陆境内的第一个自由贸易区，于 2013 年 8 月 22 日经国务院正式批准设立，9 月 29 日上午 10 时正式挂牌。上海自贸区以上海外高桥保税区为核心，辅之以机场保税区和洋山港临港新城，成为中国经济新的试验田，实行政府职能转变、金融制度、贸易服务、外商投资和税收政策等多项改革措施，并将大力推动上海市转口和离岸业务的发展。

2014 年 12 月，金桥开发片区、张江高科技片区和陆家嘴金融片区都被纳入自贸区范围，上海自贸区由原先的 28.78 平方公里扩至 120.72 平方公里。上海自贸区面积将从28.78平方公里扩至120.72平方公里。截至2014年11月底，上海自贸试验区一年投资企业累计2.2万多家、新设企业近1.4万家、境外投资办结160个项目、中方对外投资额38亿美元、进口通关速度快41.3%、企业盈利水平增20%、设自由贸易账户6925个、存款余额48.9亿元人民币。

2013年9月，国务院正式发布《中国（上海）自由贸易试验区总体方案》，方案指出“深化金融领域的开放创新”是上海自贸区建设的主要任务之一。

一、上海自贸区金融发展的定位

2013年9月，国务院发布的《中国（上海）自由贸易试验区总体方案》明确提出上海自贸区建设的总体目标是:“经过两至三年的改革试验，加快转变政府职能，积极推进服务业扩大开放和外商投资管理体制改革，大力发展总部经济和新型贸易业态，加快探索资本项目可兑换和金融服务业全面开放，探索建立货物状态分类监管模式，努力形成促进投资和创新的政策支持体系，着力培育国际化和法治化的营商环境，力争建设成为具有国际水准的投资贸易便利、货币兑换自由、监管高效便捷、法制环境规范的自由贸易试验区，为我国扩大开放和深化改革探索新思路和新途径，更好地为全国服务。”

上海自贸区是“以开放促改革”国家战略的新试点，金融开放是上海自贸区现代服务业扩大开放的有机组成部分。总体方案首批明确了六大服务领域、共计 18 个行业扩大对外资开放的措施，包括在金融、电信、航运服务、专业服务、文化服务和社会服务等领域扩大开放。按照总体方案提出的“打造中国经济升级版”的目标，上海自贸区的金融开放表明中央相关顶层设计至少包含两大意图: 第一，坚持以开放促改革，聚焦在国内贸易服务领域寻求下一阶段金融开放的突破口，用开放扩大内需，用开放形成倒逼机制，用开放促进新一轮改革；第二，中国未来的金融改革将超越局部的、地方化的点状突破，寻求能够在全国复制、推广的普遍性、制度性路径。由此可见，总体方案赋予上海自贸区金融开放对于全国性金融开放的先行使命，其金融发展经验未来存在多种推广空间：一是相关开放政策、措施在业务、行业、力度和制度化方面的扩展；二是自贸区自身地理面积的扩大和相关金融制度实施范围的扩大；三是成熟经验被移植到其他省市的新兴自贸区，乃至从区内做法上升为全国性政策和法律。

作为上海自贸区服务业扩大开放的有机组成部分，金融开放的定位应与贸易相关的现代服务业开放步调相一致，而非专门、单独进行金融开放，区内金融业发展在相当程度上应立足于满足国际贸易和相关服务业的投融资需求。

第一，金融开放的配套性定位。加快转变贸易发展方式是上海自贸区的改革主题，贸易的转型升级在自贸区运作层面上是主体，而金融等服务领域的进一步开放要为此发挥配套支撑作用。在国际贸易方面，上海自贸区或将深化国际贸易结算中心试点，这需要在区内探索设立关于能源产品、工业原料和农产品的国际大宗商品交易和资源配置平台，以及拓展与国际贸易离岸业务相关的投融资服务创新。在国际航运方面，上海自贸区将发挥外高桥港、洋山深水港、浦东空港的联动优势，发展远洋运输和船舶管理等国际航运经济新产业，这就需要在区内探索具有国际竞争力的航运金融发展和运作模式。目前，在贸易结构、增值服务水平和核心竞争力等方面，我国与发达国家相比并非贸易强国。以全面开放为杠杆，主动呼应跨太平洋战略经济伙伴关系协议（TPP）、跨大西洋贸易与投资伙伴关系协定（TTIP），也是上海自贸区的另一战略任务，这就需要区内金融尽快与发达国家金融业接轨。

第二，金融开放的渐进性定位。上海自贸区现阶段金融开放的进程与事前市场的期待相比尚有一定差距。由于金融开放举措的出台不是针对快速繁荣某一个地区，而是审慎执行国家通过扩大开放进一步完成金融改革“试验田”的任务，上海自贸区现阶段的主要任务是在转变政府职能和创新金融管理模式等方面进行基础性探索，为在接轨国际规则的环境中管理现代金融积累操作性经验，形成可复制、可推广的阶段性制度创新成果，并服务于全国。由于金融开放具有影响区内经济秩序和巨大的溢出效应等特性，上海自贸区应更加注重以渐进性方式试验金融开放的效果。上海自贸区的未来政策有望进一步升级，不断推出新一轮的开放政策，其思路应继续定位于服务实体经济的需要。当区内贸易未来发展遇到金融服务“障碍”时，则应以创新方式加以排除。这里的“障碍”既包括贸易流通不畅，也包括贸易动力不足；不仅指被动地阻碍，也可能是主动升级引领发展。这里的金融创新方式是指与贸易现代化轮换提升、不断升级的过程，这样将更加符合总体方案的初衷。

在深化金融领域开放创新方面，一方面要加快金融制度创新，在风险可控的前提下，在试验区内对人民币资本项目可兑换、金融市场利率市场化、人民币跨境使用等方面创造条件进行先行先试。在试验区内实现金融机构资产方价格实行市场化定价。探索面向国际的外汇管理改革试点，建立与自由贸易试验区相适应的外汇管理体制，全面实现贸易投资便利化。鼓励企业充分利用境内外两种资源、两个市场，实现跨境融资自由化。深化外债管理方式改革，促进跨境融资便利化。深化跨国公司总部外汇资金集中运营管理试点，促进跨国公司设立区域性或全球性资金管理中心。建立试验区金融改革创新与上海国际金融中心建设的联动机制。

另一方面，要增强金融服务功能。推动金融服务业对符合条件的民营资本和外资金融机构全面开放，支持在试验区内设立外资银行和中外合资银行。允许金融市场在试验区内建立面向国际的交易平台。逐步允许境外企业参与商品期货交易。鼓励金融市场产品创新。支持股权托管交易机构在试验区内建立综合金融服务平台。支持开展人民币跨境再保险业务，培育发展再保险市场。

二、上海自贸区金融改革政策与举措

2013 年 9 月，国务院正式发布《中国（上海）自由贸易试验区总体方案》（以下简称《总体方案》），明确了上海自贸区建设的总体目标和主要任务措施，提出要加快金融制度创新和增强金融服务功能。在《总体方案》的指引下，中国人民银行、银监会、证监会、保监会等金融监管机构都分别发布了支持自贸区建设的相关意见，出台了一系列支持自贸区深化金融领域开放创新的政策和措施。

1.银监会相关政策

为了给予上海自贸区银行业法律保障，2013 年 9 月 28 日，中国银监会经国务院批准发布《关于中国（上海）自由贸易试验区银行业监管有关问题的通知》，提出一系列金融监管新措施，支持上海自贸区银行业发展。具体措施包括：支持中资银行入区发展；支持区内设立非银行金融公司；支持外资银行入区经营；支持民间资本进入区内银行业；鼓励开展跨境投融资服务；支持区内开展离岸业务；简化准入方式；完善监管服务体系。同时银监会提出自贸区金融业的发展必须坚持服务自贸区实体经济和投资贸易便利化的原则。

2.证监会相关政策

为了稳步推进资本市场改革开放，发挥资本市场服务经济转型的积极作用，更好地服务于上海自贸区国家战略，证监会于 2013 年 9 月 29 日发布《资本市场支持促进中国（上海）自由贸易试验区若干政策措施》，旨在深化资本市场改革，提升中国资本市场的对外开放度，加大对自贸区建设的金融支持力度。具体措施包括：一、拟同意上海期货交易所在自贸区内筹建上海国际能源交易中心股份有限公司，具体承担推进国际原油期货平台筹建工作，依托这一平台，全面引入境外投资者参与境内期货交易，扩大中国期货市场对外开放程度；二、支持自贸区内符合一定条件的单位和个人按照规定双向投资于境内外证券期货市场；三、区内企业的境外母公司可按规定在境内市场发行人民币债券，根据市场需要，探索在区内开展国际金融资产交易等；四、支持证券期货经营机构在区内注册成立专业子公司；五、支持区内证券期货经营机构开展面向境内客户的大宗商品和金融衍生品的柜台交易。

3.保监会相关政策

为充分发挥保险功能作用，支持上海自贸区建设，中国保监会发布了《保监会支持中国（上海）自由贸易试验区建设》，具体内容为：一、支持在自贸区内试点设立外资专业健康保险机构；二、支持保险公司在自贸区内设立分支机构，开展人民币跨境再保险业务，支持上海研究探索巨灾保险机制；三、支持自贸区保险机构开展境外投资试点，积极研究在自贸区试点扩大保险机构境外投资范围和比例；四、支持国际著名的专业性保险中介机构等服务机构以及从事再保险业务的社会组织和个人在自贸区依法开展相关业务，为保险业发展提供专业技术配套服务；五、支持上海开展航运保险，培育航运保险营运机构和航运保险经纪人队伍，发展上海航运保险协会；支持保险公司创新保险产品，不断拓展责任保险服务领域；支持上海完善保险市场体系，推动航运保险定价中心、再保险中心和保险资金运用中心等功能型保险机构建设；支持建立自贸区金融改革创新与上海国际金融中心建设的联动机制，不断强化和拓展保监会与上海市政府合作备忘录工作机制。

4.人民银行相关政策

为落实党中央、国务院关于建设上海自贸区的重要战略部署，促进试验区实体经济发展，加大对跨境投资和贸易的金融支持，深化金融改革，中国人民银行在“三会”之后于 2013 年 12 月 2 日出台《关于金融支持中国（上海）自由贸易试验区建设的意见》（以下简称《意见》）。在上海自贸区建设总体方案的指导下，该《意见》以“服务实体经济，便利跨境投资和贸易”为指导思想，坚持开放创新、先行先试，探索投融资汇兑便利，着力推进人民币跨境使用，稳步推进利率市场化，深化外汇管理改革。通过金融支持举措，拓展区内实体经济的成长空间，培育其竞争实力，促进其在更高水平上参与国际合作与竞争。

在金融支持试验区实体经济发展、便利跨境投资和贸易方面，该《意见》提出了以下四个方面的具体举措：一是探索投融资汇兑便利化，推动资本项目可兑换进程，进一步扩大试验区对外开放，支持企业走出去；二是扩大人民币跨境使用，使区内企业和个人更加灵活地使用本币进行跨境交易，降低汇兑成本，减少汇率风险；三是稳步推进利率市场化，加快改革进程，支持实体经济发展；四是深化外汇管理改革，进一步减少行政审批，逐步建立与之相适应的外汇管理体制。

在实施步骤和风险防范上，该《意见》坚持以“风险可控、稳步推进，适时有序组织试点”为原则，对于《意见》的具体改革条款，“成熟一项、推动一项”，确保改革试点工作有序进行。根据风险可控、稳步推进原则，人民银行将尽快制定相应细则后组织实施。同时，《意见》着重从宏观审慎管理的角度，制定了一系列风险防范措施，实施全过程风险管理。主要通过分账核算管理的方式，企业开立自由贸易账户，服务试验区企业的金融机构设立试验区分账核算单元，满足区内主体更加广泛的涉外经济活动需求。人民银行和上海市政府加强监测分析，密切关注跨境异常资金的流动，并对区内机构实施分类管理。人民银行还可根据形势判断，加强对试验区短期投机性资本流动的监管。

在《意见》的指导下，中央银行上海总部陆续发布了上海自贸区跨境人民币支付业务、扩大人民币跨境使用、小额外币存款利率上限放开、外汇管理实施细则、反洗钱反恐怖融资、分账核算业务实施细则、审慎管理细则等七项自贸区金融细则，推动了自贸区金融改革创新。

三、上海自贸区金融改革的特点

从“一行三会”发布的一系列支持上海自贸区建设的政策、意见和具体举措可以看出，上海自贸区金融改革开放将呈现出以下特点：

第一，渗透性。上海自贸区建设的重要特点之一就是采取离岸市场的模式。其中货物贸易监管继续实行“一线放开，二线安全高效管住”的模式，金融监管不同于以往保税区与区外政策拉平的做法，而是也采取离岸模式。但是，一般意义的离岸金融市场通常是“两头在外”，从境外吸收资金用于境外。而上海自贸区的离岸金融市场是渗透型的，在上海地区银行实行分账核算单元管理，区内的居民和非居民机构及个人，都可以在区内和区外的银行开立自由贸易账户，自由贸易账户之间以及自由贸易账户和境外账户之间资金可以自由划转，而自由贸易账户和其他普通账户之间资金划转视同跨境管理。因此，这是一种在一定监管条件下，可以有限渗透的离岸金融市场。当然，由于区内主体与区外有着天然的、密切的经济联系，区内企业可能需要在区外经营、采购，也就肯定有相关资金汇兑的客观需要。同时，相比于在境外设立一个机构，在区内设立一个机构会更加便利，因此，在自贸区建设离岸金融市场可能会比其他离岸市场的实际影响更大，渗透性会更强。

第二，辐射性。根据人民银行提出的创新有利于风险管理的账户体系，只要在自贸区内取得合法身份的，不论是个人还是机构，不论是居民还是非居民，都可以在相关的银行开立自由贸易账户，有一部分可以进行自由兑换和自由划转。这样，对于区外的企业和机构来说，如果认为自贸区的政策相对优惠的话，可以通过在自贸区设立分支机构的方式取得合法主体身份，然后再在自贸区开立自由贸易账户开展相关业务。从这个角度看，自由贸易账户的提出使得自贸区金融不仅仅对区内开放，而是向全上海、全中国乃至全世界的开放。

第三，放大性。上海自贸区根据中央银行发布的《意见》实现“一线放开，二线管住”的监管政策，对于自由贸易账户和非自由贸易账户之间进行的资金汇兑划转业务采取一定的管控措施。管控措施的存在会导致出现不同的利率和汇率，进而引发市场上出现套利机会。从我国跨境人民币业务试点的经验看，在香港地区有一个人民币汇率的价格——离岸人民币兑换价格（CNH），在内地也有一个人民币汇率的价格 CNY，二者通常都不一样。如果 CNH 和 CNY 价差比较大，企业就可能利用跨境人民币业务进行套利：当 CNH 相对 CNY 强势时就在内地结汇/香港购汇，当 CNH 相对 CNY 弱势时就在内地购汇/香港结汇。这种套利活动都会影响内地的外汇供求关系，在一定程度上规避了人民币购售额度的管理。因此，区内区外进行监管控制的措施很可能无法将影响控制到预先设定的范围内。

第四，替代性。自贸区内既要试资本项目可兑换的政策，也要试扩大人民币跨境使用的政策。人民币用于跨境支付结算时，是在行使世界货币的职能，也就等同于外汇。当然，并不是说一定要实行外汇管理。这时的人民币和外汇是等价的，对外汇形成了替代。如果跨境交易的人民币监管政策同外汇监管政策之间落差较大的话，就会刺激监管套利，产生替代效应。

第五，标杆性。上海宣布进行自由贸易试验区的试点以后，调动了其他地方政府的积极性。目前申报建立自贸区的省市已有二十多个，有 9 个省市在 2015 年各自的政府工作报告中明确提出将申报建立自贸区，包括陕西、甘肃、河南、湖北、吉林、辽宁、山东、广西和重庆。有的地方甚至提出将来在当地的试点政策要比上海还优惠。这就意味着上海可能就是一个底线。就像当年中国加入世界贸易组织的谈判，其他国家就看着美国人和中国人艰苦地谈判，等美国人和中国人谈完以后，剩下的国家再跟中国人谈，美国要到的他们自然享受了，美国没要的他们再要一些。现在上海自贸区进行的金融开放创新，也会产生一定的示范效应，上海将来可能成为全国相关自由贸易区建设的样板。

四、上海自贸区金融开放创新的经验与启示

自贸区的金融形态，实质上是境内的离岸金融市场（连平，2013）。自贸区处于境内关外的有利位置，使其在管理上与国际市场高度接轨。上海自贸区深化金融领域开放创新的举措为我国实施自贸区战略过程中金融业的发展定位提供了借鉴经验。

第一，资本金融项目可兑换。自贸区作为开展与国际高度接轨的投资贸易业务的试验区，将为资本金融项目下国际资金流动提供兑换便利。进入自贸区的美元、欧元可以兑换为人民币或其他货币。满足资本金融项目可兑换，将符合国际自由贸易区的通行做法，否则将会降低对于企业的吸引力。

第二，汇率改革。自贸区要与国际金融市场接轨，汇率的自由化程度就会大大提升。例如人民币对美元的汇率会受到香港市场和中国内地外汇交易中心这两个市场的影响，并且这两个市场上的汇率水平是存在差价的。汇率受哪个

市场的影响多一些，则要由外汇市场的供求状况决定。

第三，外汇管理和外债管理制度将与国际接轨。目前境内的外汇管理条例将不能完全适用于自贸区的外汇管理，外债管理也是如此。例如，在自贸区内商业银行的资金管理上，区内银行可以在自贸区内吸收存款，或到国际金融市场上筹集资金，但是不允许区内银行从境内区外吸收存款。

第四，存款利率的市场化。在自贸区内，利率市场化改革将跨过最后一道门槛。由于自贸区内与香港金融市场之间没有严格的管制，区内人民币存款利率由供求关系和金融机构自由定价。自贸区的利率市场化以后，区内人民币利率会形成一个价格，该价格既不同于非常低廉的香港利率价格，也不同于境内市场利率价格，其价格可能介于两者之间。

第五，金融管理将按照国际通行规则进行。例如，自贸区内的金融管理不一定实施存款准备金制度。区内银行也不需要区外境内的总行或上一级金融机构提供流动性，其流动性依靠区内机构解决。对于缺少流动性的银行，可以从国际金融市场拆入资金，而不能从境内金融市场拆入。由于在国际金融市场拆入的资金具有成本优势，这样保证了区域贷款利率水平比较低，这代表了金融开放程度稳步提升条件下的趋势。尽管如此，不排除一些金融机构在区内设立分支机构时，一次性提供资本金或者营运资金，但此后就不再有资金往来；还要排除运营困难和出现危机等特殊情形下，可以通过央行批准为区内机构提供流动性。

第六，推进人民币国际化。在自贸区内的人民币属于离岸货币，现在中国香港和伦敦市场上的人民币就是离岸货币，如果自贸区发展起来，人民币国际化就有了更坚实的基础。例如，贸易支付结算功能会发展起来，自贸区内的许多中资企业，为了规避汇率风险，更多的人愿意用人民币；同时，人民币作为投资货币也会发展，目前我国鼓励企业使用人民币对外投资，那么将来在自贸区设立的企业，只要备案，就可以进行对外投资，区内大量的中资企业，将有动力使用人民币开展境外投资；此外，人民币作为一种交易货币也会有所发展，因为区域金融是自由化的，会有大量金融衍生产品出现，人民币作为一种交易货币的业务机会也会快速发展。

第四节　自贸区背景下滨海新区金融产业发展策略

自2006年，滨海新区实施开发开放重大战略部署以来，滨海新区在金融发展上积极进行探索和尝试，大胆先行先试，取得了许多突破和成就。近期，天津滨海新区迎来京津冀协同发展、自由贸易区申报、“一带一路”战略、服务经济体系建设和多领域深化改革的政策叠加机遇，为天津滨海新区金融在先行先试的多年征途中，蓄积实力再出发创造了极为难得的条件。特别是随着天津自贸区获批，作为自贸区改革试验主要载体的滨海新区将迎来一系列金融开放创新的政策和举措，为滨海新区金融业发展带来新的机遇。抓住自贸区建设的重要历史机遇，加快滨海新区金融业改革和创新的步伐将成为新时期滨海新区金融业发展的首要任务。

一、自贸区金融改革创新的基本原则

金融改革创新是自贸区建设的重要内容，在自贸区建设的背景和环境下，金融改革创新要坚持以下四个基本原则。

第一个原则是要以服务实体经济为目标，使得自贸区金融改革创新“不放空”。“金融服务实体经济”是近年来中国金融思想的最新发展，也是新时期中国金融工作的基本要求，党的十八届三中全会提出要推动金融与实体经济的协调发展。

在自贸区建设过程中，金融改革的出发点和落脚点都是服务实体经济，服务自贸区的投资贸易活动。而投融资贸易便利化是自贸区内实体经济的最大需求，所以自贸区金融改革不能脱离投融资贸易便利化的需要。

第二个原则是要以国家金融改革的大方向为引领，使得自贸区金融改革创新“不走偏”。自贸区的金融改革绝不是局限于自己的领域范围内，把门关起来自己表演，自贸区金融改革创新必须要符合国家整体制度改革的大原则和大方向。只有这样才能起到先行先试的引领作用，形成一批可复制、可推广的经验，并迅速推广到其他地区乃至全国，进而推动全国的金融改革。

第三个原则是要以金融机构和市场组织为主体，使得自贸区金融改革创新“不掉链子”。金融机构和市场组织是金融改革创新的载体，是推动金融发展的核心力量。因此，对于自贸区内的金融机构和市场主体，要利用好自贸区所获的金融改革的优惠政策和措施，并将这些制度安排做实，从而支持区内实体经济发展的实际需要。如果自贸区的金融发展脱离和忽视了金融机构和市场组织的需求，那么出台的政策和措施都是无用的。

第四个原则是要严格防范金融风险，“不松懈”。自贸区金融业的发展以金融开放创新为主，因此，在自贸区采取的许多政策和措施都是进行的探索和尝试，在进行金融开放创新探索过程中必须将防范风险放在重要的地位，在风险可监测、可控制的前提下进行试验和探索。如果缺乏风险防范意识，一旦金融风险发生，不仅会使金融改革的制度安排大打折扣，而且会影响自贸区建设的整体进程。因此，为了保证自贸区建设的稳步推进，自贸区金融发展必须加强风险监测与防范。

二、依托自贸区滨海新区金融发展的定位

为了配合天津自贸区的申报，根据天津市政府及市金融服务办关于做好支持天津自由贸易试验区相关政策文件起草工作的要求，人民银行天津分行和国家外汇管理天津分局高度重视，召开专题会议研究部署，结合工作职责，参照支持上海自由贸易试验区建设的相关政策，形成如下5份政策文件讨论稿:《天津自由贸易试验区放开小额外币存款利率上限的实施细则》(讨论稿);《天津市支付机构开展跨境人民币支付业务的实施意见》(讨论稿);《中国人民银行天津分行关于支持天津自由贸易试验区扩大人民币跨境使用的通知》(讨论稿);《中国人民银行天津分行关于切实做好天津自由贸易试验区反洗钱和反恐怖融资工作的通知》(讨论稿);《国家外汇管理局天津市分局支持天津投资和服务贸易便利化试验区建设外汇管理实施细则》(讨论稿)。

依托自贸区申报契机，天津滨海新区将积极深化金融领域开放创新。深化金融体制改革，培育新型金融市场，坚持风险可控、稳步推进，率先实现人民币国际化、利率市场化等方面的创新措施，做大做强租赁业，服务实体经济发展。

1.开展利率市场化和资本项目可兑换试点

以中国天津自贸区申报为契机，开展金融市场利率市场化和人民币资本项目可兑换试点。率先开展利率市场化试点。提高跨境资本融资便利化程度，改革外汇管理体制，创新外债管理模式，逐步放开外债指标管理。开展外商投资企业资本金结汇管理改革试点，支持跨国公司外汇资金集中运营管理。在人民币跨境使用方面先行先试，允许金融机构开展人民币跨境双向贷款业务；探索离岸人民币回流机制；允许企业开展离岸人民币贷款业务和债务融资，额度不纳入外债指标管理；允许区内企业的境外母公司可按规定在境内市场发行人民币债券。对区内注册的属于同一集团的关联企业，实行外债额度总额管理。企业境外融资不调入境内使用的，额度不纳入外债指标管理。支持符合一定条件的单位和个人按照规定双向投资于境内外证券期货市场。

2.提升滨海新区金融服务功能

大力发展民营金融机构，培育跨境人民币结算、商业保理、消费金融、货币互换等新兴业态。推动金融服务业对符合条件的民营资本和外资金融机构全面开放。支持设立民营和外商独资金融机构，简化市场准入程序，对民营银行和中小型金融机构实行差别化管理。培育资产金融行业组织，促进存量债权类资产有效有序交易流转。支持商业保理业务发展，允许商业保理公司参照外资融资租赁公司的外债管理办法在境外融资，探索适合保理业务发展的外汇和外债管理模式。开展人民币跨境再保险业务，培育发展再保险市场。试点设立有限牌照银行，探索设立海洋开发、航运发展专业化银行。探索开展国际金融资产交易。支持设立适应大宗商品中远期期货市场发展需要的金融机构，逐步允许境外企业参与商品期货交易。依法合规设立跨境贵金属交易平台。着力发展与现代大物流体系相适应的交易结算和物流金融。创新发展农村金融，坚持本土化、民营化、专业化方向，拓展村镇银行服务功能，完善农村金融服务体系。

3.提升租赁发展水平

在自贸区申报背景下，实施融资租赁业政策创新，发挥改革引领作用，形成与国际接轨的租赁业发展政策环境。在海关特殊监管区内，建设服务国内外的租赁资产交易平台，推进租赁资产权属登记、建立退出机制、租赁资产证券化、租赁资产流转等试点，完善与租赁业发展相适应的会计和税收政策。支持包括金融租赁公司在内的各类融资租赁公司设立专业子公司。内资租赁国内可参照外资融资租赁公司借用外债。扩大租赁品种和经营范围，鼓励各类融资租赁公司的项目子公司经营大型设备和成套设备租赁业务，支持各类融资租赁公司设立项目子公司并开展境内外租赁业务，试点租赁单一项目公司汇总缴纳企业所得税，允许租赁企业开展主营业务范围内的保理业务和福费廷业务。对融资租赁企业进出口飞机、船舶、海洋工程结构等大型设备涉及跨境、跨关区的，按物流实际需要，实行海关异地委托监管。加快设立为租赁业提供代理、融资、保险、评估、法律、会计、报关等各类配套业务的综合服务平台。

4.构筑风险防控体系

滨海新区要建立跨行业、跨市场的金融风险监测评估机制，加强对重大风险的识别和系统性金融风险的防范；重点关注重点行业信用风险、存款资金流动性风险、利率市场化改革对银行经营的影响、新型城镇化建设融资进程、量化宽松退出和人民币汇率波动加大对跨境资金流动的影响；完善对持有各类牌照金融机构的分类监管机制；严格实行金融机构经营离岸业务分账管理、独立核算；探索建立跨境资金流动风险监管机制，对企业跨境收支进行全面监测评分，实施分类管理。

三、推动滨海新区金融开放创新的举措

1.加快金融制度创新

在风险可控的前提下，在自贸区内对人民币资本项目可兑换、金融市场利率市场化、人民币跨境使用等方面创造条件进行先行先试。在自贸区内实现金融机构资产方价格市场化定价。探索面向国际的外汇管理改革试点，建立与自贸区相适应的外汇管理体制，全面实现贸易投资便利化。在自贸区实行资本项目可兑换。在风险可控的前提下，通过分账核算方式，创新业务和管理模式。鼓励天津银行业机构加强和国内外战略合作伙伴的联系，研究探索离岸业务和在岸业务，参照上海自贸区资金吸收、管理、使用等方面的国家政策和监管规定，预先研究离岸和在岸业务分账式管理，努力成为金融机构了解国际金融创新的窗口桥梁。鼓励企业充分利用境内外两种资源、两个市场，实现跨境融资自由化。深化外债管理方式改革，促进跨境融资便利化。根据经营需要，注册在自贸区内的中外资企业、非银行金融机构以及其他经济组织，可按规定从境外融入本外币资金，完善全口径外债的宏观审慎管理制度，采取有效措施切实

防范外债风险。稳步推进利率市场化。根据相关基础条件的成熟程度，推进自贸区利率市场化体系建设：完善区内居民自由贸易账户和非居民自由贸易账户本外币资金利率的市场化定价监测机制；将区内符合条件的金融机构纳入优先发行大额可转让存单的机构范围，在区内实现大额可转让存单发行的先行先试；条件成熟时，放开区内一般账户小额外币存款利率上限。建立自贸区金融改革创新和北方国际航运中心、北方对外开放门户建设的联动机制。

2.增强金融服务功能

加快金融租赁业发展。大力发展融资租赁，扩大租赁品种和业务范围，建设服务全国的租赁资产交易平台，努力创建国家租赁业创新示范区。规范发展创新型交易市场，推动市场服务多元化和业务创新，促进各类资源合理配置和有效流转。完善航空租赁政策环境，进一步在全国发展航空租赁产业；允许和支持各类融资租赁公司在自贸区内设立项目子公司并开展境内外租赁服务。项目子公司纳入融资租赁出口退税试点范围，降低融资租赁门槛，放宽经营范围，鼓励跨境租赁，推进区内融资租赁国际化。发展金融租赁创新，发展要素市场，完善基金管理，做好金融风险防范，积极推进民营金融机构的发展。积极引进租赁机构和人才，真正形成聚集效应。积极争取新机构来津发展。引导和鼓励工银、民生、兴业等全国性租赁公司在津设立核心业务部门或分部，加强租赁专业人才队伍建设。加快国家产业金融中心建设。加快于家堡国家级产业金融中心建设，积极创建国家产业金融综合改革示范区，搭建产业金融服务平台。争取科技企业境外投资外汇管理创新试点。积极参与“新三板”扩容发展，推动“四板”建设，健全要素市场。多渠道推动股权融资，提高直接融资比重。支持天津互联网金融创新中心建设。完善保险经济补偿机制。落实地方金融监管职责和风险处置责任。健全政府性债务“借用管还”机制，防范并化解金融和债务风险。

3.鼓励金融产品创新

鼓励天津银行业机构建立以国际业务为发展定位的分支机构，开展离岸金融、国际贸易融资、外汇结算与结售汇等业务创新，结合未来自贸区相关客户群的潜在需求，为其量身定做专门的信贷政策、产品服务和业务流程。提供多样化风险对冲手段。自贸区内金融机构可按规定基于真实的币种匹配及期限匹配管理需要，在区内或境外开展风险对冲管理。允许符合条件的区内企业按规定开展境外证券投资和境外衍生品投资业务。自贸区分账核算单元因向区内或境外机构提供本外币自由汇兑产生的敞口头寸，应在区内或境外市场上进行平盘对冲。自贸区分账核算单元基于自身风险管理的需要，可按规定参与国际金融市场衍生工具交易。经批准，自贸区分账核算单元可在一定额度内进入境内银行间市场开展拆借或回购交易。鼓励保险产品创新。鼓励自贸区内保险机构开展人民币跨境再保险业务，支持研究探索巨灾保险机制。

4.扩大金融服务业的开放程度

在金融服务领域，允许符合条件的外资金融机构设立外资银行，符合条件的民营资本与外资金融机构共同设立中外合资银行，在条件具备时，适时在自贸区内试点设立有限牌照银行。支持符合条件的民营资本在区内设立自担风险的民营银行、金融租赁公司和消费金融公司等金融机构。鼓励符合条件的外资银行在自贸区内设立子行、分行和专营机构，允许区内外资银行支行升格为分行，研究推进适当缩短区内外资银行代表处升格为分行，以及外资银行分行从事人民币业务的年限要求。同时，在完善相关管理办法、加强有效监管的前提下，允许自贸区内符合条件的中资银行开办离岸业务。试点设立外资专业健康医疗保险机构，支持国际著名的专业性保险中介机构等服务机构以及从事再保险业务的社会组织和个人在区内依法开展相关业务，为保险业发展提供专业技术配套服务。融资租赁公司在自贸区内设立的单机、单船子公司不设最低注册资本限制。允许融资租赁公司兼营与主营业务有关的商业保理业务。

5.加大外贸转型方式的金融支持

努力提供优质、高效的金融、保险和支付等配套服务，支持多种贸易方式发展。研究完善跨境贸易电子商务外汇监管等服务，探索多部门联合推动跨境贸易电子商务通关服务综合试点，积极深化和推进货物贸易和服务贸易外汇管理改革措施。深化跨国公司总部外汇资金集中运营管理试点，促进跨国公司设立区域性或全球性资金管理中心。深化国际贸易结算中心试点，拓展专用账户的服务贸易跨境收付和融资功能。积极推动国际贸易、仓储物流、加工制造等基础业务转型升级，发展离岸贸易、国际贸易结算、国际大宗商品交易、融资租赁、期货保税交割和跨境电子商务等新型贸易业务。鼓励自贸区内企业统筹开展国际国内贸易，鼓励内外贸一体化发展。加强进出口融资服务。鼓励银行加强与保险和融资性担保机构合作，鼓励各地建立进出口贷款风险分散和补偿机制；鼓励已建立中小企业贷款风险补偿资金的地区，对银行业金融机构、融资性担保机构的中小企业进出口贷款损失和担保代偿给予一定补偿。积极支持进出口企业通过首发上市、再融资、发行债券和私募债、融资租赁、信托、商标专用权质押、动产抵押等渠道扩大融资规模。提高贸易融资服务水平。金融主管部门引导支持金融机构按照风险可控、商业可持续的原则，为外贸龙头企业、高新技术出口企业以及有订单、有效益的中小企业及项目提供贷款。引导外贸企业灵活运用债务融资工具开展直接融资。支持发展着重为外贸企业提供增信服务的融资性担保机构。推动金融机构积极开办远期结售汇、人民币外汇掉期和人民币外汇期权等业务，帮助企业有效规避汇率波动风险。支持境内外租赁业务。取消金融类租赁公司境外租赁等境外债权业务的逐笔审批，实行登记管理。经批准，允许金融租赁公司及中资融资租赁公司境内融资租赁收取外币租金，简化飞机和船舶等大型融资租赁项目预付货款手续。扩大信用保险支持。扩大出口信用保险覆盖面，加大进出口小微企业支持力度，对部分小微企业出口信用保险保费补贴采取直拨。进一步加大对企业出口新兴市场的限额支持，不断创新保险产品，加快案件处理速度。

6.加快金融机构“走出去”的步伐

支持自贸区内银行业金融机构推进跨境投资金融服务，包括但不限于跨境并购贷款和项目贷款、内保外贷、跨境资产管理和财富管理业务、房地产信托投资基金等。支持自贸区内银行业金融机构发展跨境融资业务，包括但不限于大宗商品贸易融资、全供应链贸易融资、离岸船舶融资、现代服务业金融支持、外保内贷、商业票据等。支持自贸区内保险机构开展境外投资试点，积极研究在自贸区试点，扩大保险机构境外投资范围和比例。便利个人跨境投资。允许自贸区内就业并符合条件的个人按规定开展包括证券投资在内的各类境外投资。鼓励在自贸区设立专业从事境外股权投资的项目公司，支持有条件的投资者设立境外投资股权投资母基金。促进企业跨境直接投资便利化。自贸区内企业开展跨境直接投资，可按天津市有关规定与前置核准脱钩，直接向银行办理涉及的跨境收付和兑换业务。

参考文献

1. Anselin L. Spatial Econometrics: Methods and Models [M]. Springer, 1988.

2. Anselin, Luc, Raymond Florax, Sergio J. Rey, Eds. Advances in Spatial Econometrics: Methodology, Tools and Applications [M]. Springer, 2004.

3. Audrestch D, Feldman M P. R&D Spillovers and the Geography of Innovation and Production [J]. American Economic Review, 2006(15).

4. Bossone B, Sandeep Mahajan, Farah Zahir. Financial Infrastructure, Group Interests and Capital Accumulation [N]. IMF Working Paper, 2003.

5. Brenneer T, Greif S. The Dependence of Innovation the Local Firm Population-An Empirical Study of German Patens [J]. Industry & Innovation, 2006(13): 21-39.

6. Cheng Liu and Roger Strange. An Empirical Ranking of International Financial Centers in the Asia-Pacific Region [J]. The International Executives, 1997(39):651-675.

7. Choi S R, Park D, Tschoegl A E. Banks and the World's Major Banking Centers [J]. Review of World Economics, 132(4): 774-793,1996.

8. Cook G. A. S. , Pandit N. R. , Beaverstock J. V. , Taylor P. J. , Pain K. The Role of Location in Knowledge Creation and Diffusion: Evidence of Centripetal and Centrifugal Forces in the City of London Financial Services Agglomeration [J]. Environment and Planning A. 2007, 39(6): 1325-1345.

9. Davis, E. P. International Financial Centers: An Industrial Analysis [J]. Bank of England Discussion Paper,1990(51):1-23.

10. Dow S C. The Stages of Banking Development and Spatial Evolution of Financial Systems [J]. Money and the Space Economy, 1994:56-64.

11. Geary R. C. The Contiguity Ratio and Statistical Mapping[J]. The Incorporated Statistician, 115-146, 1954.

12. Greenwood, Jeremy and Smith. Financial Markets in Development, and the Development of Financial Markets [J]. Journal of Economic Dynamics and Control, 1997,21(1): 145-168.

13. Jane Jacobs. The Economy of Cities [M]. New York: Random House, 1970.

14. Kinderberger C. P. The Formation of Financial Centers: A Study in Comparative Economic History[M]. Princeton: Princeton University Press, 1974.

15. King Robert. G. And Ross Levine. Financial, Entrepreneurship and Growth: Theory and Evidence [J]. Journal of Monetary Economics, 1997(32).

16. Lee R,U. Schmidt-Marwede. Interurban Competition? Financial Centers and the Geography of Financial Production[J]. International Journal of Urban and Regional Research, 1993(4): 492-515.

17. Levine Ross. Financial Development and Economic Growth: Views and Agenda [J]. Journal of Economic Literature,1997： 156-170.

18. Moran P. A. P. Notes on Continuous Stochastic Phenomena[J]. Biometrika, 37(1-2):17-23, 1950.

19. MusaEssayyad, YoonS. Park. International Banking and Financial Centers [M]. Norwell: Kluwer Academic Publishers, 1989.

20. Naresh R. P. ，Gary A. S. The Dynamics of Industrial Clustering in British Financial Services [J]. The Service Industries Journal，2005(5) .

21. Pandilt N. R. ,Gary A. S. The Dynamic of Industrial Clustering in British Financial Services [J]. The service Industrial Journal，2001(22).

22. Park Y. S. ，Musa E. International Banking and Financial Centers ［M］. Boston: Kluwer，1989:117 -131.

23. Patrick, Hugh T. Financial Development and Economic Growth in Underdeveloped Countries[J]. Economic Development and Cultural Change, 1996 14(2):174-189 .

24. Porteous D. J. The Geography of Finance: Spatial Dimensions of Intermediary Behavior [M]. Avebury: Aldershot，1995.

25. Porter M. E. Clusters and New Economies of Competition [J]. Harvard

Business Review,1998(11):77-79.

26. Reed H. C. The Pre-eminence of International Financial Centers [M]. New York：Praeger Publisher,1981.

27. Shaw E. S. Financial Developing in Economic Growth [M]. New York: Oxford University Press, 1973:211-278.

28. Tayor, Petal. Financial Services Clustering and its Significance for London [EB/OL]. http://lut. ac. uk/departments/gy/gawc/public. html.

29. The City of London. The Global Financial Centers Index [M]. London: the City of London, 2013(3).

30. Tracey P, Clark,Gordon L. Alliances,Networks and Competitive Strategy: Rethinking Clusters of Innovation[J]. Growth & Change, 2003(1):1-16.

31. 阿尔弗雷德•韦伯. 工业区位论[M]. 北京：商务印书馆，1997：25-45.

32. 艾洪德，徐明圣，郭凯. 我国区域金融发展与区域经济增长关系的实证分析[J]. 财经问题研究，2004(7) .

33. 爱迪斯. 企业生命周期[M]. 北京:中国社会科学出版社，1997.

34. 白钦先. 金融结构、金融功能演进与金融发展理论的研究历程[J]. 经济评论，2005（3）.

35. 白钦先. 金融可持续发展研究导论[M]. 北京：中国金融出版社，2001 .

36. 车欣薇，部慧，梁小珍，王拴红，汪寿阳. 一个金融集聚动因的理论模型[J]. 管理科学学报，2012（3）：16-29.

37. 陈健. 上海金融产业集群发展研究[D]. 北京：北京大学，2013 .

38. 陈柳钦，曾庆久. 我国金融发展与经济增长关系的理论与实证研究[J]. 金融论坛，2003.

39. 陈雨军，徐强. 产业集聚的稳定性与演变机制研究[J]. 东南学术，2005（5）：65-72.

40. 崔明. 金融产业集群的外部性与竞争力研究[J]. 现代管理科学，2012（2）：48-50.

41. 丁艺. 金融集聚与区域经济增长的理论及实证研究[D]. 长沙：湖南大学，2010.

42. 樊鸿伟. 浦东新区金融产业集群研究[D]. 上海：华东师范大学，2007.

43. 方澜. 中国纺织产业集群的演化理论与实证研究[D]. 上海：东华大学，

2005 .

44. 方祥. 金融产业集聚对区域经济增长的影响研究[D]. 湘潭大学，2010.

45. 韩延春. 金融发展与经济增长：经验模型与政策分析[J]. 世界经济，2001（6） .

46. 郝倩. 上海金融产业集群影响力因素研究[D]. 北京：北京交通大学，2011 .

47. 郝忠等. 金融支持区域经济发展的支柱[J]. 经济观察，2005(9) .

48. 何骏. 探索中国生产性服务业集聚区的发展之路——中国生产性服务业集聚区的创新系统与重点模式研究[J]. 当代经济管理，2009（4）：56-61.

49. 胡坚，杨素兰. 国际金融中心评估指标体系的构建——兼及上海成为国际金融中心的可能性分析[J]. 北京大学学报（哲学社会科学版），2003（5）：40-47.

50. 黄解宇，杨再斌. 金融产业集聚论: 金融中心形成的理论与实践解析[M]. 北京: 中国社会科学出版社，2006.

51. 黄解宇. 金融集聚研究综述[J]. 工业技术经济，2008（1）：143-146.

52. 李博. 生态学[M]. 北京：高等教育出版社，2000.

53. 李大垒. 城市金融产业集聚形成原因的实证研究——基于我国 35 个大中城市的面板数据[J]. 上海经济研究 2010（8）：41-47.

54. 李大垒. 金融产业集群与金融中心研究进展述评及比较[J]. 金融理论与实践，2014（1）：94-98.

55. 李昊，曹宏铎. 集聚演化网络模型与仿真研究[J]. 管理学报，2010（7）：3：453-462.

56. 李佳. 金融产业集群对经济增长的促进机制研究[D]. 上海：上海交通大学，2011.

57. 李锦坤. 面向东北亚：天津滨海新区的现状与未来[J]. 东北亚论坛，2007（1）.

58. 李军. 区域金融产业资本聚集差距问题及实证研究[D]. 重庆：西南大学，2012.

59. 李正辉，蒋赞. 基于省域面板数据模型的金融集聚影响因素研究[J]. 财经理论与实践，2012（4）：12-16.

60. 连建辉，孙焕民，钟惠波. 金融企业集群：经济性质、效率边界与竞争优势[J]. 金融研究，2005（6）：72-82.

61. 梁曦. 北京金融产业集群集聚研究[D]. 北京：首都经济贸易大学，2014.

62. 梁颖，罗霄. 金融产业集聚的形成模式研究：全球视角与中国的选择[J]. 南京财经大学学报，2006（5）：16-20.

63. 梁颖. 金融产业集聚的宏观动因[J]. 南京社会科学，2006（11）：56-62.

64. 廖承红. 中国金融体系改革初探[J]. 中国市场，2014（51）：26-27.

65. 廖若晨. 大力发展金融业促进滨海新区经济发展[J]. 天津经济，2011（2）.

66. 林江鹏，黄永明. 金融产业集聚与区域经济发展——兼论金融中心建设[J]. 金融理论与实践，2008（6）：49-54.

67. 林毅夫，孙希芳，姜烨. 经济发展中的最优金融结构理论初探[J]. 经济研究，2009（8）.

68. 刘超，李大龙. 基于复杂性理论的金融产业集聚演化动因研究[J]. 当代经济研究，2013（10）：55-62.

69. 迈克尔•波特. 国家竞争优势[M]. 北京：华夏出版社，2002：65-162.

70. 缪小眉，贺刻奋. 区域金融发展与经济增长的实证分析——以宁波为例[J]. 宁波经济丛刊，2008（5）：45-48.

71. 宁越敏，唐礼智. 城市竞争力的概念和指标体系[J]. 现代城市研究，2001（3）.

72. 宁钟，杨绍辉. 金融服务产业集群动因及其演进研究[J]. 商业经济与管理，2006（8）：38-44.

73. 潘英丽. 论金融中心形成的微观基础——金融机构的空间聚集[J]. 上海财经大学学报，2003（1）：50-57.

74. 乔姝. 北京金融街集聚发展动力研究[D]. 北京：首都经济贸易大学，2013.

75. 秦晟. 金融产业集群形成演化机制与上海国际金融中心建设[D]. 上海：上海社会科学院，2009.

76. 饶余庆. 香港——国际金融中心[M]. 香港：商务印书馆，1997：21-78.

77. 任淑霞. 金融集聚与城市经济增长研究[D]. 北京：北京邮电大学，2011.

78. 任英华，徐玲，游万海. 金融集聚影响因素空间计量模型及其应用[J]. 数量经济技术经济研究，2010（5）：104-115.

79. 任英华. 现代服务业集聚统计模型及其应用[D]. 湖南：湖南大学，2010.

80. 瑞斯托•劳拉詹南. 金融地理学[M]. 北京：商务印书馆，2001：312-441.
81. 施卫东，高雅. 金融服务业集聚发展对产业结构升级的影响——基于长三角 16 个中心城市面板数据的实证检验[J]. 经济与管理研究，2013（3）：73-81.
82. 孙慧，张娜娜，刘媛媛. 基于 AHP 的新疆黑色能源产业集群竞争力评价[J]. 软科学，2011（2）：84-88.
83. 谈儒勇. 中国金融发展和经济增长关系的实证研究[J]. 经济研究，1999（10）.
84. 谭劲松，何铮. 集聚自组织的复杂网络仿真研究[J]. 管理科学学报，2009（4）：1-14.
85. 唐旭. 论区域性金融中心的形成[J]. 城市金融论坛，1996（7）：12-16.
86. 滕春强. 金融企业集群，一种新的集聚现象的兴起[J]. 上海金融，2006（5）：14-17.
87. 滕春强. 区域金融企业集群的竞争优势[J]. 经济咨询，2006（1）：29-33.
88. 滕春强. 演化视角下的金融企业集群发展动因研究[J]. 当代经济管理，2007（2）：97-101.
89. 天津银监局课题组. 滨海新区金融发展研究报告[C]. 华北金融，2006 年增刊.
90. 汪康懋. 新加坡的金融监管体制[J]. 华东政法学院学报，2005（2）.
91. 王爱俭，庞镭，林楠. 金融创新在区域经济发展中的动力传递研究——基于系统控制、演化与滨海金融视角的分析[J]. 财贸经济，2008（1）.
92. 王爱俭，张锐钢. 滨海新区金融发展报告（2014）[C]. 北京：社会科学文献出版社，2014.
93. 王爱俭，杜强. 天津金融发展报告 2014[C]. 北京：社会科学文献出版社，2014.
94. 王步芳. 首都金融产业集群优势与发展研究[J]. 北京市经济管理干部学院学报，2006（4）：1-16.
95. 王广谦. 现代经济发展中的金融因素及金融贡献度[J]. 经济研究，1996（5）.
96. 王晶晶，黄繁华，于诚. 服务业集聚的动态溢出效应研究——来自中国 261 个地级及以上城市的经验证据[J]. 经济理论与经济管理，2014（3）：48-58.
97. 王尚君. 基于 GEM 模型的上海浦东会展产业集群竞争力研究[J]. 上海

第二工业大学学报，2014（3）：245-251.

98. 王叙果，王宇伟. 区域金融中心定位研究——基于南京市的讨论[J]. 学术界，2011（6）.

99. 文双艳. 基于 Logistic 模型的商业集群演化研究[D]. 南宁：广西大学，2013 .

100. 夏颢铨. 基于因子分析模型的西部金融中心建设研究及政策建议[D]. 成都：西南财经大学，2011.

101. 肖大伟，庞博. 城市金融竞争力研究述评[J]. 齐齐哈尔大学学报，2006（3）.

102. 许崇富. 加快天津金融业发展的思考[J]. 华北金融，2003（5）：32-34.

103. 杨烨. 上海金融产业集群研究[D]. 上海：上海师范大学，2011 .

104. 殷兴山，贺绎奋，徐洪水. 长三角金融集聚态势与提升竞争力分析[J]. 上海金融，2003（8）：42-44.

105. 余丽霞. 金融产业集群对区域经济增长的效应研究[D]. 四川：西南财经大学，2012.

106. 张凤超，王亚范. 关于区域金融成长的理性探讨[J]. 吉林财税高等专科学校学报，2000（2）：24-29..

107. 张辉. 产业集群竞争力的内在经济机理[J]. 中国软科学，2003（1）：70-74.

108. 张建森，余凌曲，熊文祥. 中国城市金融竞争力评价的指标体系研究[J]. 开放导报，2008（8）.

109. 张清正. 中国金融业集聚及影响因素研究[D]. 长春：吉林大学，2013.

110. 张泉，王虎云，于国富，王吉如，闫波，段铁军. 京津冀金融聚变[J]. 金融世界，2014（4）：36-46.

111. 张世晓. 区域金融集聚与区域经济增长[J]. 经济学研究，2010（8）：41-47.

112. 张晓燕. 金融产业集聚及其对区域经济增长的影响研究[D]. 济南：山东大学，2012.

113. 张泽慧. 国际金融中心指标评估方法及指标评价体系[J]. 社会科学研究，2005（1）：45-48.

114. 赵进. 产业集群生态系统的协同演化机理研究[D]. 北京：北京交通大

学，2011.

115. 赵强. 产业集群竞争力的理论与评价方法研究[D]. 沈阳：东北大学，2007.

116. 赵晓斌，王坦，张晋熹. 信息流和“不对称信息”是金融与服务中心发展的决定因素：中国案例[J]. 经济地理，2002（4）：408-414.

117. 周好文，钟永红. 中国金融中介发展与地区经济增长：多变量 VAR 系统分析[J]. 金融研究，2004（6）.

118. 周立群，潘宏胜. 国内城市金融体系竞争力的比较研究——以天津为例[J]. 天津社会科学，2003（2）.

119. 周璐. 大连金融产业集群竞争力研究[D]. 大连：东北财经大学，2010.

120. 周镇宏. 新加坡金融业考察报告[J]. 广东经济，2000（2）.